新时代智库出版的领跑者

国家智库报告 2022（9）
National Think Tank

经 济

中国海外投资国家风险评级报告（2022）

中国社会科学院国家全球战略智库国家风险评级项目组
中国社会科学院世界经济与政治研究所国际投资研究室　著

REPORT OF COUNTRY-RISK RATING OF OVERSEAS
INVESTMENT FROM CHINA (CROIC-IWEP) (2022)

中国社会科学出版社

图书在版编目（CIP）数据

中国海外投资国家风险评级报告.2022／中国社会科学院国家全球战略智库国家风险评级项目组等著.—北京：中国社会科学出版社，2022.4
（国家智库报告）
ISBN 978 - 7 - 5227 - 0061 - 8

Ⅰ.①中…　Ⅱ.①中…　Ⅲ.①海外投资—风险评价—研究报告—中国—2022　Ⅳ.①F832.6

中国版本图书馆 CIP 数据核字（2022）第 061565 号

出 版 人	赵剑英
项目统筹	王　茵　喻　苗
责任编辑	黄　丹　郭曼曼
责任校对	刘　娟
责任印制	李寡寡

出　　版	中国社会科学出版社
社　　址	北京鼓楼西大街甲 158 号
邮　　编	100720
网　　址	http://www.csspw.cn
发 行 部	010 - 84083685
门 市 部	010 - 84029450
经　　销	新华书店及其他书店

印刷装订	北京君升印刷有限公司
版　　次	2022 年 4 月第 1 版
印　　次	2022 年 4 月第 1 次印刷

开　　本	787×1092　1/16
印　　张	16
插　　页	2
字　　数	205 千字
定　　价	89.00 元

项目组负责人

高凌云　中国社会科学院世界经济与政治研究所国际投资研
究室主任、研究员，中国社会科学院国家全球战略
智库研究员。

周学智　中国社会科学院世界经济与政治研究所国际投资研
究室，中国社会科学院国家全球战略智库，博士。

项目组成员（按照姓氏汉字笔画排序）

孔大鹏　李国学　李曦晨　　陈逸豪

周学智　韩　冰　潘松李江　潘圆圆

执笔人

周学智　陈逸豪　李曦晨　孔大鹏　潘松李江

摘要： 2020 年中国对外直接投资的流量和存量分别位居全球第一位和第三位，中国在全球外国直接投资领域中的影响力持续扩大。然而当前新冠肺炎病毒不断变异，新冠肺炎疫苗接种严重失衡，美国货币政策转向引发金融市场动荡，部分发展中国家债务负担飙升，全球供应链存在定向脱钩风险，全球经济增长势头依然存在诸多变数。在百年未有之大变局和新冠肺炎疫情叠加的背景下，全球范围内投资环境风险值得警惕。本报告从中国企业和主权财富的海外投资视角出发，构建了包含经济基础、偿债能力、社会弹性、政治风险和对华关系五大指标共 42 个子指标的评价体系。报告涵盖 114 个国家和地区，全面和量化评估了中国企业海外投资所面临的主要风险。《中国海外投资国家风险评级报告（2022）》在样本范围选取、评级指标和评级方法上均延续了 2021 年的标准，与往年的评级结果形成了良好的可比性。从总体评级结果来看，发达经济体的经济基础较好，政治风险较低，社会弹性较高，偿债能力较强，整体投资风险低于新兴经济体。虽然中国对发达经济体的直接投资近期出现明显反弹，但考虑到发达经济体的对华关系得分低于新兴经济体，并维持在较低水平，潜在风险依然存在。对新兴经济体而言，虽然其经济基础和政治风险得分与发达国家的差距依然比较明显，但是长期来看，随着新兴经济体尤其是 RCEP 区域内部投资需求的上升，其仍将是中国海外投资最具潜力的目的地。目前，共建"一带一路"合作地区已经成为中国对外直接投资新的增长点。最后仍需强调的是，2022 年海外投资风险仍需要引起投资者的警惕。

关键词： 海外投资；国家风险评级；"一带一路"；RCEP；新冠肺炎疫情

Abstract: In 2020, China's outward FDI flows and stocks ranked first and third place in the world, respectively. China's influence in the field of foreign direct investment continued to expand. However, at present, the new crown pneumonia virus is constantly mutating, the vaccination is seriously imbalanced among different countries, the shift in US monetary policy, the debt burden of some developing countries, there is still a risk of targeted decoupling in the global supply chain, as above there are still many variables in the momentum of global economic growth. The world is undergoing the greatest changes in a century, and suffering the epidemic, the risk of the global investment environment is worth vigilance. From the perspective of overseas investment of Chinese enterprises and sovereign wealth, this report constructs an evaluation system with a total of 42 sub-indicators including five major indicators: Economic Foundation, Solvency, Social Resilience, Political Risk and Relations with China. Covering 114 countries and regions, this report provides a comprehensive and quantitative assessment of the main risks faced by Chinese companies. *Report of Country Risk Rating of Overseas Investment from China* (*2022*) continues last year's standards in terms of sample range selection, rating indicators and rating methods, and achieves good comparability with the rating results of previous years. Judging from the overall rating results, the Economic Foundation of developed economies is better than the developing countries', the Political Risk is lower, the Social Resilience is higher, the Solvency is stronger, and the overall investment risk is lower than that of emerging economies. China's direct investment in advanced economies has rebounded markedly recently, however, when consider that the score of Relations with China are lower than that of developing counties, potential risks still remain. For emerging economies, although the gap between their Economic Foundation and Political Risk score and that of developed countries are still relatively obvious, in the long run, with the rising investment demand of emerging economies, especially in the RCEP region, it will still be the most potential destination for Chinese overseas investment. At present, the "Belt and Road" region has become a new growth point for China's outward direct investment. Finally, it still needs to be emphasized that the risks of overseas investment in 2022 still need to arouse the vigilance of investors.

Key Words：Overseas Investment, Country Risk Rating, "Belt and Road", RCEP, COVID-19

目　　录

2022 年中国海外投资国家风险评级主报告 CROIC-IWEP

一 评级背景

2020 年中国对外直接投资为 1537.1 亿美元,同比增长 12.3%,首次位居全球第一。中国在全球直接投资中的影响力继续扩大,2020 年对外直接投资流量占全球当年的 20.2%,连续五年占比 10% 以上。截至 2020 年年末,中国对外直接投资存量达 25806.6 亿美元,占全球当年存量的 6.6%,较 2019 年年末增加 3817.8 亿美元,是 2002 年年末存量的 86.3 倍,在全球的排名由 2002 年的第 25 位升至第 3 位,仅次于美国和荷兰。截至 2020 年年底,中国有超 2.8 万家境内投资者在全球 189 个国家(地区)设立的对外直接投资企业 4.5 万家,全球 80% 以上国家(地区)都有中国的投资。中国在 "一带一路" 倡议沿线 63 个国家(地区)设立境外企业超过 1.1 万家,2020 年对共建 "一带一路" 合作国家(地区)直接投资流量 225.4 亿美元,年末存量 2007.9 亿美元,占对外直接投资总额的比重分别为 14.7% 和 7.8%。中国对外直接投资地域分布的集中度较高,2020 年年末对外直接投资存量前 20 位的国家(地区)占总额的 93.4%。与此同时,中国企业海外竞争力的不断上升,"一带一路" 倡议的稳步推进和 RCEP 区域内经贸投资往来进一步增强，中国企业将持续释放更多投资活力，与世界其他经贸伙伴实现共赢。

需要指出，近年来中国面临的外部发展环境不确定性逐步增加，中国企业海外投资也多次因东道国政治、经济和社会因素而受阻。中美经贸摩擦甚至从贸易领域扩展至直接投资领域。2019年3月5日欧盟理事会通过了外资审查框架法案后，2020年3月25日欧盟委员会发布了《有关外商直接投资（FDI）和资本自由流动、保护欧盟战略性资产收购指南》，要求欧盟各成员国实施更加严格的投资审查措施。2021年年初，立陶宛向上述欧盟2019年的外资审查框架法案看齐，加强了国家安全审查机制，并扩大了所谓与国家安全有关的行业实体名单，涵盖5G服务提供商和基础设施开发商、数字移动无线电通信网络运营商和特定的发电公司等。2021年1月，美国商务部部长获得了对信息和通信技术（ICT）及服务领域跨国交易的自由裁量权，一旦美国企业与外国合作伙伴的交易被认为存在国家安全、经济安全、公共卫生和安全保障等风险，美国商务部部长便可否决相关交易。此外，美国基于国家安全的考虑还颁布了一项外国并购审查实施条例，该条例不仅为审查程序"开绿灯"，还扩大了美国外国投资委员会（Committee on Foreign Investment in the United States，CFIUS）的管辖权。2021年3月，澳大利亚以应对新冠肺炎疫情为由宣布加强对外国投资的审查力度，但其提到的敏感个人数据、特定敏感技术领域、关键矿产和外国国有性质投资者投资4个领域的风险，与新冠肺炎疫情并无明显关联。2021年4月29日，英国颁布的《国家安全和投资法案》针对外国投资新设了涉及广泛的审查制度。该法案规定特定行业的交易需强制申报，而且授予了国务大臣审查、评估外国投资所涉国家安全风险的权力。

一系列案例表明，全球范围内投资审查的力度正在持续加强。尽管2021年世界经济得到较快修复，但新冠肺炎疫情等因素的不利影响仍在继续发酵，全球产业链、供应链存在定向脱钩的风险。根据联合国贸易和发展会议 2022 年 1 月的报告，2021 年全球 FDI 流量相较 2020 年增长了 77%，从 9290 亿美元增至 1.65 万亿美元，但这也只是恢复到了新冠肺炎疫情前的水平。① 目前来看，全球范围内不同经济体 FDI 增长呈现不均衡的态势，流入基础设施的 FDI 增长较快，但绿地项目投资仍然疲弱，制造业和价值链新增投资也有限。当前，新冠肺炎病毒变异不断，新冠肺炎疫苗接种严重失衡，美国货币政策转向极易引发美国乃至全球金融市场动荡，部分发展中国家债务违约风险犹存，全球增长势头压力依然显著。同时也要看到，中国正立足新发展阶段构建"双循环"新发展格局，"一带一路"建设稳步推进、RCEP 协定的落地生效等，将为中国企业对外投资提供新的更大机遇。展望 2022 年，世界格局"东升西降""西强东弱"态势依旧，全球经济向中低速增长回归，消除全球经济治理赤字的难度持续加大。因此，做好有针对性的风险预警，进而准确识别风险，在有效应对相应风险的同时抓住机遇，仍是中国企业提高海外投资安全性和成功率的重要前提。

二 各评级机构评级方法综述

（一）发布国家信用评级的机构简介

国家信用评级可以追溯到第一次世界大战之前的美国。经过近一个世纪的发展，市场上形成了标准普尔（Standard & Poor）、穆迪（Moody's）和惠誉（Fitch）三家美国信用评级机构垄断的局面，占据全球 90% 以上的市场份额。

标准普尔是全球知名的独立信用评级机构，拥有 150 多年

---

① United Nations Conference on Trade and Development, *Global Investment Trends Monitor*, No. 40, January 19, 2022.

的历史并在全球 23 个国家和地区设有办事处。目前，标准普尔对 126 个国家和地区的主权信用进行了评级，并于每周更新各个国家和地区的主权信用评级。穆迪主要对参与国际资本市场的一百多个国家和地区进行评级，分支机构遍布全球 29 个国家和地区，员工总计约 7000 人。惠誉是唯一一家欧洲控股的评级机构，规模较以上两家稍小。如今，经历了数次并购和巨大增长之后，惠誉已成长为世界领先的国际信用评级机构，在全球设立了 50 家分支机构和合资公司，致力于为国际信用市场提供独立和前瞻性的评级观点、研究成果及数据报告。

与此同时，不同类型、各具特色的评级机构也实现了蓬勃发展，它们通过差异化竞争在市场上谋得了一席之地。其中比较出名的包括：经济学人信息社（EIU，Economist Intelligence Unit）、国际国别风险评级指南机构（ICRG，International Country Risk Guide）以及环球透视（GI，IHS Global Insight）。

EIU 是"经济学人集团"下属独立单位，主要进行经济预测和咨询服务，覆盖全球 120 个国家和地区。EIU 风险服务的目标客户是从事借款、贸易信贷以及其他商业活动而面临跨境信用风险或金融风险的机构。

ICRG 自 1980 年起便开始定期发布国际国家风险指南。目前，该指南的国别风险分析覆盖了全球近 140 多个国家和地区，并以季度为基础进行数据更新并逐月发布。

GI 于 2001 年成立，目前为 3800 多家客户提供详尽的国家风险分析，主要针对在海外开展营商活动的投资者。GI 评级的覆盖范围超过 200 个国家和地区。作为一家付费咨询机构，分析的风险对象涵盖范围极广，包括国家的营商、主权信用乃至一国某个地区的运营风险。

由于评级体系的构建对方法的科学性、全面性和多样性有较高的要求，且评级数据的采集和处理较为复杂，目前评级市场仍然由发达国家的评级机构占主导地位，发展中国家的评级机构大多处于起步阶段。这其中包括了中国的大公国际资信评估公司。

大公国际资信评估有限公司（简称大公）于 1994 年成立，拥有自己的主权信用评级标准和方法，定期发布主权信用评级报告。到目前为止，大公已经发布了全球 90 个国家和地区的信用等级报告，评级对象主要来自亚洲、大洋洲和欧洲，其中具有 AAA 级的国家和地区有 8 个。

（二）评级对象

标准普尔、穆迪和惠誉三大评级机构从定性和定量的角度，对主权国家政府足额、准时偿还债务的能力和意愿进行综合性评估，针对的是主权债务的综合风险。大公和 ICRG 也遵循着类似的原则，对主权债务风险做出判断。在金融市场上，主权债务风险的具体表现往往是一国国债的违约概率、预期损失和回收率。

EIU 评估的风险包括主权风险、货币风险和银行部门风险。ICRG 的风险评级更具独特性，主要考察的是对外直接投资风险，其评级除考量金融市场因素外，往往还涉及和当地经营直接相关的因素，比如治安环境等。

中国社会科学院的中国海外投资国家风险评级体系（CRO-IC）综合考量了证券投资和直接投资的风险，这与目前中国海外投资形式的多样性紧密契合。

（三）评级指标体系

尽管三大评级机构与大公、EIU、ICRG 和 GI 这七家评级机构的评级对象各有不同，但指标体系都可以大致分为经济、政治和社会三大模块。

在经济方面，一国的人均收入、国民生产总值等指标可以反映该国的经济基础。而一国的外债占进出口比重、财政收入赤字占 GDP 比重等指标可以反映该国的短期偿债能力。经济基础和短期偿债能力共同构成了一国的总体偿债实力。

在政治方面，各大机构都会对政治稳定性、参与度、治理有效性等指标做出考察。政治风险在本质上衡量的是一国的偿债意愿。即使一国财政实力充足，资源丰富，但由于政治动乱依然可能加大该国的偿债风险。

在社会方面，不同的评级机构有不同的处理方法。大部分机构注重考察社会的弹性程度，也就是社会应对危机的能力，这往往在种群和谐程度、法律健全程度等指标上有所反映。对于衡量直接投资风险的 GI 评级体系来说，社会弹性是尤其重要的指标模块。

中国海外投资国家风险评级体系（CROIC）综合了上述经济、政治和社会因素，并引入与中国关系这一指标模块，力求更为全面、综合，从而有针对性地衡量中国海外投资的风险。

（四）评级方法特点

在制度偏好方面，标准普尔、穆迪与惠誉三大评级机构和 ICRG 都将政治因素视为国家信用评级标准的核心，将政治自由化程度、民主政治观念和体制等作为评判一国政治好坏的标准，同时强调经济开放对于一国信用等级的正面作用。这在一定程度上忽略了各国的具体国情。大公在评级时特别突出了国家管理能力这一指标，力求避免完全以西方政治生态为标杆的评级模式。但由于缺乏一定的评判标准，如何对各国的治理水平进行客观公正的衡量成为摆在大公面前的一道难题。EIU 在经济实力的评价上对发达国家、发展中国家和欧元区国家做出了区分，采用不同的评级标准，制度偏好的问题有所改善。GI 则更加强调制度的实际效果，而且由于政治制度所占的权重相对较小，在制度偏好上较为中立。

在客观程度方面，由于客观的定量因素不能完全衡量一国的国家风险，因此定性指标是必须的。这对于无法定量衡量的政治与社会风险来说尤其重要。7 家评级机构都采取了定性与定量相结合的评级方法，其中定性指标的量化通常采用专家打分的方式，并且最终的评级结果也都由评级委员会通过主观调整后给出。这不可避免地会引入分析师的主观判断因素。此外，几乎所有的评级机构都是盈利性机构，向客户收取的评级费用和年费是其主要收入来源。而被评级对象为了获得高级别，也会甘愿支付高额评级费用。因此，双方利益的驱动或对评级的独立客观性造成影响。

在指标体系的全面性上，三大评级机构的指标体系都涵盖了政治、经济和外部风险。但从反映各大因素的每一个细项指标来看，惠誉的指标体系要比标准普尔和穆迪更加具体。大公特别突出了政府治理水平和金融水平两大因素对于主权风险的影响作用。为了摒弃三大评级机构的制度偏好，大公将国家治理水平列为一个独立因素进行分析。此外，它还将金融因素从经济因素中抽离出来进行更细致的评估。

EIU 和 GI 的指标体系也较为全面。其中，EIU 包含有 60 个细分指标，涵盖面较广。比如在融资和流动性模块下，EIU 包括银行业不良贷款比率、OECD 国家短期利率、银行业信贷管理能力等细致指标，这对银行部门的风险衡量十分有效。GI 的指标体系也涵盖到了直接投资和商业运营的大多数方面。相比之下，ICRG 的评级体系中政治类指标占了大多数，而经济和金融风险的指标相对较少，只选取了比较有代表性的几个指标，这样的评级方法过于偏重政治风险。

在前瞻性方面，几大评级机构都不能预测货币和银行危机，而只能在事后进行调整。这主要是因为评级机构在评估时过度依赖于历史数据，缺乏对一国的长期发展趋势的判断，使得评级效果大打折扣。但机构对未来进行预测时又不可避免地会引入主观评判。因此，如何更快地更新数据，对未来进行科学预测，是所有评级方法都面临的挑战。

在透明度方面，一个完整的信用评价体系应当包括评估对象、指标体系、打分方法、权重设定和评级结果五个方面，而几乎所有的评级机构仅对外公布评级结果和一部分评级方法，所有的指标数据和最终得分并不公开，因此透明度还有待提高。这也与机构的商业性质和数据的核心机密性有关。

在是否适合中国国情方面，大部分评级机构没有对此进行单独考虑。中国对外投资活动日益频繁，而且出现了独特的国别特征。例如，中国对外间接投资和直接投资并举，在发达市场上以国债投资和直接投资为主，在新兴市场上以直接投资为主。因此，在衡量国别风险时，值得对这些因素进行细致考察。此外，在当今国际局势不断变化的环境下，随着中国国家力量的上升，不同国家与中国外交关系的远近，甚至民间交往的深度和广度，都会对以中国为主体的投资行为有所影响。中国海外投资国家风险评级体系（CROIC）对此有单独考量，在一定程度上弥补了传统评级机构方法的不足。

三　CROIC-IWEP 国家风险评级方法

（一）指标选取

为了全面和量化评估中国企业海外投资面临的主要风险，本评级体系纳入经济基础、偿债能力、社会弹性、政治风险、对华关系五大指标，共 42 个子指标。

1. 经济基础

经济基础指标提供了一个国家投资环境的长期基础，较好的经济基础是中国企业海外投资收益水平和安全性的根本保障。

经济基础指标包含 11 个子指标（见表 1），其中：GDP 总量、人均 GDP、基尼系数衡量了一国的经济规模和发展水平；经济增长率、通货膨胀率和失业率衡量了一国的经济绩效；

GDP 增速的波动系数衡量了一国经济增长的稳定性；本体系还从贸易、投资、资本账户三个方面衡量了一国的开放度。汇率波动性指标衡量了汇率波动风险，当汇率出现剧烈波动时，一方面会给投资者带来巨大的汇兑风险，另一方面会严重威胁当地金融市场稳定性，带来潜在的投资风险。

其中 GDP 总量、人均 GDP、通货膨胀和失业率采用了来自国际货币基金组织 WEO 数据库的经济预测值。WEO 数据包含 2022 年预测值，比 WDI 数据（截至 2020 年）更具有时效性，而 WEO 中数据缺失的部分，采用其他数据库的实际值进行补充。

表1 经济基础指标

经济基础指标	指标说明	数据来源
1. 市场规模	GDP 总量	WEO、WDI、CEIC
2. 发展水平	人均 GDP	WEO、WDI、CEIC
3. 经济增速	GDP 增速	WDI、CEIC
4. 经济波动性	GDP 增速的波动性（5 年波动系数）	根据经济增速计算
5. 贸易开放度	（进口 + 出口）/GDP	WDI、UNCTAD
6. 投资开放度	（外商直接投资 + 对外直接投资）/GDP	UNCTAD、CEIC
7. 资本账户开放度	Chinn-Ito 指数（反映资本账户管制能力）	Chinn-Ito
8. 通货膨胀	居民消费价格指数（CPI）	WEO、WDI、CEIC
9. 失业率	失业人口占劳动人口的比率	WEO、EIU、WDI、CEIC
10. 收入分配	基尼系数	WDI、CEIC、CIA 等
11. 汇率波动性	直接汇率波动（月度变异系数）	IFS、CEIC

注：（1）WEO 为国际货币基金组织 World Economic Outlook 数据库，CEIC 为香港环亚经济数据有限公司数据库，WDI 为世界银行 World Development Indicators，UNCTAD 是联合国贸易与发展会议，Chinn-Ito 为钦－伊藤指数，EIU 为经济学人信息社数据库，CIA 为美国中央情报局，IFS 为国际货币基金组织的国际金融统计。（2）数据来源中第一个数据库为主要数据来源，若存在缺失值则从剩余数据库补充，下同。

2. 偿债能力

偿债能力指标衡量了一国公共部门和私人部门的债务动态和偿债能力。如果一国爆发债务危机，包括直接投资和财务投资在内的各种类型的投资安全都会受到影响。

偿债能力指标包含 9 个子指标（见表 2），其中：公共债务占 GDP 比重和银行业不良资产比重主要用于衡量一国国内公共部门和私人部门的债务水平；外债占 GDP 比重和短期外债占总外债比重衡量了一国的外债规模和短期内爆发偿债危机的风险；财政余额占 GDP 比重衡量了一国的财政实力、外债占外汇储备比重衡量了一国的外汇充裕度、再加上经常账户余额占 GDP 比重以及贸易条件，共同反映了一国的偿债能力。

与经济基础指标相似，偿债能力指标中公共债务/GDP、财政余额/GDP 和经常账户余额/GDP 采用了来自国际货币基金组织 WEO 数据库的 2022 年预测值，其他指标采用 2020 年实际值数据。①

表 2　　　　　　　　　　　　偿债能力指标

偿债能力指标	指标说明	数据来源
1. 公共债务/GDP	公共债务指各级政府总债务	WEO、WDI、CEIC
2. 外债/GDP	外债指年末外债余额	QEDS、WDI、EIU
3. 短期外债/总外债	短期外债指期限在一年及以下的债务	QEDS、WDI、EIU
4. 财政余额/GDP	财政余额 = 财政收入 - 财政支出	WEO、WDI、CEIC
5. 外债/外汇储备	外债指年末外债余额	QEDS、EIU
6. 经常账户余额/GDP	经常账户余额为货物和服务出口净额、收入净额与经常转移净额之和	WEO、WDI、CEIC

---

① 受限于数据可获得性，贸易条件数据为 2019 年实际值数据。

续表

偿债能力指标	指标说明	数据来源
7. 贸易条件	出口价格指数/进口价格指数	WDI、EIU
8. 银行业不良资产比重	银行不良贷款占总贷款余额的比重	WDI、CEIC
9. 是否为储备货币发行国	扮演国际储备货币角色的程度	德尔菲法

注：WEO 为国际货币基金组织 World Economic Outlook 数据库，WDI 为世界银行 World Development Indicators，CEIC 为香港环亚经济数据有限公司数据库，QEDS 为国际货币基金组织和世界银行 Quarterly External Debt Statistics，EIU 为经济学人信息社数据库。

3. 社会弹性

社会弹性指标反映了影响中国企业海外投资的社会风险因素，良好的社会运行秩序能确保企业有序的经营。

社会弹性指标包含 8 个子指标（见表 3），其中：教育水平衡量了一个国家基本的劳动力素质；社会、种族、宗教冲突的严重性以及犯罪率衡量了一国的内部冲突程度和社会安全；环境政策、资本和人员流动限制、劳动力市场管制和商业管制反映了一国的经商环境。劳动力素质越高、内部冲突程度越低、社会安全和经商环境越好，企业投资的风险越小。

表 3 社会弹性指标

社会弹性指标	指标说明	数据来源
1. 内部冲突	由社会、种族或宗教差异引发内战或暴力冲突的程度	BTI
2. 环境政策	对环境议题的重视，环境法规制定和执行的严格程度	BTI
3. 资本和人员流动的限制	对资本和人员流动的限制包括外国所有权限制、外国投资限制、资本管制和外国人自由访问限制等	EFW

续表

社会弹性指标	指标说明	数据来源
4. 劳动力市场管制	劳动力市场管制包括雇佣和解雇规定，最低工资和工作时间规定等	EFW
5. 商业管制	行政和官僚成本，开业难易，营业执照限制等	EFW
6. 教育水平	教育、培训和研发机构的水平，学校入学率和文盲率，在教育和投资研发方面的投资水平	BTI
7. 社会安全	每年每十万人中因谋杀死亡的人数	UNODC
8. 其他投资风险	除政治风险、经济风险、金融风险等之外的其他投资风险	ICRG

注：BTI 为 Transformation Index of the Bertelsmann Stiftung，EFW 为 Fraser Institute 的 Economic Freedom of the World 年度报告，UNODC 为联合国毒品和犯罪问题办公室，ICRG 为 PRS 集团 International Country Risk Guide.

4. 政治风险

政治风险指标考察的是一国政府的稳定性和质量，以及法律环境和外部冲突，较低的政治风险是企业安全投资的先决条件之一。

政治风险指标包含 8 个子指标（见表 4），其中：执政时间、政府执行所宣布政策的能力以及保持政权的能力、军事干预政治三个子指标反映了一国政府的稳定性；政治体系的腐败程度、政府对民众诉求的回应、公共服务和行政部门的质量反映了一国政府的治理质量；法制水平是契约和产权保护的重要保证。一国政府的稳定性和治理质量越高、法制环境越健全、外部冲突越少，中国企业在其投资的风险越低。

表 4 政治风险指标

政治风险指标	指标说明	数据来源
1. 执政时间	剩余执政时间除以总任期	DPI
2. 政府稳定性	政府执行所宣布政策的能力以及保持政权的能力	ICRG

续表

政治风险指标	指标说明	数据来源
3. 军事干预政治	军队部门对一国政府的参与程度	ICRG
4. 腐败	政治体系的腐败程度	ICRG
5. 民主问责	政府对民众诉求的回应	ICRG
6. 政府有效性	公共服务的质量、行政部门的质量及其独立于政治压力程度、政策制定和执行的质量，以及政府政策承诺的可信度	WGI
7. 法制	法制反映了履约质量，产权保护，合同执行质量等	WGI
8. 外部冲突	来自国外的行为对在位政府带来的风险。国外的行为包括非暴力的外部压力例如外交压力、中止援助、贸易限制、领土纠纷、制裁等，也包括暴力的外部压力例如跨境冲突，甚至全面战争	ICRG

注：DPI 为世界银行 Database of Political Institutions，ICRG 为 PRS 集团 International Country Risk Guide，WGI 为世界银行 Worldwide Governance Indicators.

5. 对华关系

对华关系指标衡量了影响中国企业在当地投资风险的重要双边投资政策、投资受阻程度和双边政治关系，较好的对华关系是降低投资风险的重要缓冲。

表 5 对华关系指标

对华关系指标	指标说明	数据来源
1. 是否签订 BIT	1 为已签订且生效；0.5 为已签订未生效；0 为未签订	中华人民共和国商务部
2. 投资受阻程度	分数越高，投资受阻越小	德尔菲法
3. 双边政治关系	分数越高，双边政治关系越好	德尔菲法
4. 贸易依存度	分数越高，对方对中国贸易依存度越高	WDI、IMF
5. 投资依存度	分数越高，对方对中国直接投资依存度越高	UNCTAD、Wind

对华关系指标	指标说明	数据来源
6. 免签情况	分数越高，对方对中国公民的签证便利度越高	中华人民共和国商务部、中国领事服务网

注：BIT 为双边投资协定；德尔菲法又名专家意见法或专家函询调查法，采用背对背的通信方式征询专家小组成员的意见；WDI 为世界银行 World Development Indicators；IMF 为国际货币基金组织；UNCTAD 是联合国贸易与发展会议；Wind 是金融数据和分析工具服务商。

　　对华关系指标包含 6 个子指标（见表 5）。第一个子指标是两国是否签订了双边投资协定（Bilateral Investment Treaty，以下简称 BIT）以及该协定是否已经生效。如果中国与该国签署了 BIT，将有助于降低中国企业在当地的投资风险。第二个和第三个子指标采用德尔菲法进行的专家打分，分别衡量了投资受阻程度和双边政治关系，[①] 较低的投资受阻程度和较好的双边政治关系，有助于降低中国企业在当地进行投资的风险。贸易（投资）依存度衡量了中国和一国之间的双边贸易（投资）占该国贸易（投资）的比重。免签情况则衡量了东道国对中国公民发放签证的便利程度。

（二）标准化、加权与分级

　　在选取指标并获得原始数据后，本评级体系对于定量指标（经济基础和偿债能力）采取标准化的处理方法，而对定性指标（政治风险、社会弹性以及对华关系）的处理有两种方式，即运用其他机构的量化结果或者由评审委员打分，再进行标准化。

　　① 课题组感谢中国社会科学院金融研究所的张明、中国社会科学院世界经济与政治研究所的张宇燕、姚枝仲、邹治波、张斌、冯维江、徐奇渊、郎平、李东燕、任琳、邵峰、徐进、徐秀军、薛力、袁正清等各位专家对本报告的支持和贡献。

本评级体系采用 0—1 标准化，也叫离差标准化，将原始数据进行线性变换，使结果落到［0，1］区间，分数越高表示风险越低。转换函数如下：

$$x^* = 1 - \left| \frac{x - x_{\text{适宜值}}}{\text{max} - \text{min}} \right|$$

其中，x^* 为将 x 进行标准化后的值，$x_{\text{适宜值}}$ 为对应风险最低的指标值，max 为样本数据的最大值，min 为样本数据的最小值。

对定量指标进行标准化并转化为风险点得分的关键在于找到 $x_{\text{适宜值}}$。在样本范围内，数值与适宜值越近，得分越高。

适宜值的判断方法有两类：第一类是设定绝对适宜值，也就是适宜值的大小与样本国家的选择无关。例如，本评级体系将 CPI 指标的适宜值设定为 2%，失业率的适宜值设定为 5%。第二类是在样本中找到相对适宜值。例如，本体系将 GDP 的适宜值设定为该样本中 GDP 的最大值，将 GDP 增速的波动性的适宜值设定为该样本中 GDP 增速的波动的最小值。此外，由于某些指标对于发达国家和发展中国家不应选用相同的适宜值，本评级体系也进行了区分。例如，偿债能力指标中子指标公共债务/GDP 与外债/GDP 既反映了债务规模，也反映了举债能力。对于这两个子指标，本评级体系区分为发达国家和发展中国家两组，每一组的最低值为各组的适宜值。

以上标准化过程中，本报告遵循四大原则：第一，标准化必须合乎逻辑；第二，标准化必须要考虑异常值的处理；第三，标准化必须客观，尽量减少主观判断；第四，标准化后的得分需具有区分度。

由于本次评级体系的国家样本有 114 个，指标体系复杂，出现了较多的异常值情况。为了规范异常值处理流程，本报告对部分原始数据进行缩尾处理。具体而言，在计算适宜值与标准化之前，我们先对原始数据进行前后各5%的缩尾处理，① 将样本数据从高到低排列，从5%—95%的样本区间内选取最大值和最小值，并分别替换前5%和95%之后的数据，从而剔除异常值因素在适宜值选择和标准化过程中可能带来的影响。

采用缩尾处理的具体指标包括：经济基础部分的所有指标，偿债能力部分除"是否为储备货币发行国"指标外的所有指标。不需要进行缩尾处理的指标有四种：第一种是特定赋值数据，如"是否签订BIT"等；第二种是数据形式为打分制的原始数据，主要来自ICRG、BTI、EFW、WGI等衡量政治社会风险的数据库；第三种是不存在异常值的数据，如"贸易依存度"；第四种是用德尔菲法计算的数据，在计算过程中已经进行了类似处理。

在对经济基础、偿债能力、政治风险、社会弹性和对华关系五大指标下的细项指标分别标准化后，加权平均得到这五大风险要素的得分，区间为 [0，1]。分数越高表示风险越低。然后，我们对五大要素加权平均，由于五大指标都是中国企业海外投资风险评级的重要考量点，我们采用相同的权重，均为0.2（见表6）。最后，我们将得到的分数转化为相应的级别。本评级体系按照国家风险从低到高进行9级分类：AAA、AA、A、BBB、BB、B、CCC、CC与C。其中AAA和AA为低风险级别，A与BBB为中等风险级别，BB—C为高风险级别。

表6　　　　　　　　　　国家风险评级指标权重

指标	权重
经济基础	0.2
偿债能力	0.2

① 除了投资开放度指标，由于部分国家的开放度水平过高，因此进行了前8%和后5%的截尾处理。

续表

指标	权重
政治风险	0.2
社会弹性	0.2
对华关系	0.2

（三）评级样本

2022 年本评级体系共将 114 个国家纳入评级样本，与 2021 年的评级报告保持一致。2020 年，中国对所有 114 个样本国家的投资存量情况见表 7。

表 7　　　　2020 年中国在评级样本国家的直接投资存量　（单位：亿美元）

	国家	所在地区	投资存量		国家	所在地区	投资存量
1	阿尔巴尼亚	欧	0.1	19	白俄罗斯	欧	6.1
2	阿尔及利亚	非	16.4	20	保加利亚	欧	1.6
3	阿根廷	美	19.9	21	冰岛	欧	0.1
4	阿联酋	亚＆太	92.8	22	波兰	欧	6.8
5	阿曼	亚＆太	2.4	23	玻利维亚	美	2.9
6	阿塞拜疆	亚＆太	0.3	24	博茨瓦纳	非	1.9
7	埃及	非	11.9	25	布基纳法索	非	0.0
8	埃塞俄比亚	非	29.9	26	丹麦	欧	3.5
9	爱尔兰	欧	15.2	27	德国	欧	145.5
10	爱沙尼亚	欧	0.1	28	多哥	非	1.0
11	安哥拉	非	26.9	29	俄罗斯	欧	120.7
12	奥地利	欧	6.8	30	厄瓜多尔	美	6.0
13	澳大利亚	亚＆太	344.4	31	法国	欧	48.6
14	巴基斯坦	亚＆太	62.2	32	菲律宾	亚＆太	7.7
15	巴拉圭	美	0.0	33	芬兰	欧	3.1
16	巴林	亚＆太	0.7	34	哥伦比亚	美	4.3
17	巴拿马	美	6.8	35	哥斯达黎加	美	0.7
18	巴西	美	32.1	36	哈萨克斯坦	亚＆太	58.7

续表

	国家	所在地区	投资存量		国家	所在地区	投资存量
37	韩国	亚＆太	70.5	73	尼日尔	非	11.8
38	荷兰	欧	260.4	74	尼日利亚	非	23.7
39	洪都拉斯	美	0.0	75	挪威	欧	10.4
40	吉尔吉斯斯坦	亚＆太	17.7	76	葡萄牙	欧	0.5
41	几内亚	非	4.7	77	日本	亚＆太	42.0
42	加拿大	美	124.9	78	瑞典	欧	106.0
43	加纳	非	15.8	79	瑞士	欧	67.6
44	柬埔寨	亚＆太	70.4	80	塞内加尔	非	4.3
45	捷克	欧	12.0	81	塞浦路斯	亚＆太	2.0
46	喀麦隆	非	4.4	82	沙特阿拉伯	亚＆太	29.3
47	卡塔尔	亚＆太	6.2	83	斯里兰卡	亚＆太	5.2
48	科威特	亚＆太	8.5	84	斯洛文尼亚	欧	0.5
49	克罗地亚	欧	2.5	85	苏丹	非	11.2
50	肯尼亚	非	21.5	86	塔吉克斯坦	亚＆太	15.7
51	拉脱维亚	欧	0.2	87	泰国	亚＆太	88.3
52	老挝	亚＆太	102.0	88	坦桑尼亚	非	15.4
53	黎巴嫩	亚＆太	0.0	89	突尼斯	非	0.3
54	立陶宛	欧	0.1	90	土耳其	亚＆太	21.5
55	卢森堡	欧	160.0	91	土库曼斯坦	亚＆太	3.4
56	罗马尼亚	欧	3.1	92	危地马拉	美	0.0
57	马达加斯加	非	3.9	93	委内瑞拉	美	29.6
58	马耳他	欧	1.7	94	乌干达	非	7.1
59	马来西亚	亚＆太	102.1	95	乌克兰	欧	1.9
60	马里	非	3.1	96	乌拉圭	美	1.9
61	美国	美	800.5	97	乌兹别克斯坦	亚＆太	32.6
62	蒙古国	亚＆太	32.4	98	西班牙	欧	11.1
63	孟加拉国	亚＆太	17.1	99	希腊	欧	1.3
64	秘鲁	美	17.1	100	新加坡	亚＆太	598.6
65	缅甸	亚＆太	38.1	101	新西兰	亚＆太	28.7
66	摩尔多瓦	欧	0.0	102	匈牙利	欧	3.4
67	摩洛哥	非	3.8	103	亚美尼亚	亚＆太	0.1
68	莫桑比克	非	13.2	104	伊拉克	亚＆太	17.4
69	墨西哥	美	11.7	105	伊朗	亚＆太	35.3
70	纳米比亚	非	3.5	106	以色列	亚＆太	38.7
71	南非	非	54.2	107	意大利	欧	28.5
72	尼加拉瓜	美	0.1	108	印度	亚＆太	31.8

续表

	国家	所在地区	投资存量		国家	所在地区	投资存量
109	印度尼西亚	亚＆太	179.4	112	越南	亚＆太	85.7
110	英国	欧	176.5	113	赞比亚	非	30.6
111	约旦	亚＆太	2.0	114	智利	美	12.7

截至 2020 年年底，中国对外直接投资分布在全球 189 个国家（地区），本评级体系选用以上 114 个国家作为本次评级样本，主要是基于以下三个标准：

1. 主要涉及的是真实的投资活动

中国在当地进行的主要是真实的投资活动（生产、研发、雇佣、经营等），而不是以该地为投资中转地或者避税等资金运作中心。中国香港就是中国对外直接投资的重要中转地之一。2020年，58% 的中国对外直接投资首先流向了中国香港，虽同比下降 1.6%，但仍占对亚洲投资流量的近八成，远超对其他地区的投资。不排除其中有一部分以中国香港为平台，最终流向其他地方。中国对避税港地区的投资以商务服务业为主。因此，本次评级暂不纳入中国香港、开曼群岛、英属维尔京群岛等国际自由港。此外，鉴于卢森堡的特殊性质，本次评级卢森堡参与排名，但不列出。

2. 重点选择 G20 国家以及中国海外投资额较大的其他国家

这 114 个评级样本国家全面覆盖了北美洲、大洋洲、非洲、拉丁美洲、欧洲和亚洲，在当地的投资额较大，占到 2020 年中国全部对外直接投资流量和存量的 94.59% 和 93.66%，[①] 因此具有广泛的代表性。

3. 满足主要指标数据，尤其是定量指标（经济基础和偿债能力）的可得性

本评级体系运用经济基础、偿债能力、政治风险、社会弹

---

① 不包括中国香港、英属维尔京群岛、开曼群岛和百慕大群岛这些主要的投资中转地以及避税港等资金运作中心。

性和对华关系五大指标作为国家风险评级的依据，因此数据的完备性和可得性十分重要。例如，利比亚和几内亚虽满足前两个条件，即中国在这两个国家的投资额较大且主要涉及的是真实的投资活动，但由于缺乏大量的支持数据，主要是经济基础和偿债能力数据，因此本次评级样本没有纳入利比亚和几内亚。

（四）本评级方法的特点

1. 中国企业海外投资视角

本国家风险评级体系从中国企业和主权财富的海外投资视角出发，构建经济基础、偿债能力、社会弹性、政治风险和对华关系五大指标共 42 个子指标全面地量化评估了中国企业海外投资所面临的战争风险、国有化风险、政党更迭风险、缺乏政府间协议保障风险、金融风险以及东道国安全审查等主要风险。本评级体系通过提供风险警示，为企业降低海外投资风险、提高海外投资成功率提供参考。

2. 重点关注直接投资，同时兼顾主权债投资

现有主要评级机构的国家风险评级体系衡量的是投资者所面临的针对某一个国家的金融敞口风险，其中核心关注点是主权债，即从定性和定量的角度，对主权国家政府足额、准时偿还商业债务的能力和意愿进行综合性评估。本评级体系在兼顾主权债投资所面临的国家风险的同时，重点关注的是中国企业海外直接投资面临的风险。目前，从年度流量上看，中国已经是全球第一大对外直接投资国，并且随着国内转型升级和企业竞争力的提高，中国对外直接投资将会继续增长。传统上主要对主权债投资风险的关注已经无法满足当下中国企业的实际需求，因此，本国家风险评级体系重点关注直接投资所面临的风险要素，纳入的指标涵盖环境政策、资本和人员流动的限制、劳动力市场管制、商业管制、是否签订 BIT、贸易依存度、投资依存度、免签情况以及直接投资受阻程度等。

3. 五大指标体系综合全面覆盖经济、社会、政治、偿债能力和对华关系

影响一国投资风险的因素很多，并且它们之间的关系错综复杂，不存在一个定量模型将全部因素包括进去。在进行国家风险评级时，本评级方法将定性和定量指标相结合，综合全面覆盖了经济基础、偿债能力、社会弹性、政治风险和对华关系五大指标体系。在传统由经济和金融指标构成的定量评估的基础上，增加了社会弹性、政治风险和对华关系等定性评估指标，且定性分析指标占到本评级体系指标总量的一半以上。本评级体系对这五大指标体系进行了深入研究，明确了各部分的核心指标，并根据各国国情的不同、对核心指标的评价方法给予区别对待，同时密切关注指标之间、要素之间的内在联系，从而形成了一个逻辑清晰、框架严谨、指标优化、论证科学的方法体系。

4. 特色指标：对华关系

中国需要创建适合自身国情需要的国家风险评级体系。本评级体系一个重要的特色指标是对华关系，包含双方是否签订 BIT、投资受阻程度、双边政治关系、贸易依存度、投资依存度以及免签情况六个子指标，良好的对华关系是降低中国海外投资风险的重要缓释器。对华关系这一指标既是本评级体系区别于其他国家风险评级的特色指标，同时，也是为评估中国海外直接投资所面临的主要风险量身打造。以投资受阻程度这一子指标为例，例如2020 年 8 月，中国蒙牛乳业放弃了对一家澳大利亚公司的收购计划。2020 年 11 月，加拿大政府否决了中国山东黄金矿业股份有限公司对一家加拿大黄金生产商的收购。投资受阻显著增加了中国企业的投资风险，因此成为本评级体系的重要考量指标之一。

5. 依托智库，将客观独立作为国家风险评级的基本立场

本评级体系依托中国社会科学院世界经济与政治研究所这一中国领先、国际知名的智库。本研究所的主要研究领域包括全球宏观、国际金融、国际贸易、国际投资、全球治理、产业

经济学、国际政治理论、国际战略、国际政治经济学等，有将近 100 位专业研究人员。在美国宾夕法尼亚大学 2020 年全球智库排名榜①上，中国社会科学院排名第 38 位，而世界经济与政治研究所在全球国际经济学智库中排名第 12，在公共政策影响智库中排名全球第 26。

发布国家风险评级的团队是世界经济与政治研究所国际投资研究室，其主要研究领域包括跨境直接投资、跨境间接投资、外汇储备投资、国家风险、国际收支平衡表与国际投资头寸表等。团队成员为高凌云、韩冰、李国学、潘圆圆、周学智、陈逸豪、李曦晨、潘松李江和孔大鹏；此外，课题组感谢中国社会科学院金融研究所的张明、中国社会科学院世界经济与政治研究所的张宇燕、姚枝仲、邹治波、张斌、冯维江、徐奇渊、郎平、李东燕、任琳、邵峰、徐进、徐秀军、薛力、袁正清等各位专家对本报告的支持和贡献。研究室定期发布国际投资研究系列（International Investment Studies），主要产品包括：中国对外投资报告、国家风险评级报告、工作论文与财经评论等。

中国社会科学院世界经济与政治研究所将客观独立作为国家风险评级的基本立场。客观独立是本着对国家风险关系所涉及的各方利益同等负责的态度，采取公正的、客观的立场制定国家风险评级标准，反对通过信用评级进行利益输送。

（五）未来规划

本评级报告每年发布一次。这是本评级体系建成后第九次发布国家风险评级结果。我们将不断改进评级体系，并计划未来每年都发布一次国家风险评级，提供若干风险变化之警示。

动态选取有代表性的国家样本。本次评级是第九次评级，

---

① James G. McGann, "2020 Global Go To Think Tank Index Report", January 28, 2021, https：//repository. upenn. edu/think_ tanks/18/.

选取了 114 个国家作为评级样本。如前文所述，本报告的样本选择遵循三个基本原则：一是主要涉及的是真实的投资活动；二是在地理分布上具有广泛的覆盖性，在当地的投资额较大；三是满足主要指标数据，尤其是定量指标（经济基础和偿债能力）的可得性。这一样本覆盖了 2020 年中国对外直接投资存量的 93.66%。① 未来，本报告在遵循以上三个样本选择基本原则的基础上将纳入更多的国家（地区）进入评级体系，以全面服务于走向世界各个角落的中国企业的海外投资需求。

有针对性地完善评级体系。为了完整研判新形势下对外投资风险，本报告除沿用 2021 年报告的评级指标体系外，也专门考察了 RCEP 的签署与中国对外直接投资风险的关系。当然，未来随着形势变化，本评级体系仍然会有较大改进空间，依托强大的研究团队和智库支持，评级体系也将逐渐趋于完善。未来在指标选择、权重设定、方法构建上，本评级体系都将根据国内外不断变化的形势、中国企业不断演进的海外投资模式以及不断出现新的投资风险进行相应改进。

深化学术和政策研究。未来，本报告将基于本评级体系深入学术和政策性研究，分析中国企业海外投资所面临的国家风险的决定因素、影响途径以及化解方法。

四　CROIC-IWEP 国家风险评级结果总体分析

本报告对 114 个国家进行了评级，包括 32 个发达经济体和 82 个新兴经济体和发展中国家。从区域分布来看，美洲涉及 18 个国家，欧洲涉及 33 个国家，非洲涉及 25 个国家，亚洲和太平洋涉及 38 个国家。

---

① 不包括中国香港、英属维尔京群岛、开曼群岛和百慕大群岛这些主要的投资中转地以及避税港等资金运作中心。

评级结果共分为九级，由高至低分别为 AAA、AA、A、BBB、BB、B、CCC、CC、C。其中 AAA—AA 为低风险级别，包括 18 个国家；A—BBB 为中等风险级别，包括 68 个国家；BB—C 为高风险级别，包括 28 个国家。从中可以看出，评级结果呈正态分布，反映出合理的风险分布区间。

（一）总体结果分析

从总的评级结果来看（见表 8），发达国家评级结果普遍高于新兴经济体，海外投资风险相对较低。在排名前 20 的国家中，除了卡塔尔和阿联酋之外，都是发达经济体；而 82 个新兴经济体和发展中国家，排名最高的卡塔尔是第 5 名。

与 2021 年评级结果相比，除冰岛、波兰、乌兹别克斯坦等 9 个国家的相对排名不变外，其余国家的相对排名均发生了变化。其中，54 个国家的相对排名比 2021 年有所上升，上升名次最多的 5 个国家分别是阿曼、南非、多哥、科威特和博茨瓦纳，分别上升了 24、20、19、18 和 17 个名次，其中阿曼的评级结果从 BBB 上升为 A，多哥的评级结果从 BB 上升为 BBB；而 51 个国家的相对排名比 2021 年有所下降，下降名次最多的 5 个国家分别是玻利维亚、黎巴嫩、洪都拉斯、菲律宾和缅甸，分别下降了 24、22、22、21 和 19 个名次，其中黎巴嫩和缅甸的评级结果从 BBB 下降为 BB，洪都拉斯的评级结果从 BB 下降为 B。从中国海外投资前 10 大目的地来看，德国和新加坡的排名下降较多，其中德国的评级结果从 AAA 下降为 AA，英国和俄罗斯的排名上升了 10 位，其中英国的评级结果从 A 上升为 AA，俄罗斯的评级结果从 BBB 上升为 A。①

---

① 关于排名变化较大的中国海外直接投资主要目的地的国别分析请参见主报告的第五部分。

表8

总体评级结果

排名	国家	本年级别	排名变化	上年级别	排名	国家	本年级别	排名变化	上年级别
1	瑞士（欧）	AAA	↑	AAA	19	法国（欧）	A	↓	AA
2	新西兰（亚＆大）	AAA	↑	AA	20	奥地利（欧）	A	↓	AA
4	丹麦（欧）	AA	↑	AA	21	阿曼（亚＆大）	A	↑	BBB
5	卡塔尔（亚＆大）	AA	↑	A	22	马耳他（欧）	A	↓	AA
6	韩国（亚＆大）	AA	↓	AA	23	以色列（亚＆大）	A	↑	A
7	挪威（欧）	AA	↑	AA	24	爱尔兰（欧）	A	↑	A
8	瑞典（欧）	AA	↓	AA	25	立陶宛（欧）	A	↓	A
9	阿联酋（亚＆大）	AA	↑	AA	26	波兰（欧）	A	—	A
10	德国（欧）	AA	↓	AAA	27	智利（美）	A	↑	A
11	澳大利亚（亚＆大）	AA	↑	AA	28	沙特阿拉伯（亚＆大）	A	↑	BBB
12	荷兰（欧）	AA	↓	AA	29	匈牙利（欧）	A	↓	A
13	英国（欧）	AA	↑	A	30	意大利（欧）	A	↑	A
14	芬兰（欧）	AA	↓	AA	31	葡萄牙（欧）	A	↓	A
15	日本（亚＆大）	AA	↑	A	32	美国（美）	A	↑	A
16	加拿大（美）	AA	↓	AA	33	印度尼西亚（亚＆大）	A	↑	A
17	新加坡（亚＆大）	AA	↓	AA	34	罗马尼亚（欧）	A	↓	A
18	冰岛（欧）	AA	—	AA	35	捷克（欧）	A	↓	A

续表

排名	国家	本年级别	排名变化	上年级别	排名	国家	本年级别	排名变化	上年级别
36	爱沙尼亚（欧）	A	↓	A	53	塞浦路斯（欧）	BBB	↓	BBB
37	俄罗斯（欧）	A	↑	BBB	54	亚美尼亚（亚＆太）	BBB	↓	BBB
38	马来西亚（亚＆太）	A	→	A	55	拉脱维亚（欧）	BBB	↑	BBB
39	西班牙（欧）	BBB	↓	A	56	老挝（亚＆太）	BBB	↓	BBB
40	斯洛文尼亚（欧）	BBB	→	A	57	巴林（亚＆太）	BBB	—	BBB
41	乌拉圭（美）	BBB	↑	BBB	58	加纳（非）	BBB	↑	BBB
42	哈萨克斯坦（亚＆太）	BBB	↑	BBB	59	巴拿马（美）	BBB	↑	BBB
43	科威特（亚＆太）	BBB	↑	BBB	60	南非（非）	BBB	↓	BBB
44	克罗地亚（欧）	BBB	↑	BBB	61	埃及（非）	BBB	↑	BBB
45	阿塞拜疆（亚＆太）	BBB	→	BBB	62	蒙古国（亚＆太）	BBB	↓	BBB
46	柬埔寨（亚＆太）	BBB	→	A	63	摩洛哥（非）	BBB	↓	BBB
47	越南（亚＆太）	BBB	↑	BBB	64	博茨瓦纳（非）	BBB	↑	BBB
48	土库曼斯坦（亚＆太）	BBB	↑	BBB	65	孟加拉国（亚＆太）	BBB	↑	BBB
49	保加利亚（欧）	BBB	↑	BBB	66	希腊（欧）	BBB	↓	BBB
50	坦桑尼亚（非）	BBB	↑	BBB	67	巴基斯坦（亚＆太）	BBB	↑	BBB
51	厄瓜多尔（美）	BBB	↑	BBB	68	阿尔巴尼亚（欧）	BBB	↓	BBB
52	秘鲁（美）	BBB	→	BBB	69	乌兹别克斯坦（亚＆太）	BBB	—	BBB

续表

排名	国家	本年级别	排名变化	上年级别
70	斯里兰卡（亚＆太）	BBB	→	BBB
71	肯尼亚（非）	BBB	↑	BBB
72	塔吉克斯坦（亚＆太）	BBB	↑	BBB
73	多哥（非）	BBB	↑	BB
74	白俄罗斯（欧）	BBB	↑	BBB
75	泰国（亚＆太）	BBB	→	BBB
76	玻利维亚（美）	BBB	→	BBB
77	约旦（亚＆太）	BBB	→	BBB
78	危地马拉（美）	BBB	↑	BBB
79	印度（亚＆太）	BBB	→	BBB
80	赞比亚（非）	BBB	↑	BB
81	吉尔吉斯斯坦（亚＆太）	BBB	→	BBB
82	哥斯达黎加（美）	BBB	→	BBB
83	马达加斯加（非）	BBB	→	BBB
84	菲律宾（亚＆太）	BBB	→	BBB
85	尼日利亚（非）	BBB	↑	BB
86	乌克兰（欧）	BBB	↑	BB
87	塞内加尔（非）	BB	→	BB
88	阿根廷（美）	BB	↑	BB
89	摩尔多瓦（欧）	BB	→	BB
90	乌干达（非）	BB	→	BBB
91	缅甸（亚＆太）	BB	→	BBB
92	埃塞俄比亚（非）	BB	↑	BB
93	喀麦隆（非）	BB	↑	BB
94	布基纳法索（非）	BB	→	BB
95	伊朗（亚＆太）	BB	↑	BB
96	突尼斯（非）	BB	→	BBB
97	土耳其（亚＆太）	BB	→	BB
98	几内亚（非）	BB	—	BB
99	尼日尔（非）	BB	↑	B
100	尼加拉瓜（美）	BB	↑	BB
101	安哥拉（亚＆太）	BB	↑	B
102	马里（非）	BB	→	BB
103	墨西哥（美）	BB	→	BB

续表

排名	国家	本年级别	排名变化	上年级别	排名	国家	本年级别	排名变化	上年级别
104	巴拉圭（美）	BB	↓	BB	110	莫桑比克（非）	B	↓	BB
105	阿尔及利亚（非）	BB	↑	B	111	洪都拉斯（美）	B	↓	BB
106	巴西（美）	BB	↓	BB	112	委内瑞拉（美）	B	—	B
107	纳米比亚（非）	BB	↑	BB	113	伊拉克（亚＆大）	B	—	B
108	黎巴嫩（亚＆大）	BB	↓	BBB	114	苏丹（非）	B	—	B
109	哥伦比亚（美）	B	↓	BB					

注：（1）—表示与 2021 年相比，相对排名没有变化的国家；↑表示与 2021 年相比，相对排名上升的国家；↓表示与 2021 年相比，相对排名下降的国家。（2）排名第 3 为卢森堡，其离岸金融中心属性较强，评级结果不列在该表中。

整体来看，发达经济体的平均排名为22.1名，远高于新兴经济体和发展中国家的平均排名71.3名，但较2021年的平均排名18.9名有所下降。与2021年相比，发达经济体中相对排名上升的国家有12个，相对排名下降的国家有18个，相对排名不变的国家有2个。其中，爱沙尼亚和希腊的投资风险上升最大，斯洛文尼亚、塞浦路斯等国的投资风险也有所上升。在新兴经济体和发展中国家中，相对排名上升的国家有42个，相对排名下降的国家有33个，相对排名不变的国家有7个。其中，玻利维亚、黎巴嫩和洪都拉斯的投资风险增长最快，但是中国对其投资较少。而中国对新兴经济体和发展中国家直接投资的主要目的地中，缅甸、老挝、柬埔寨、泰国等国的投资风险均有上升，需要引起警惕，而南非、赞比亚、埃塞俄比亚、沙特阿拉伯等国的投资风险相对2021年有所下降。

根据IMF发布的《世界经济展望》（*World Economic Outlook*），在新冠肺炎疫情的冲击下，2020年全球经济增长率为 -3.1% ，世界经济在新冠肺炎疫情冲击后艰难复苏，2021年全球经济预期增长率为5.9%，2022年为4.4%。[①] 在从衰退中恢复期间，不断加剧的贸易冲突和地缘政治紧张局势增加了未来国际直接投资以及其他国际合作的不确定性，新冠肺炎疫情的持续传播与高传染性亚型如德尔塔（Delta）、奥密克戎（Omicron）等毒株的不断出现使许多国家面临着多层次的持续性危机，包括健康冲击、全球供应链冲击、通货膨胀、大宗商品价格波动加大等。尽管目前许多国家已经实施了一系列政策组合，如有针对性的财政政策对经济提供支持，采取宽松的货币政策以缓解金融市场的紧张情绪，但是未来经济前景中风险依然占据主导地位。

----

① International Monetary Fund, "World Economic Outlook Update: Rising Caseloads, A Disrupted Recovery, and Higher Inflation", January 25, 2022, https://www.imf.org/en/Publications/WEO/Issues/2022/01/25/world-economic-outlook-update-january-2022.

对发达经济体而言，IMF 对发达经济体 2021 年的预期经济增长率为 5.0%，相比 2020 年上升了 9.5 个百分点，除基期因素外，也显示出发达国家经济韧性相对较好。值得注意的是，发达经济体的对华关系得分低于新兴经济体，并相比于 2020 年进一步下降。中美经贸关系的缓和使中国对美国的直接投资流量从 2019 年的 38.1 亿美元上升至 2020 年的 60.2 亿美元，但距离 2016 年的 169.8 亿美元仍有很大差距。中国对加拿大的直接投资流量继续下降，从 2019 年的 4.7 亿美元下降到 2020 年的 2.1 亿美元，远低于 2016 年的 28.7 亿美元。

对于主要的新兴经济体和发展中国家而言，IMF 对新兴经济体和发展中国家 2021 年经济增长的预测为 6.5%，相比 2020 年上升了 8.5 个百分点。但是，相较于发达经济体，众多新兴经济体和发展中国家新冠肺炎疫苗接种率低，医疗体系不堪重负，加之处于全球供应链的低端，所以经济增长受到巨大冲击并且恢复缓慢。此外，旅游业、外贸等产业也受到新冠肺炎疫情的巨大冲击，更使得新兴经济体和发展中国家的经济增长雪上加霜。共建"一带一路"合作国家和地区已经成为中国对外直接投资新的增长点。2021 年，中国企业对共建"一带一路"合作国家和地区进行非金融类直接投资和工程承包规模分别为 1309.7 亿元和 8647.6 亿元，分别占同期总额的 17.9% 和 51.9%。其中直接投资规模相对 2020 年同比增长 6.7%，工程承包规模虽有所下降，但仍然是中国对共建"一带一路"合作国家和地区国际合作的主要方式。

（二）分项指标分析

1. 经济基础

经济基础方面，发达国家经济基础普遍好于新兴经济体和发展中国家，排名前 20 位的国家均为发达经济体。具体而言，本报告关注的 11 个经济基础二级指标中，经济增速、经济波动性和汇率波动性三个指标变化较大，新冠肺炎疫情引起的大衰退与经济不确定性，以及由此导致的汇率波动是中国企业海外投资需要谨慎对待的重要风险。

与2021年相比，除捷克、赞比亚和委内瑞拉的相对排名没有变动外，其他国家的相对排名均有不同程度的上升或下降。其中，尼加拉瓜和乌拉圭等54个国家经济基础的相对排名有所上升，菲律宾和秘鲁等57个国家的相对排名比之前有所下降（见表9与图1）。

表9　　　　　　　　　　经济基础评级结果

排名	国家	排名变化	排名	国家	排名变化	排名	国家	排名变化
1	爱尔兰	↑	22	阿联酋	↑	42	波兰	↓
2	加拿大	↑	23	马耳他	↓	43	危地马拉	↓
3	美国	↓	24	意大利	↓	44	乌干达	↓
4	澳大利亚	↑	25	立陶宛	↑	45	越南	↑
5	英国	↓	26	冰岛	↑	46	约旦	↑
7	荷兰	↓	27	捷克	—	47	多哥	↑
8	挪威	↑	28	卡塔尔	↑	48	哈萨克斯坦	↑
9	德国	↓	29	阿曼	↑	49	蒙古国	↑
10	瑞士	↓	30	葡萄牙	↓	50	乌拉圭	↑
11	瑞典	↑	31	沙特阿拉伯	↑	51	埃及	↑
12	法国	↓	32	塞浦路斯	↑	52	柬埔寨	↓
13	丹麦	↑	33	智利	↓	53	尼加拉瓜	↑
14	新西兰	↑	34	匈牙利	↓	54	印度尼西亚	↓
15	韩国	↓	35	斯洛文尼亚	↑	55	哥斯达黎加	↑
16	新加坡	↓	36	罗马尼亚	↑	56	布基纳法索	↑
17	以色列	↓	37	西班牙	↓	57	保加利亚	↓
18	芬兰	↑	38	巴林	↑	58	塔吉克斯坦	↑
19	日本	↓	39	俄罗斯	↑	59	墨西哥	↑
20	奥地利	↓	40	阿塞拜疆	↑	60	孟加拉国	↓
21	爱沙尼亚	↓	41	拉脱维亚	↑	61	希腊	↑

续表

排名	国家	排名变化	排名	国家	排名变化	排名	国家	排名变化
62	肯尼亚	↑	80	秘鲁	↓	98	博茨瓦纳	↓
63	塞内加尔	↑	81	马达加斯加	↓	99	尼日利亚	↑
64	巴拿马	↓	82	土库曼斯坦	↓	100	阿尔及利亚	↓
65	尼日尔	↑	83	斯里兰卡	↑	101	安哥拉	↑
66	厄瓜多尔	↓	84	泰国	↓	102	赞比亚	—
67	印度	↓	85	几内亚	↑	103	土耳其	↑
68	喀麦隆	↑	86	莫桑比克	↑	104	亚美尼亚	↓
69	阿尔巴尼亚	↑	87	巴基斯坦	↑	105	突尼斯	↓
70	坦桑尼亚	↓	88	吉尔吉斯斯坦	↓	106	埃塞俄比亚	↓
71	科威特	↓	89	白俄罗斯	↑	107	伊拉克	↓
72	马里	↓	90	巴西	↑	108	纳米比亚	↑
73	巴拉圭	↑	91	菲律宾	↓	109	伊朗	↓
74	老挝	↑	92	洪都拉斯	↓	110	黎巴嫩	↓
75	克罗地亚	↓	93	摩洛哥	↓	111	阿根廷	↓
76	马来西亚	↓	94	摩尔多瓦	↓	112	苏丹	↑
77	乌兹别克斯坦	↑	95	乌克兰	↑	113	缅甸	↓
78	加纳	↑	96	哥伦比亚	↓	114	委内瑞拉	—
79	玻利维亚	↓	97	南非	↑			

注：（1）—表示与2021年相比，相对排名没有变化；↑表示与2021年相比，相对排名上升；↓表示与2021年相比，相对排名下降。（2）排名第6为卢森堡，其离岸金融中心属性较强，结果不列在该表中。评级结果备索。

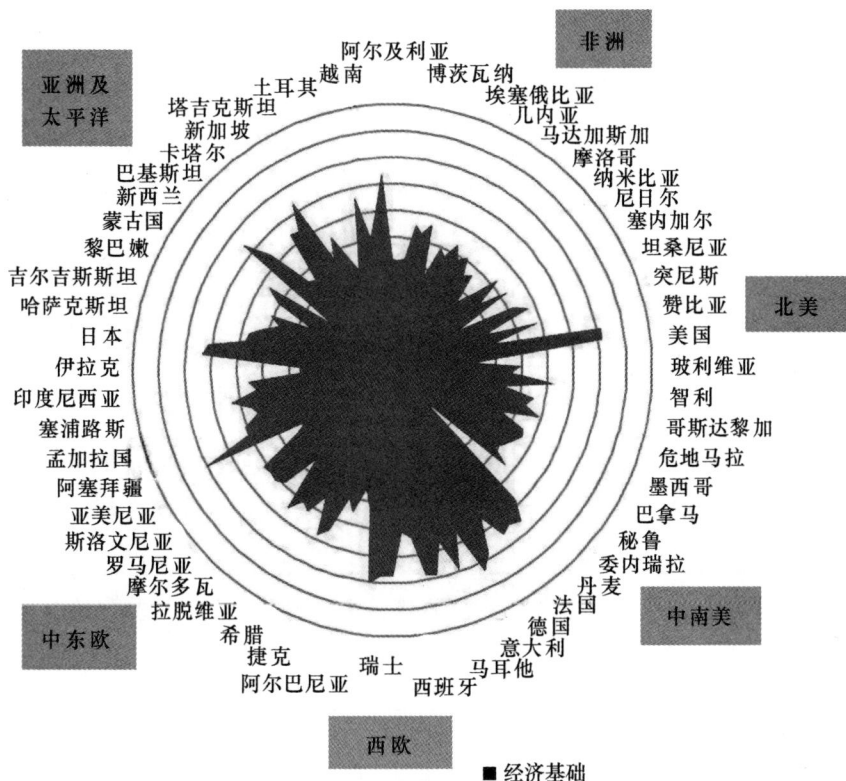

图 1　经济基础评级结果

2. 政治风险

政治风险方面，与 2021 年度量方法相同，本报告主要关注八个指标。通过分析具体指标，本报告发现与 2021 年情况基本一致，发达国家政治风险普遍低于新兴经济体和发展中国家，占据排名前 15 位的国家均为发达经济体。

与 2021 年相比，除芬兰、新西兰、阿曼等 8 个国家的相对排名没有变动，其他国家政治风险的相对排名均有不同程度的上升或下降。其中，克罗地亚、多哥和塔吉克斯坦等 45 个国家的相对排名有所上升，洪都拉斯、斯洛文尼亚和保加利亚等 61 个国家的相对排名有所下降（见表 10 与图 2）。

表 10 政治风险评级结果

排名	国家	排名变化	排名	国家	排名变化	排名	国家	排名变化
1	芬兰	—	30	法国	↓	58	智利	↓
2	丹麦	↑	31	巴拿马	↓	59	印度尼西亚	↓
3	瑞士	↓	32	匈牙利	↓	60	约旦	↓
4	新西兰	—	33	塞浦路斯	↓	61	塞内加尔	—
5	英国	↑	34	南非	↓	62	墨西哥	↑
7	加拿大	↓	35	希腊	↓	63	保加利亚	↓
8	葡萄牙	↑	36	新加坡	↓	64	以色列	↓
9	瑞典	↓	37	阿曼	—	65	莫桑比克	—
10	美国	↑	38	沙特阿拉伯	↑	66	布基纳法索	↑
11	日本	↑	39	韩国	↑	67	阿根廷	↑
12	西班牙	↑	40	爱沙尼亚	↓	68	肯尼亚	↑
13	荷兰	↑	41	印度	↑	69	亚美尼亚	↑
14	立陶宛	↑	42	卡塔尔	↑	70	菲律宾	↑
15	挪威	↓	43	哈萨克斯坦	↑	71	多哥	↑
16	阿联酋	↑	44	拉脱维亚	↑	72	俄罗斯	↓
17	乌拉圭	↑	45	加纳	↓	73	孟加拉国	↑
18	冰岛	↓	46	斯洛文尼亚	↓	74	坦桑尼亚	↑
19	意大利	↑	47	摩洛哥	—	75	蒙古国	↓
20	德国	↓	48	巴林	↑	76	巴西	↓
21	澳大利亚	↓	49	哥斯达黎加	↓	77	塔吉克斯坦	↑
22	奥地利	↓	50	马来西亚	↓	78	阿尔及利亚	↑
23	爱尔兰	↓	51	乌克兰	↑	79	玻利维亚	↓
24	马耳他	↓	52	科威特	↓	80	阿尔巴尼亚	↓
25	罗马尼亚	↑	53	捷克	↓	81	危地马拉	↓
26	克罗地亚	↑	54	赞比亚	↑	82	秘鲁	↓
27	博茨瓦纳	↑	55	摩尔多瓦	↑	83	埃及	↓
28	纳米比亚	↓	56	突尼斯	↓	84	尼日利亚	↓
29	波兰	↑	57	斯里兰卡	↑	85	喀麦隆	↑

续表

排名	国家	排名变化	排名	国家	排名变化	排名	国家	排名变化
86	土耳其	↓	96	白俄罗斯	↓	106	洪都拉斯	↓
87	吉尔吉斯斯坦	↑	97	巴拉圭	↓	107	伊拉克	↑
88	阿塞拜疆	↑	98	安哥拉	↑	108	老挝	↓
89	柬埔寨	↑	99	越南	↓	109	乌兹别克斯坦	↓
90	委内瑞拉	↓	100	厄瓜多尔	↓	110	黎巴嫩	↓
91	马达加斯加	↓	101	埃塞俄比亚	↓	111	伊朗	↓
92	哥伦比亚	↓	102	马里	↓	112	乌干达	↓
93	土库曼斯坦	↓	103	泰国	↓	113	几内亚	—
94	缅甸	↑	104	尼日尔	↓	114	尼加拉瓜	↓
95	巴基斯坦	↓	105	苏丹	↑			

注：（1）— 表示与2021年相比，相对排名没有变化；↑表示与2021年相比，相对排名上升；↓表示与2021年相比，相对排名下降。（2）排名第6为卢森堡，其离岸金融中心属性较强，结果不列在该表中。评级结果备索。

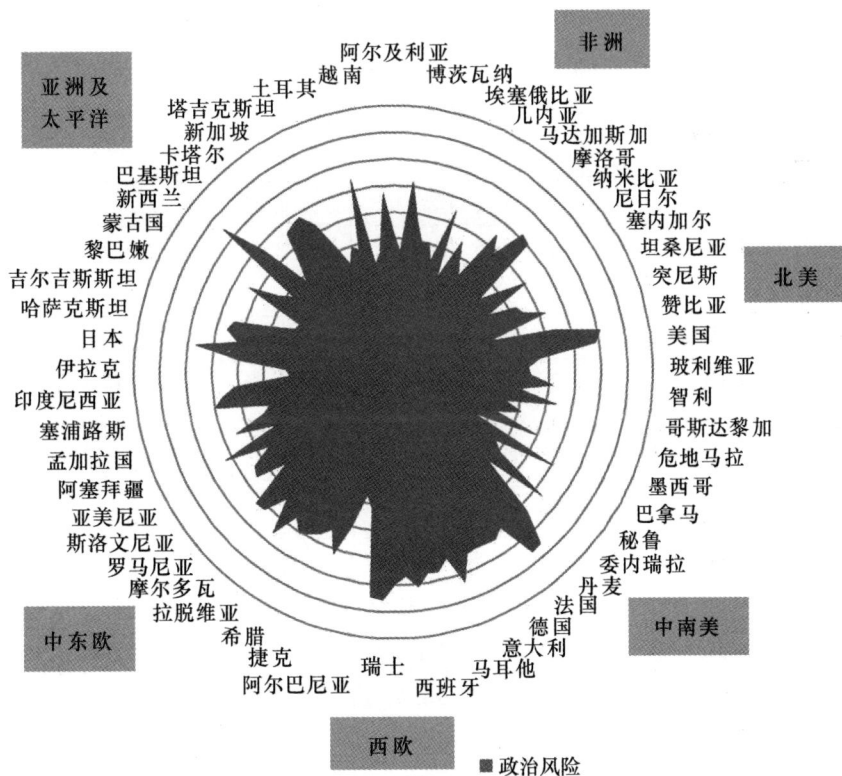

图2　政治风险评级结果

3. 社会弹性

社会弹性方面，与 2021 年的度量指标相同，本报告主要关注八个指标。通过分析具体指标，本报告发现与 2021 年情况基本类似，发达国家社会弹性发展状况普遍好于新兴经济体和发展中国家，占据排名前 15 位的国家除了阿联酋以外均为发达经济体。

与 2021 年相比，除新加坡、新西兰和爱尔兰等 12 个国家的相对排名没有变动，其他国家社会弹性的相对排名均有不同程度的上升或下降。其中，吉尔吉斯斯坦、阿根廷和摩尔多瓦等 51 个国家社会弹性的相对排名有所上升，土耳其、摩洛哥和泰国等 51 个国家社会弹性的相对排名有所下降（见表 11 与图 3）。

表 11　　　　　　　　　　社会弹性评级结果

排名	国家	排名变化	排名	国家	排名变化	排名	国家	排名变化
1	新加坡	—	18	加拿大	↓	36	斯洛文尼亚	↑
2	新西兰	—	19	意大利	↓	37	沙特阿拉伯	↑
3	爱尔兰	—	20	芬兰	↑	38	巴林	↑
4	日本	—	21	冰岛	↓	39	希腊	↓
5	荷兰	—	22	韩国	↓	40	亚美尼亚	↓
6	阿联酋	↑	23	奥地利	↑	41	拉脱维亚	↑
7	德国	↑	24	葡萄牙	↓	42	阿曼	↓
8	英国	↓	25	美国	↓	43	匈牙利	↓
9	丹麦	↑	26	马耳他	↑	44	保加利亚	↓
10	瑞士	↓	27	西班牙	↑	45	马来西亚	↓
11	挪威	↑	28	波兰	↓	46	科威特	↑
12	捷克	↑	29	爱沙尼亚	↑	47	印度尼西亚	—
13	以色列	—	30	立陶宛	↑	48	柬埔寨	↑
14	瑞典	↓	32	克罗地亚	↑	49	哈萨克斯坦	↑
15	法国	↑	33	罗马尼亚	↑	50	赞比亚	↑
16	澳大利亚	↑	34	约旦	↑	51	阿尔巴尼亚	↓
17	卡塔尔	↑	35	塞浦路斯	↓	52	乌拉圭	↑

续表

排名	国家	排名变化	排名	国家	排名变化	排名	国家	排名变化
53	阿塞拜疆	—	74	突尼斯	↓	95	纳米比亚	↑
54	加纳	↓	75	厄瓜多尔	↑	96	喀麦隆	↓
55	博茨瓦纳	↑	76	土库曼斯坦	↓	97	几内亚	↓
56	巴拿马	↑	77	斯里兰卡	↓	98	埃塞俄比亚	↓
57	黎巴嫩	↓	78	伊朗	↑	99	哥伦比亚	↑
58	蒙古国	↓	79	俄罗斯	↑	100	莫桑比克	↑
59	白俄罗斯	—	80	塞内加尔	↑	101	阿尔及利亚	↓
60	阿根廷	↑	81	玻利维亚	↑	102	尼日尔	↓
61	哥斯达黎加	↑	82	安哥拉	↓	103	乌克兰	—
62	智利	↓	83	巴拉圭	↓	104	巴西	↑
63	秘鲁	↑	84	尼加拉瓜	↑	105	缅甸	↓
64	埃及	↑	85	坦桑尼亚	↓	106	巴基斯坦	↓
65	摩尔多瓦	↑	86	委内瑞拉	↑	107	墨西哥	—
66	吉尔吉斯斯坦	↑	87	土耳其	↓	108	南非	↓
67	老挝	↓	88	泰国	↓	109	洪都拉斯	↓
68	乌干达	↑	89	菲律宾	↓	110	尼日利亚	↓
69	越南	↓	90	布基纳法索	↓	111	马达加斯加	↑
70	肯尼亚	↓	91	塔吉克斯坦	—	112	伊拉克	↓
71	摩洛哥	↓	92	危地马拉	↑	113	马里	↓
72	印度	↓	93	多哥	↑	114	苏丹	↓
73	乌兹别克斯坦	↑	94	孟加拉国	↑			

注：（1）— 表示与2021年相比，相对排名没有变化；↑表示与2021年相比，相对排名上升；↓表示与2021年相比，相对排名下降。（2）排名第31为卢森堡，其离岸金融中心属性较强，结果不列在该表中。评级结果备索。

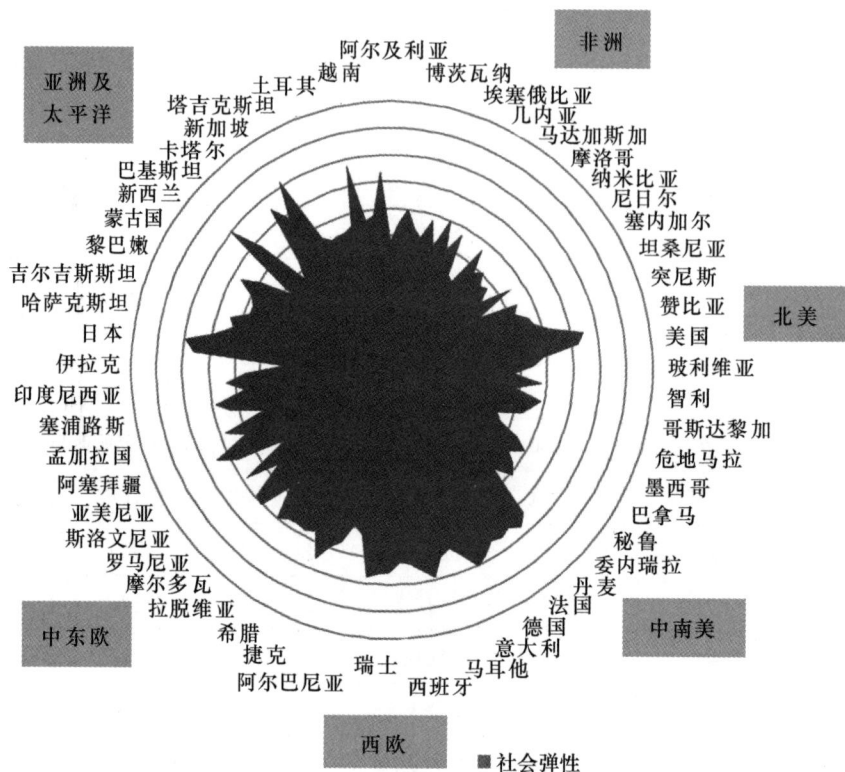

图3　社会弹性评级结果

4. 偿债能力

偿债能力指标从一国的负债规模、负债结构和偿还能力的角度对东道国的投资风险进行衡量。虽然发达经济体的平均偿债能力强于新兴经济体和发展中国家，但是也有部分发达国家如塞浦路斯、希腊等国的偿债能力处于较低水平，同样有部分新兴经济体如智利、波兰等国的偿债能力较强。

与2021年相比，除克罗地亚和塞浦路斯的相对排名没有变动外，其他国家偿债能力的相对排名均有不同程度的上升或下降。其中，科威特和阿曼等48个国家偿债能力的相对排名有所上升，马达加斯加和莫桑比克等64个国家偿债能力的相对排名有所下降（见表12与图4）。

表 12　　　　　　　　　　　偿债能力评级结果

排名	国家	排名变化	排名	国家	排名变化	排名	国家	排名变化
1	智利	↑	31	奥地利	↓	60	白俄罗斯	↓
3	丹麦	↑	32	秘鲁	↓	61	爱尔兰	↓
4	挪威	↑	33	越南	↑	62	乌干达	↓
5	波兰	↓	34	加拿大	↑	63	亚美尼亚	↓
6	德国	↓	35	斯洛文尼亚	↓	64	泰国	↓
7	瑞士	↑	36	保加利亚	↓	65	新加坡	↓
8	危地马拉	↑	37	美国	↓	66	意大利	↓
9	瑞典	↑	38	马耳他	↓	67	玻利维亚	↓
10	澳大利亚	↑	39	尼日利亚	↑	68	克罗地亚	—
11	立陶宛	↓	40	巴拉圭	↓	69	法国	↓
12	匈牙利	↓	41	捷克	↓	70	埃及	↑
13	韩国	↓	42	喀麦隆	↑	71	塔吉克斯坦	↑
14	尼加拉瓜	↑	43	拉脱维亚	↓	72	哥伦比亚	↑
15	俄罗斯	↑	44	印度尼西亚	↓	73	南非	↑
16	卡塔尔	↑	45	日本	↓	74	英国	↑
17	阿塞拜疆	↑	46	墨西哥	↓	75	巴西	↓
18	冰岛	↓	47	坦桑尼亚	↑	76	蒙古国	↑
19	爱沙尼亚	↓	48	荷兰	↑	77	马来西亚	↓
20	厄瓜多尔	↑	49	芬兰	↑	78	哥斯达黎加	↓
21	科威特	↑	50	马里	↑	79	菲律宾	↓
22	阿联酋	↑	51	乌拉圭	↑	80	多哥	↓
23	沙特阿拉伯	↑	52	安哥拉	↑	81	土耳其	↓
24	新西兰	↑	53	缅甸	↓	82	几内亚	↓
25	洪都拉斯	↑	54	布基纳法索	↓	83	尼日尔	↓
26	以色列	↑	55	阿曼	↓	84	马达加斯加	↓
27	土库曼斯坦	↓	56	埃塞俄比亚	↑	85	柬埔寨	↓
28	罗马尼亚	↓	57	伊拉克	↑	86	伊朗	↓
29	乌兹别克斯坦	↑	58	阿根廷	↑	87	吉尔吉斯斯坦	↑
30	哈萨克斯坦	↑	59	博茨瓦纳	↑	88	孟加拉国	↓

续表

排名	国家	排名变化	排名	国家	排名变化	排名	国家	排名变化
89	老挝	↓	98	加纳	↓	107	约旦	↑
90	葡萄牙	↓	99	印度	↓	108	希腊	↓
91	西班牙	↓	100	巴基斯坦	↓	109	塞浦路斯	—
92	摩洛哥	↑	101	阿尔及利亚	↑	110	苏丹	↑
93	纳米比亚	↓	102	肯尼亚	↓	111	莫桑比克	↓
94	巴拿马	↑	103	摩尔多瓦	↓	112	突尼斯	↓
95	塞内加尔	↓	104	斯里兰卡	↓	113	委内瑞拉	↑
96	阿尔巴尼亚	↓	105	赞比亚	↓	114	巴林	↓
97	乌克兰	↑	106	黎巴嫩	↓			

注：（1）—表示与2021年相比，相对排名没有变化；↑表示与2021年相比，相对排名上升；↓表示与2021年相比，相对排名下降。（2）排名第2为卢森堡，其离岸金融中心属性较强，结果不列在该表中。评级结果备索。

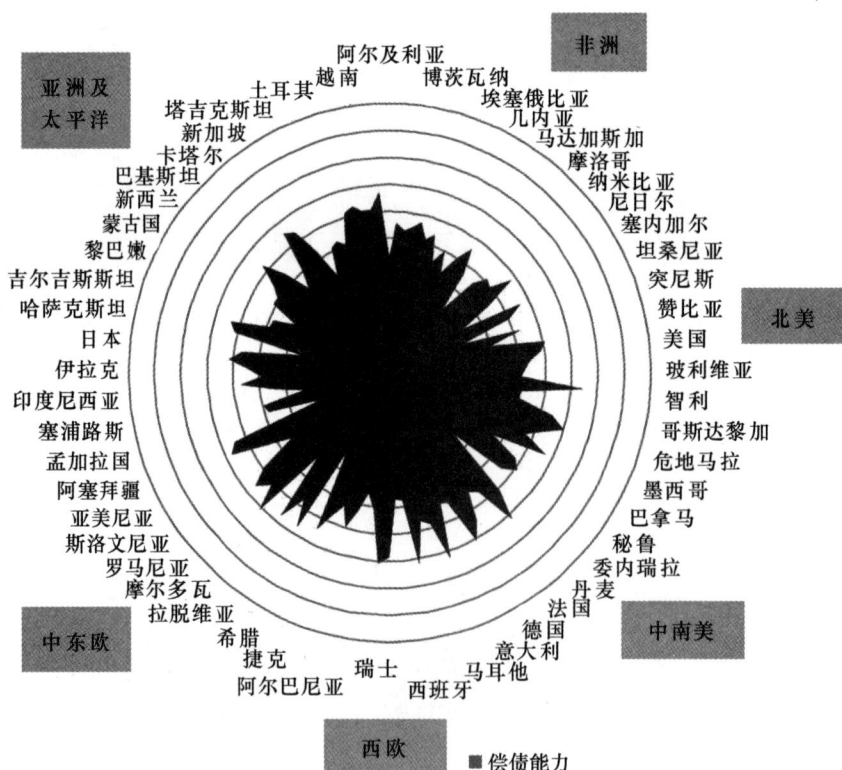

图4　偿债能力评级结果

5. 对华关系

对华关系方面，与 2021 年的度量指标相同，本报告主要关注六个指标。通过分析具体指标，本报告发现，排名前 15 位的国家均为发展中国家。继 2021 年发达国家得分普遍下降后，2022 年发达国家得分继续下降，其中爱沙尼亚、立陶宛和德国的排名下降较多。

与 2021 年相比，除了印度尼西亚、缅甸、孟加拉国等 11 个国家对华关系的相对排名没有变动外，其他国家对华关系的相对排名均有不同程度的上升或下降。其中，肯尼亚、赞比亚和尼日尔等 43 个国家对华关系的相对排名有所上升，塔吉克斯坦、爱沙尼亚和立陶宛等 60 个国家的相对排名有所下降（见表 13 与图 5）。

表 13 　　　　　　　　　　　对华关系评级结果

排名	国家	排名变化	排名	国家	排名变化	排名	国家	排名变化
1	巴基斯坦	↑	17	韩国	—	33	埃及	↓
2	老挝	↓	18	孟加拉国	—	34	新加坡	↑
3	卡塔尔	↑	19	亚美尼亚	↓	35	阿尔巴尼亚	↓
4	土库曼斯坦	↑	20	越南	↑	36	智利	↑
5	印度尼西亚	—	21	阿联酋	↓	37	玻利维亚	↓
6	缅甸	—	22	尼日利亚	↑	38	菲律宾	↑
7	马达加斯加	↑	23	南非	↑	39	阿塞拜疆	↓
8	马来西亚	↑	24	秘鲁	↑	40	黎巴嫩	↓
9	柬埔寨	↓	25	斯里兰卡	↓	41	巴林	↓
10	坦桑尼亚	↑	26	摩洛哥	↓	42	加纳	↑
11	俄罗斯	↓	27	乌兹别克斯坦	↓	43	蒙古国	↓
12	伊朗	↑	28	白俄罗斯	↓	44	科威特	↑
13	厄瓜多尔	↓	29	几内亚	↓	45	哈萨克斯坦	↓
14	阿曼	↑	30	肯尼亚	↑	46	委内瑞拉	↑
15	埃塞俄比亚	↑	31	突尼斯	↓	47	塔吉克斯坦	↓
16	泰国	↑	32	吉尔吉斯斯坦	↓	48	赞比亚	↑

排名	国家	排名变化	排名	国家	排名变化	排名	国家	排名变化
49	乌克兰	↓	71	荷兰	↓	94	丹麦	↑
50	乌拉圭	↓	72	芬兰	↓	95	喀麦隆	↑
51	阿根廷	↑	73	意大利	↑	96	爱沙尼亚	↓
52	新西兰	↑	74	塞浦路斯	↓	97	塞内加尔	↑
53	土耳其	↓	75	澳大利亚	↑	98	莫桑比克	↓
54	沙特阿拉伯	—	76	博茨瓦纳	↑	99	立陶宛	↓
55	马耳他	↑	77	葡萄牙	↑	100	巴西	↓
56	多哥	↓	78	匈牙利	↓	101	加拿大	↓
57	苏丹	↓	79	瑞士	↓	102	伊拉克	↓
58	尼日尔	↑	80	奥地利	↓	103	哥伦比亚	↓
59	阿尔及利亚	↓	81	冰岛	↓	104	哥斯达黎加	↑
60	日本	—	83	安哥拉	—	105	尼加拉瓜	—
61	以色列	—	84	摩尔多瓦	↓	106	爱尔兰	↑
62	马里	↓	85	波兰	↓	107	危地马拉	↑
63	克罗地亚	↑	86	捷克	↓	108	巴拉圭	↓
64	希腊	↓	87	巴拿马	↑	109	布基纳法索	↓
65	法国	↓	88	罗马尼亚	↓	110	纳米比亚	↓
66	瑞典	↑	89	保加利亚	↓	111	洪都拉斯	↓
67	德国	↓	90	英国	↓	112	拉脱维亚	↓
68	斯洛文尼亚	↓	91	乌干达	↓	113	墨西哥	—
69	挪威	↑	92	印度	↑	114	美国	—
70	西班牙	↓	93	约旦	↓			

注：（1）— 表示与2021年相比，相对排名没有变化；↑表示与2021年相比，相对排名上升；↓表示与2021年相比，相对排名下降。（2）排名第82为卢森堡，其离岸金融中心属性较强，结果不列在该表中。评级结果备索。

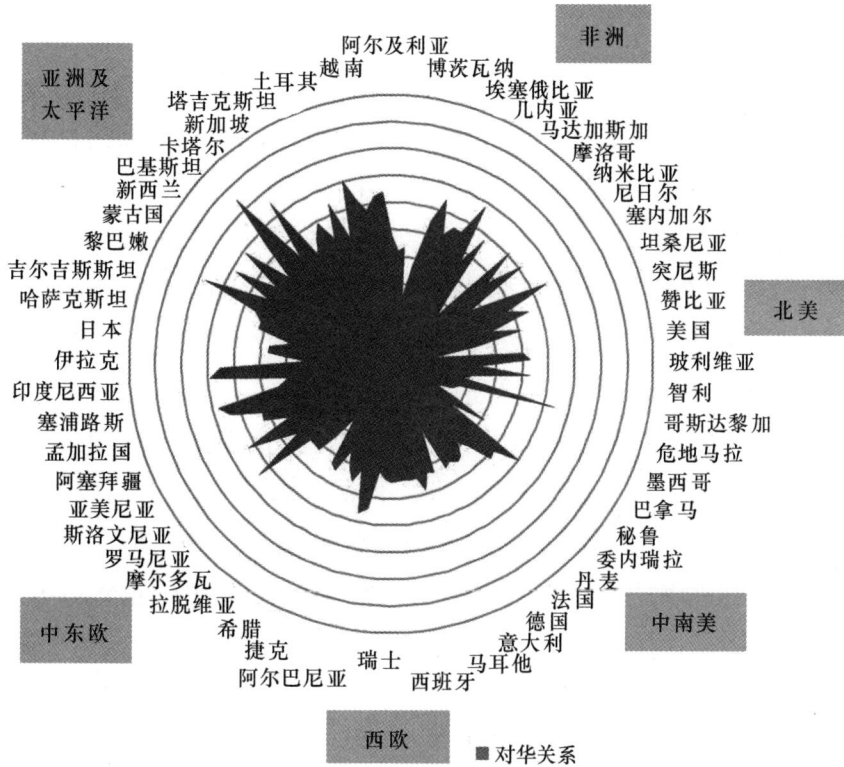

图 5　对华关系评级结果

五　CROIC-IWEP 国家风险评级主要排名变动国家分析

根据 2022 年国家风险评级报告各个国家的风险评级得分和排名，本报告筛选出了具有代表性的 10 个国家进行详细分析。具体筛选标准为：（1）在中国企业对外直接投资的前 20 大目的地中，筛选出排名变动较大的 5 个热点国家;[1]（2）中国企业在东道国投资超过 20 亿美元以上且排名变动较大的 5 个热点国家。

---

[1]　不包括中国香港、英属维尔京群岛、开曼群岛和百慕大群岛这些主要的投资中转地以及避税港等资金运作中心。

（一）南非（↑20）

在 2022 年中国海外投资国家风险评级结果中，南非的排名上升了 20 位。南非对华关系指标上升明显，经济基础指标也呈向好趋势。在对华关系方面，2021 年 7 月南非总统、非洲人国民大会主席拉马福萨参加中国共产党与世界政党领导人峰会，[1] 同年 11 月 29 日习近平主席同拉马福萨视频出席了中非合作论坛第八届部长级会议开幕式，[2] 深化了两国全面战略伙伴关系。2021 年 1 月至 11 月，中国和南非两国贸易额达 499.7 亿美元，同比增长 54.8%，其中中方自南非进口额达 307.7 亿美元，同比增长 65.4%。[3] 中国已连续 12 年成为南非最大贸易伙伴国，南非连续 11 年成为中国在非洲最大贸易伙伴国。[4] 2021 年，两国持续推进的孵化器合作项目已与西安力邦制药有限公司等 19 家生物医药、智能制造、新材料领域企业开展投资洽谈，正致力于打造"一带一路"科技园区合作新样板。[5] 在经济基础方面，2021 年南非矿产和贵金属出口等产业的良好走势加速了经济复苏进程。受全球大宗商品价格上涨等因素影响，2021 年 5 月南非贸易顺差达 546 亿兰特（约人民币 273 亿元），创出自新冠肺炎疫情暴发以来的新高。在南非政府制订的经济重建与复

---

① 《中国同南非的关系》，中华人民共和国外交部，2021 年 8 月，https://www.fmprc.gov.cn/web/gjhdq_676201/gj_676203/fz_677316/1206_678284/sbgx_678288/。

② 《中非合作论坛第八届部长级会议与会嘉宾期待非中深化互利合作》，中华人民共和国中央人民政府，2021 年 11 月 30 日，http://www.gov.cn/xinwen/2021-11/30/content_5654994.htm。

③ 《陈晓东大使在中非合作论坛第八届部长级会议成果解读高端对话会上的主旨讲话》，中华人民共和国驻南非共和国大使馆经济商务处，2022 年 1 月 19 日，http://za.mofcom.gov.cn/article/ztdy/202201/202201 03238225.shtml。

④ 《中国—南非投资与贸易推进会在浙江召开》，中华人民共和国商务部，2021 年 7 月 15 日，http://www.mofcom.gov.cn/article/bnjg/202107/20210703176057.shtml。

⑤ 《中国南非孵化器打造"一带一路"科技园区合作新样板》，中华人民共和国科学技术部，2021 年 9 月 13 日，http://www.most.gov.cn/kjbgz/202109/t20210913_176808.html。

兴计划下，南非有望创造更多就业岗位，逐步走向经济复苏。①

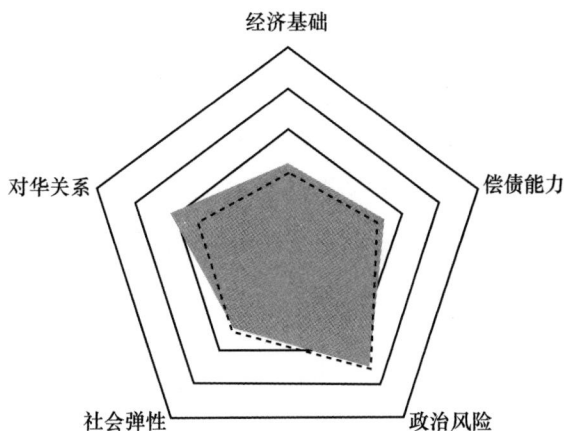

图6　南非得分对比

注：实线部分代表 2022 年得分，虚线部分代表 2021 年得分。

（二）赞比亚（↑16）

在 2022 年中国海外投资国家风险评级的结果中，赞比亚的排名上升了 16 位，这是因为其对华关系指标得分有明显改善，另外其政治风险和社会弹性指标的得分也有上升。在政治风险方面，2021 年 8 月，赞比亚顺利举行新一届大选，为赞比亚新政府开启一段 5 年的稳定执政期奠定了基础。② 在对华关系方面，赞比亚新当选的总统哈凯恩德·希奇莱马在感谢中方致贺时表示，欢迎中方继续为赞实现经济发展和民生改善作出积极贡献。③ 2021 年 6 月 17 日，赞比亚副总统伊农格·维纳在参观考察赞比亚江西多功能经济区时表示，赞比亚将一如既往对中

---

① 《南非总统：南非正走在经济复苏的道路上》，中国新闻网，2021 年 7 月 6 日，https://www.chinanews.com.cn/gj/2021/07-06/9513613.shtml。

② 《赞比亚：大选开始投票》，新华社新媒体，2021 年 8 月 13 日，https://baijiahao.baidu.com/s？id=1707973322029621981&wfr=spider& for=pc。

③ 《赞比亚总统：希望借鉴中国发展经验》，环球网，2021 年 8 月 19 日，https://world.huanqiu.com/article/44PaMcyBfvt。

国投资者提供全方位保护,① 同年 10 月该经济区签署 6 份合同，共吸引投资 1.6 亿美元，主要投资烟草加工厂、钢铁加工厂等，将创造就业岗位 1800 个。② 截至 2022 年年初，成立于 2007 年的赞中经贸合作区已吸引 77 家企业入驻，为赞比亚创造就业岗位近万个，成为推动两国贸易、投资等合作的重要平台。③ 在中赞两国经贸关系升温的背景下，中国在赞比亚的直接投资存量从 2019 年的 28.64 亿美元增长到 2020 年的 30.55 亿美元，预计还将继续保持增长势头。

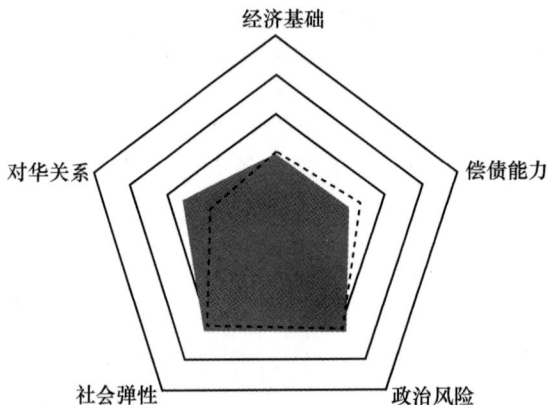

图 7   赞比亚得分对比

注：实线部分代表 2022 年得分，虚线部分代表 2021 年得分。

（三）埃塞俄比亚（↑13）

在 2022 年中国海外投资国家风险评级的结果中，埃塞俄比

---

①　《赞比亚副总统维纳参观考察赞比亚江西经济合作区》，中华人民共和国驻赞比亚共和国大使馆经济商务处，2021 年 6 月 18 日，http://zm. mofcom. gov. cn/article/e/202106/20210603110795. shtml。

②　《赞比亚江西多功能经济区吸引投资 1.6 亿美元》，中华人民共和国驻赞比亚共和国大使馆经济商务处，2021 年 11 月 2 日，http://zm. mofcom. gov. cn/article/jmxw/202111/20211103214050. shtml。

③　《为非洲工业化进程不断注入新动能（新时代中非合作）》，中国共产党新闻网，2022 年 1 月 30 日，http://cpc. people. com. cn/n1/2022/0130/c64387-32343450. html。

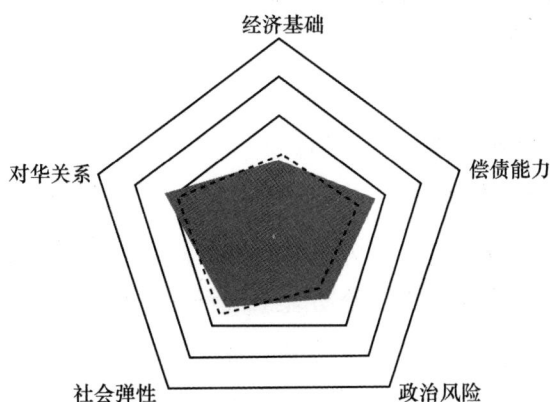

图 8　埃塞俄比亚得分对比

注：实线部分代表 2022 年得分，虚线部分代表 2021 年得分。

亚的排名上升了 13 位，这是由于其偿债能力、政治风险指标上升较为明显。在偿债能力方面，优势行业出口的增长势头助力埃塞俄比亚经济基础和偿债能力的改善。受全球咖啡价格飙升影响，埃塞俄比亚 2021/2022 财年①第一季度咖啡出口额达 3.3 亿美元，是预期的两倍；其中 2021 年 7 月埃塞俄比亚出口咖啡 3.1 万吨，创汇 1.15 亿美元，较预期分别增长 146% 和 161%；全财年其咖啡出口额或达 10 亿美元。国际咖啡组织预测，咖啡价格上涨将继续利好埃塞俄比亚的经济实力。② 在政治风险方面，2021 年 10 月，埃塞俄比亚根据 6 月举行的全国大选结果组建新政府，新政府承诺将展开由各方参与的全国对话，以缩小分歧。③

---

①　指 2021 年 7 月 8 日至 2022 年 7 月 7 日。

②　《全球咖啡价格上涨促使埃塞咖啡出口大幅增长》，中华人民共和国驻埃塞俄比亚联邦民主共和国大使馆经济商务处，2021 年 10 月 29 日，http://et. mofcom. gov. cn/article/jmxw/202110/20211003213079. shtml。

③　《埃塞俄比亚新政府成立　总理阿比·艾哈迈德获连任》，国际在线，2021 年 10 月 4 日，https://baijiahao. baidu. com/s? id = 17126760198　68770536&wfr = spider& for = pc。

埃塞俄比亚 2019 年以来的地区骚乱①及两党矛盾不断激化②等局面得到初步改善。

（四）沙特阿拉伯（↑12）

在 2022 年中国海外投资国家风险评级的结果中，沙特阿拉伯的排名上升了 12 位，这是因为其各项指标得分均有不同程度的改善，其中偿债能力、经济基础指标上升较明显。在偿债能力上，2021 年第三季度，沙特阿拉伯自 2019 年第一季度以来首次出现季度预算盈余，达 67 亿里亚尔，扭转了 2021 年第二季度 46 亿里亚尔的赤字；随着新冠肺炎疫情缓解，油价多年来保持高位以及政府不断削减社会支出，沙特阿拉伯财政状况得到改善。③ 根据联合石油数据库的数据，沙特阿拉伯 2021 年 10 月的石油出口和产量达到 2020 年 4 月以来的最高水平。④ 在经济基础方面，国际货币基金组织数据显示，2021 年沙特阿拉伯国内生产总值从 2020 年 4.1% 的负增长中恢复；其中，石油出口额在 2021 年第一季度出现反弹，并保持上升势头至第三季度，创下 2019 年第四季度以来的最高水平；另外沙特阿拉伯的国民失业率在 2021 年第二季度降至 11.3%，是自 2016 年同期以来的最低水平。⑤

---

① 《埃塞成立专项小组监控通货膨胀问题》，中华人民共和国驻埃塞俄比亚联邦民主共和国大使馆经济商务处，2019 年 7 月 5 日，http://et. mofcom. gov. cn/article/jmxw/201907/20190702879017. shtml。

② 《埃塞俄比亚局势将走向何方》，新华网，2020 年 11 月 24 日，http://www. xinhuanet. com/mil/2020 – 11/24/c_1210900501. htm。

③ 《2021 年度沙特经济的主要亮点》，中华人民共和国驻沙特阿拉伯王国大使馆经济商务处，2022 年 1 月 17 日，http://sa. mofcom. gov. cn/article/jmxw/202201/20220103237381. shtml。

④ 《2021 年度沙特经济的主要亮点》，中华人民共和国驻沙特阿拉伯王国大使馆经济商务处，2022 年 1 月 17 日，http://sa. mofcom. gov. cn/article/jmxw/202201/20220103237381. shtml。

⑤ 《2021 年度沙特经济的主要亮点》，中华人民共和国驻沙特阿拉伯王国大使馆经济商务处，2022 年 1 月 17 日，http://sa. mofcom. gov. cn/article/jmxw/202201/20220103237381. shtml。

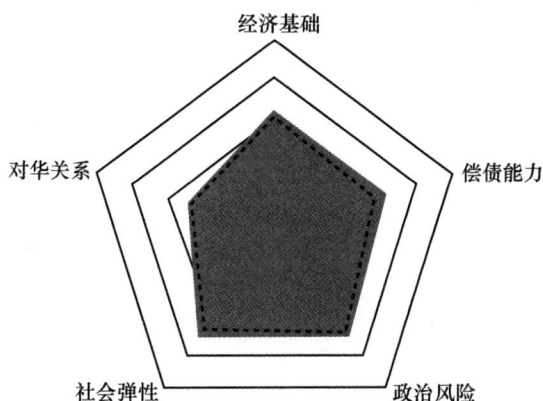

图9 沙特阿拉伯得分对比

注：实线部分代表2022年得分，虚线部分代表2021年得分。

（五）俄罗斯（↑10）

在2022年中国海外投资国家风险评级的结果中，俄罗斯的排名上升了10位。俄罗斯的各项指标得分均有不同程度的改善，其中经济基础、偿债能力得分上升明显。在经济基础方面，由于实施了灵活的宏观经济政策、企业支持政策和高科技产业支持措施，俄罗斯迅速克服了新冠肺炎疫情危机的冲击,[①] 预计2021年俄罗斯经济增长4.4%；在采掘业等行业增长的推动下，俄罗斯工业生产同比增速继续保持较快增长，2021年第四季度在7%以上，总体快于2021年第三季度；2021年第四季度俄罗斯制造业PMI恢复至景气区间，服务业PMI也有所改善；在外部需求向好以及石油价格上涨的背景下，俄罗斯出口继续保持快速增长，2021年10月出口同比增长62.8%，由此俄罗斯的贸易顺差不断上升，2021年10月达1430亿美元，同比增长89.4%。[②]

[①] 《普京：俄罗斯2021年的经济增速为4%左右》，中国新闻网，2021年7月20日，https://www.chinanews.com.cn/gj/2021/07-20/9523760.shtml。

[②] 熊爱宗：《「CEEM季报」金砖国家经济增长仍面临压力（2021年第4季度全球宏观经济季度报告·金砖国家）》，2022年1月15日，https://baijiahao.baidu.com/s？id=1722032368326408938&wfr=spid er&for=pc。

在偿债能力方面，俄罗斯联邦审计署数据显示，俄罗斯2021年上半年国债总额增加约1300亿元人民币，总额达约1.79万亿元人民币，为其GDP的17.7%，尽管与2020年相比增长7.8%，但其债务结构仍处于安全水平。[①] 经济基础的向好也将继续支撑俄罗斯的偿债能力。

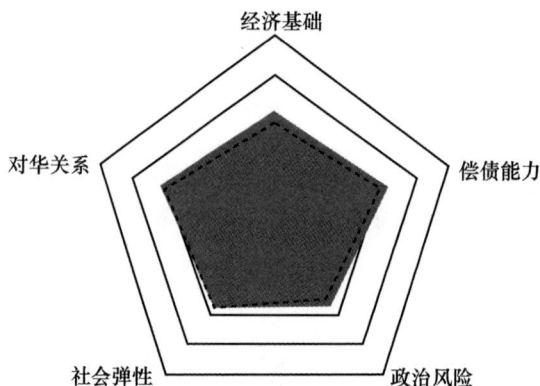

图10　俄罗斯得分对比

注：实线部分代表2022年得分，虚线部分代表2021年得分。

（六）巴基斯坦（↑10）

在2022年中国海外投资国家风险评级的结果中，巴基斯坦的排名上升了10位。巴基斯坦的对华关系、经济基础指标得分均有较为明显的上升。在对华关系方面，2021年5月21日，习近平主席同巴基斯坦总统阿里夫·阿尔维就中巴建交70周年互致贺电。习近平主席在贺电中指出，中国和巴基斯坦是全天候战略合作伙伴，在涉及彼此核心利益和重大关切问题上相互坚定支持；新冠肺炎疫情面前，中国和巴基斯坦患难与共、真诚

[①] 《俄罗斯战略研究中心副主任：俄目前债务组成处于安全水平》，国际在线，2021年8月25日，http://news.cri.cn/rss-yd/2021-08-25/6f0273a6-1a17-ae39-1a64-8698e883e79e.html。

互助，两国"铁杆"情谊得到进一步升华。① 两国密切的经贸往来为巴基斯坦带来了切切实实的利益，2021 年 1—9 月，中国对巴投资 4.33 亿美元，为 2020 年同期的 10 倍；巴对华商品出口总额 25.2 亿美元，同比增长 77%。② 在经济基础方面，亚洲开发银行预计，得益于强劲的工业增长和侨汇的稳定支撑，巴基斯坦 2021 财年（2020 年 7 月—2021 年 6 月）经济增长速度为 3.9%；③ 另外，巴基斯坦 2021 财年出口总额为 253.04 亿美元，同比增长 18.28%，④ 也对其经济基础提供了坚实支撑。

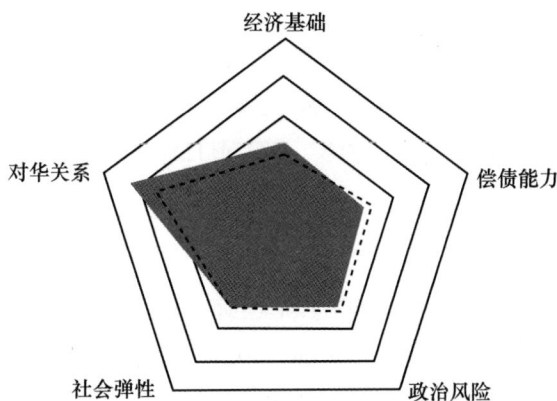

图 11 巴基斯坦得分对比

注：实线部分代表 2022 年得分，虚线部分代表 2021 年得分。

---

① 《习近平同巴基斯坦总统阿尔维就中巴建交 70 周年互致贺电》，中华人民共和国中央人民政府，2021 年 5 月 21 日，http://www.gov.cn/xinwen/2021-05/21/content_5610126.htm。

② 施普皓：《中巴经济走廊释放更多红利》，《经济日报》2022 年 1 月 7 日。

③ 《亚开行：强劲的工业产出和稳定的侨汇支撑了巴基斯坦的高速增长》，中华人民共和国驻巴基斯坦伊斯兰共和国大使馆经济商务处，2021 年 7 月 21 日，http://pk.mofcom.gov.cn/article/jmxw/202107/20210703177595.shtml。

④ 《巴基斯坦 2021 财年出口增长达 18.28%》，中华人民共和国驻巴基斯坦伊斯兰共和国大使馆经济商务处，2021 年 7 月 21 日，http://pk.mofcom.gov.cn/article/jmxw/202107/20210703177596.shtml。

（七）缅甸（↓19）

在 2022 年中国海外投资国家风险评级的结果中，缅甸的排名下降了 19 位，其中经济基础指标的得分下降明显，偿债能力、社会弹性指标的得分也有所下降。在经济基础方面，2021 年 7 月世界银行发布《缅甸经济监测报告》称，受政局突变后社会动荡以及第三波新冠肺炎疫情的影响，缅甸经济在 2021 财年（2020 年10 月—2021 年 9 月）将衰退近 18%；缅甸将失去约 100 万个工作岗位，与 2019 年相比，到 2022 年年初缅甸贫困人口或增加一倍以上；从 2021 年 2 月到 7 月中旬，缅元兑美元汇率贬值近 23%，这些都将对缅甸人民的生活和缅甸未来经济增长产生不利影响。[1]在偿债能力方面，国际货币基金组织预测，2021 年缅甸的偿债额占税收收入的比例将超过 20%，侵蚀其财政政策的可持续性。[2]在社会弹性方面，自缅甸 2021 年年初发生政变以来，加之新冠肺炎疫情持续蔓延，其国内局势复杂多变，缅甸政府 2021 年 10月称，该国正面临前所未有的新冠肺炎疫情、经济衰退和政治局势不稳定"三重危机"；缅甸国内还存在非法组织破坏经济、使用暴力等行为，严重威胁社会稳定。[3]

（八）老挝（↓15）

在 2022 年中国海外投资国家风险评级的结果中，老挝的排名下降了 15 位，这是因为其偿债能力、社会弹性和政治风险指标得分均有不同程度的下降。在偿债能力方面，2021 年 8 月世

---

[1] 《世界银行近预测 2021 财年缅甸经济》，新华丝路，2021 年 7 月 27 日，https：//www.imsilkroad.com/news/p/459 509.html。

[2] 《博鳌亚洲论坛发布报告：预计今年亚洲经济增速有望超 6.5%，需警惕债务水平侵蚀财政政策可持续性》，每日经济新闻网，2021 年 4 月 18 日，http://www.nbd.com.cn/articles/2021-04-18/1702801.html。

[3] 《缅甸政府称国家正面临前所未有的"三重危机"》，环球网，2021 年 10 月19 日，https://world.huanqiu.com/article/45Ek5rXrZ6T。

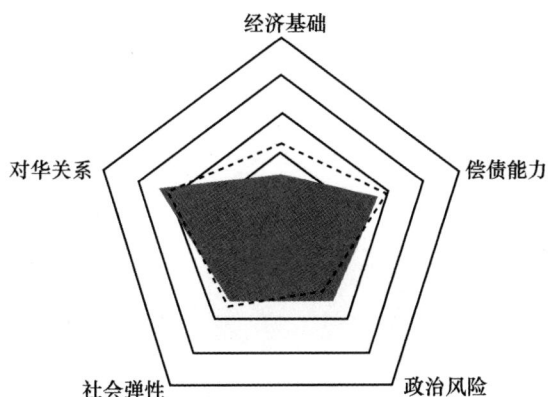

图 12　缅甸得分对比

注：实线部分代表 2022 年得分，虚线部分代表 2021 年得分。

界银行发布报告预测，老挝 2021 年公共债务和公共担保债务占 GDP 比重将从 2019 年的 67.3% 上升至 72%；截至 2021 年 5 月，老挝外汇储备约为 12 亿美元；① 然而预测数据显示，在 2021—2024 年间老挝每年将有约 11 亿美元的债务要偿还，因此在短期内老挝面临较为严峻的外债偿付压力和债务流动性风险。② 支撑老挝偿债能力的经济基础，同样不容乐观。根据世界银行 2021 年 4—5 月随机对 2000 个老挝家庭进行的调查，超过一半的受访家庭处于失业或停止工作的状态；33% 的企业处于暂时关闭状态，而继续营业的企业的利润水平也较封城前大幅减少；受访者普遍担心生活必需品的供应问题。③ 在政治风险方面，老挝政府有效性得分和法制程度得分相较于其他国家出现下降，一定

① 《世界银行发布新一期老挝经济监测报告》，中华人民共和国驻老挝人民民主共和国大使馆经济商务处，2021 年 9 月 9 日，http://la. mofcom. gov. cn/article/jmxw/202109/20210903196178. shtml。

② 《中诚信国际：关注疫情冲击下老挝短期外债偿付压力》，中诚信国际，2020 年 9 月 11 日，http://www. ccxi. com. cn/cn/Research/info/19455。

③ 《老挝第二季度经济持续下行》，中华人民共和国驻老挝人民民主共和国大使馆经济商务处，2021 年 9 月 8 日，http://la. mofcom. gov. cn/article/jmxw/202109/20210903196176. shtml。

程度上反映了其国内政治体制中存在的风险。

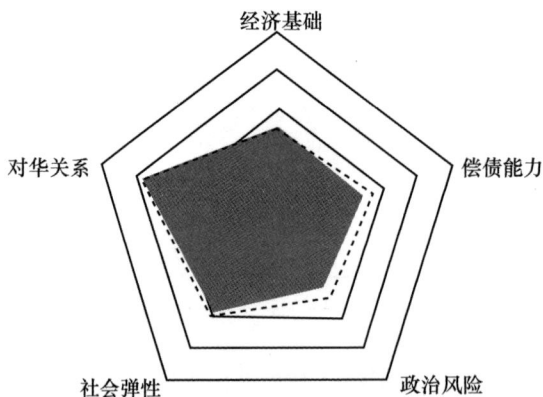

图13　老挝得分对比

注：实线部分代表2022年得分，虚线部分代表2021年得分。

（九）德国（↓9）

在2022年中国海外投资国家风险评级的结果中，德国的排名下降了9位，原因在于其政治风险、对华关系和偿债能力指标的得分均有不同程度的下降。在政治风险方面，执政长达16年之久的安格拉·默克尔放弃寻求连任，使得未来德国政治局势充满不确定性；在执政党的选举中，由于两大党几乎打为平手，德国大选选情持续胶着，第二次世界大战以来首次出现的三党执政联盟组阁①也面临复杂的局面，② 其政策走向的不确定性是德国政治风险的重要来源。在对华关系方面，由于政府换届的影响，德国对华政策也面临复杂的考验。例如，2021年12月，德国新任外长安娜莱娜·贝尔伯克表示要加入美国所谓制

① 《"后默克尔时代"下的中德关系风险与机遇并存》，中国网，2021年12月26日，http://www.china.com.cn/opinion2020/2021-12/26/content_77952951.shtml。

② 《德国大选结果公布：两大党几乎打平，将迎组阁之争》，观察者网，2021年9月27日，https://www.guancha.cn/internation/2021_09_27_608845.shtml。

裁北京冬奥会的行列。①

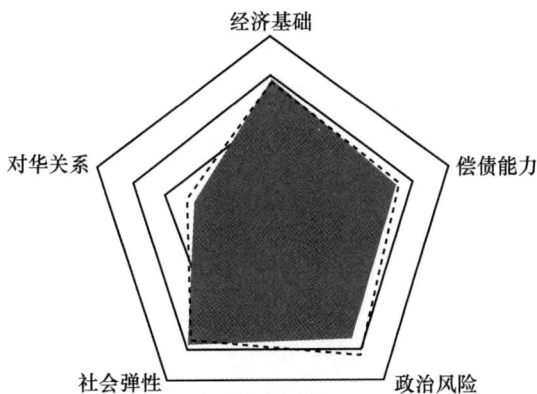

图14　德国得分对比

注：实线部分代表 2022 年得分，虚线部分代表 2021 年得分。

（十）柬埔寨（↓8）

在 2022 年中国海外投资国家风险评级的结果中，柬埔寨的排名下降了 8 位，原因在于其经济基础和偿债能力指标的得分下降明显。在经济基础方面，亚洲开发银行 2021 年 9 月预计，由于新冠肺炎疫情削弱了国内消费能力，柬埔寨 2021 年经济增长率将下降至 1.9%；而在 2021 年 8 月，柬埔寨首相洪森也表示，由于新冠肺炎疫情重创了出口行业和旅游业，政府已将 2021 年经济增长目标从 4% 调低至 2.5%；② 此外，如果新冠肺炎疫情持续蔓延，柬埔寨 600 万非正规经济体系工人或将面临着失去收入来源的风险。③ 在偿债能力方面，截至 2021 年 6 月

① 《美方炒作"外交抵制"北京冬奥，赵立坚：不受邀还炒作，完全是自作多情》，环球网，2021 年 12 月 7 日，https://world.huanqiu.com/article/45sq7Nb3aQC。

② 《柬埔寨 2021 年经济成长率 亚银预估从 4% 调降至 1.9%》，中华人民共和国驻柬埔寨王国大使馆经济商务处，2021 年 9 月 24 日，http://cb.mofcom.gov.cn/article/jmxw/202109/20210903201601.shtml。

③ 《IMF 批准史上最大规模特别提款权分配方案 柬埔寨将获 15.6 亿美元》，中华人民共和国驻柬埔寨王国大使馆经济商务处，2021 年 8 月 12 日，http://cb.mofcom.gov.cn/article/jmxw/202108/20210803187002.shtml。

底，柬埔寨公共债务总额为 91.2 亿美元；预计 2021 年年底柬埔寨外汇储备为 210 亿美元，仅可满足 10 个月的进口需求；在经济增速下滑、未来经济增长强劲并不明朗的情况下，柬埔寨的偿债能力面临着艰巨考验。①

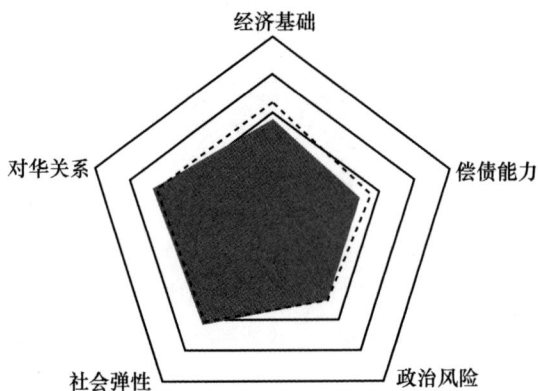

图 15　柬埔寨得分对比

注：实线部分代表 2022 年得分，虚线部分代表 2021 年得分。

---

① 《2021 年上半年柬埔寨宏观经济形势及全年经济预测》，中华人民共和国驻柬埔寨王国大使馆经济商务处，2021 年 10 月 7 日，http://cb. mofcom. gov. cn/article/jmxw/202110/20211003205063. shtml。

2022 年中国海外投资共建"一带一路"合作国家风险评级子报告

一 共建"一带一路"合作国家风险评级背景

"一带一路"倡议提出以来,中国与共建"一带一路"合作国家的经贸关系日趋紧密。事实证明,"一带一路"是一个多赢的倡议。中国对共建"一带一路"合作国家的直接投资显著增长。基于此,中国的"十四五"规划和 2035 年远景目标纲要也明确提出,推动共建"一带一路"高质量发展,以及加强发展战略和政策对接、推进基础设施互联互通、深化经贸投资务实合作和架设文明互学互鉴桥梁四方面发展要求。伴随着共建"一带一路"工作的不断深入,共建"一带一路"高质量发展的工作逐步落实,未来共建"一带一路"的投资合作的要求将进一步提升,投资合作的领域将呈现出有针对性的扩展,各投资合作项目之间的协同联动性将愈发受到沿线各国的关注。

2022 年,共建"一带一路"高质量发展将面对更大的机遇与挑战。例如,对参与共建"一带一路"的东亚国家而言《区域全面经济伙伴关系协定》(Regional Comprehensive Economic Partnership,RCEP)已于 2022 年 1 月 1 日对首批完成核准程序的 10 个国家正式生效,并于 2022 年 2 月 1 日对韩国正式生效。这将有利于促进中国同 RCEP 各成员国之间在产业链供应链层面的合作，有利于中国同周边各国加深外资外贸层面的联系，中国同东盟国家以及亚太主要经济体的经济融合规模与质量将再上一个台阶。"一带一路"倡议在此基础上可以得到进一步深化。对参与共建"一带一路"的中东欧国家而言，其与中国的经济合作仍有一定基础和潜力，2021年1—10月中欧贸易额已超2020年全年贸易总额；中欧双方在气候变化、抗击新冠肺炎疫情、数字经济等领域的良好合作基础，也同稳步拓展"一带一路"合作新领域之间形成共振，带来更具前景的合作空间。不过，投资保护主义显著抬头，新冠肺炎疫情仍有反复，全球经济复苏依然面临不确定性，这些都是中国与"一带一路"共建国家间经贸往来的风险点所在。

共建"一带一路"合作区域是中国对外直接投资的重要目的地之一。2020年中国对共建"一带一路"合作国家的直接投资存量为2007.9亿美元，占中国对外直接投资存量的7.8%；其中非金融类直接投资规模近178亿美元，占对非避税港地区直接投资的37.0%，投资规模上进一步扩大，占非避税港地区直接投资的比例略有下降（见图16）。2021年中国对共建"一带一路"合作国家投资合作进一步深化。根据商务部的数据，2021年，中国企业在"一带一路"沿线沿途对57个国家非金融类直接投资1309.7亿元（折合203亿美元），同比增长14.1%，占同期总额的17.9%，较2020年同期提升1.7个百分点，主要投向新加坡、印度尼西亚、马来西亚、越南等国家。对外承包工程方面，中国企业在共建"一带一路"合作的60个国家新签合同额1340.4亿美元，同比下降5.2%，占同期中国对外承包工程新签合同额的51.86%；完成营业额896.8亿美元，同比下降1.6%，占同期总额的57.9%。中国企业对共建"一带一路"合作国家的承包工程项目一定程度上受新冠肺炎疫情的阻碍。

仍须看到，共建"一带一路"合作国家多为发展中国家，

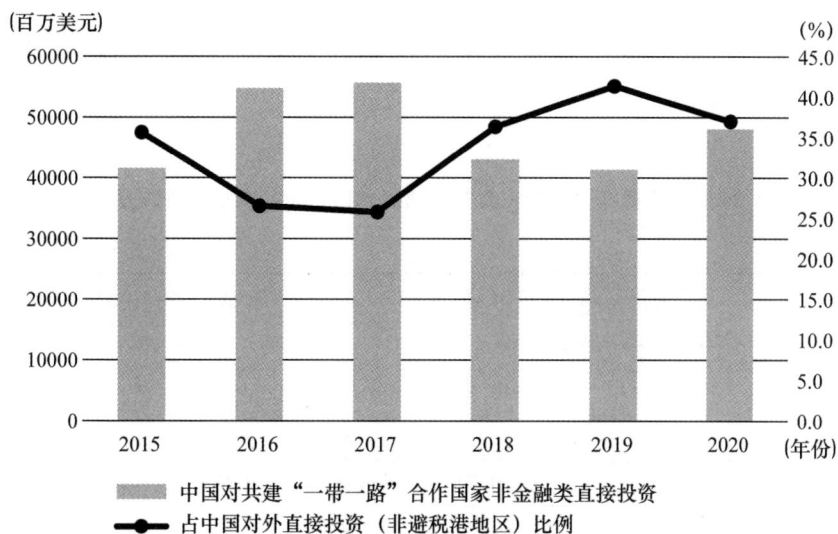

图16 中国对共建"一带一路"合作国家投资概况

资料来源：香港环亚经济数据有限公司数据库。

经济基础整体较为薄弱，经济结构较为单一，经济稳定性较差；部分国家地缘政治复杂，政权更迭频繁，政治风险较高，而且内部社会弹性和偿债能力也较低，投资具有较大不确定性。因此，做好风险预警，对风险进行正确识别和有效应对，对中国企业海外投资具有重要的政策和现实指导意义。

二 共建"一带一路"合作国家风险评级样本

2022年评级报告对56个共建"一带一路"合作国家进行了风险评级，包括发达国家13个，发展中国家43个。① 从区域分布来看，涉及非洲国家6个，欧洲国家17个，亚太地区国家33个，包括14个西亚国家、11个东亚国家、5个中亚国家和3个南亚国家。具体评级样本及中国对56个国家的投资存量数据参

——————————

① 因样本原因和数据可得性原因，选取56个国家。

见表 14，东亚国家仍然是中国对外投资的重要目的地，在中国对共建"一带一路"合作国家（地区）直接投资存量超过 50 亿美元的 13 个国家中，有 8 个为东亚国家。

表 14　2020 年中国在"一带一路"评级样本国家里的直接投资存量

（单位：亿美元）

国家	"一带一路"地区	发达国家	投资存量	国家	"一带一路"地区	发达国家	投资存量
新加坡	东亚	是	598.58	捷克	欧洲	是	11.98
印度尼西亚	东亚		179.39	埃及	非洲		11.92
俄罗斯	欧洲		120.71	科威特	西亚		8.49
马来西亚	东亚		102.12	菲律宾	东亚		7.67
老挝	东亚		102.01	波兰	欧洲	是	6.82
阿联酋	西亚		92.83	卡塔尔	西亚		6.19
泰国	东亚		88.26	白俄罗斯	欧洲		6.07
越南	东亚		85.75	斯里兰卡	南亚		5.23
韩国	东亚	是	70.55	匈牙利	欧洲	是	3.42
柬埔寨	东亚		70.39	土库曼斯坦	中亚		3.36
巴基斯坦	南亚		62.19	罗马尼亚	欧洲	是	3.13
哈萨克斯坦	中亚		58.69	克罗地亚	欧洲		2.53
南非	非洲		54.17	阿曼	西亚		2.37
缅甸	东亚		38.09	约旦	西亚		2.04
伊朗	西亚		35.27	塞浦路斯	西亚	是	2.03
乌兹别克斯坦	中亚		32.65	乌克兰	欧洲		1.9
蒙古国	东亚		32.36	保加利亚	欧洲		1.56
赞比亚	非洲		30.55	希腊	欧洲	是	1.26
埃塞俄比亚	非洲		29.93	巴林	西亚		0.71
沙特阿拉伯	西亚		29.31	斯洛文尼亚	欧洲	是	0.47
意大利	欧洲	是	28.48	阿塞拜疆	西亚		0.25
尼日利亚	非洲		23.68	拉脱维亚	欧洲	是	0.17
肯尼亚	非洲		21.54	立陶宛	欧洲	是	0.12

国家	"一带一路"地区	发达国家	投资存量	国家	"一带一路"地区	发达国家	投资存量
土耳其	西亚		21.52	亚美尼亚	独联体		0.12
吉尔吉斯斯坦	中亚		17.67	阿尔巴尼亚	欧洲		0.06
伊拉克	西亚		17.38	爱沙尼亚	欧洲	是	0.05
孟加拉国	南亚		17.11	摩尔多瓦	欧洲		0.04
塔吉克斯坦	中亚		15.68	黎巴嫩	西亚		0.02

三　共建"一带一路"合作国家风险评级结果

本报告的评级方法与主报告保持一致，包括经济基础、偿债能力、政治风险、社会弹性和对华关系五大指标，具体的指标选取及其变化可参见主报告部分。首先，对五大指标之下的具体指标的得分标准化，并对异常值进行截尾处理，分别加权得到每个指标的得分，分值区间为［0，1］，分数越高表示风险越低；其次，对五个指标的得分加权平均，权重均为0.2；最后，将所得分数转化为相应的级别，包括 AAA，AA，A，BBB，BB，B，CCC，CC，C 共9级分类，其中 AAA 和 AA 为低风险级别，A 和 BBB 为中等风险级别，BB 及以下为高风险级别。

（一）总体结果分析

从总的评级结果来看（见表15），低风险级别（AAA—AA）有卡塔尔、韩国、阿联酋和新加坡4个国家；中等风险级别（A—BBB）包括45个国家，在56个国家中占绝大多数；高风险级别（BB—B）包括7个国家。

表 15　　　　　共建"一带一路"合作国家评级结果

排名	国家	"一带一路"地区	发达国家	排名变化	2022 评级结果
1	卡塔尔	西亚		↑	AA
2	韩国	东亚	是	↓	AA
3	阿联酋	西亚		↑	AA
4	新加坡	东亚	是	↓	AA
5	阿曼	西亚		↑	A
6	立陶宛	欧洲	是	↓	A
7	波兰	欧洲	是	—	A
8	沙特阿拉伯	西亚		↑	A
9	匈牙利	欧洲	是	↓	A
10	意大利	欧洲	是	↑	A
11	印度尼西亚	东亚		↑	A
12	罗马尼亚	欧洲	是	↓	A
13	捷克	欧洲	是	↓	A
14	爱沙尼亚	欧洲	是	↓	A
15	俄罗斯	欧洲		↑	A
16	马来西亚	东亚		↓	A
17	斯洛文尼亚	欧洲	是	↓	BBB
18	哈萨克斯坦	中亚		↑	BBB
19	科威特	西亚		↑	BBB
20	克罗地亚	欧洲		↑	BBB
21	阿塞拜疆	西亚		↑	BBB
22	柬埔寨	东亚		↓	BBB
23	越南	东亚		↑	BBB
24	土库曼斯坦	中亚		↑	BBB
25	保加利亚	欧洲		↓	BBB
26	塞浦路斯	西亚	是	↓	BBB
27	亚美尼亚	欧洲		↓	BBB
28	拉脱维亚	西亚	是	↑	BBB
29	老挝	东亚		↓	BBB
30	巴林	西亚		—	BBB

续表

排名	国家	"一带一路"地区	发达国家	排名变化	2022 评级结果
31	南非	非洲		↑	BBB
32	埃及	非洲		↑	BBB
33	蒙古国	东亚		↓	BBB
34	孟加拉国	南亚		↓	BBB
35	希腊	欧洲	是	↓	BBB
36	巴基斯坦	南亚		↑	BBB
37	阿尔巴尼亚	欧洲		↓	BBB
38	乌兹别克斯坦	中亚		—	BBB
39	斯里兰卡	南亚		↑	BBB
40	肯尼亚	非洲		↑	BBB
41	塔吉克斯坦	中亚		↑	BBB
42	白俄罗斯	欧洲		↑	BBB
43	泰国	东亚		↓	BBB
44	约旦	西亚		↓	BBB
45	赞比亚	非洲		↑	BBB
46	吉尔吉斯斯坦	中亚		↑	BBB
47	菲律宾	东亚		↓	BBB
48	尼日利亚	非洲		↑	BBB
49	乌克兰	欧洲		↑	BBB
50	摩尔多瓦	欧洲		↓	BB
51	缅甸	东亚		↓	BB
52	埃塞俄比亚	非洲		↑	BB
53	伊朗	西亚		↑	BB
54	土耳其	西亚		↓	BB
55	黎巴嫩	西亚		↓	BB
56	伊拉克	西亚		—	B

在中国对共建"一带一路"合作地区投资存量的前十大目的地中，对新加坡的投资存量居于首位，其评级也相对较高，维持低风险的 AA 级。西亚原油出口国卡塔尔在本次评级中排名

出现显著提升，上升为 AA 级低风险海外投资目的地。此外，其余 45 个国家的评级为 A 级或 BBB 级，属于中等投资风险国家。在中国对其直接投资存量超过 10 亿美元的 24 个国家中，部分国家的评级为 BB 级和 B 级，存在较高的投资风险，如缅甸、埃塞俄比亚、伊朗、土耳其、黎巴嫩和伊拉克，需要引起投资者的充分注意。

和 2021 年相比，排名第 1 位的国家由新加坡变为卡塔尔，新纳入样本的韩国位列第 2 位，新加坡的排名相对下降为第 4 位；排名最后 1 位的国家仍为伊拉克。变动名次超过 10 位的国家共有 23 个，阿曼、科威特、卡塔尔的排名提升最多，黎巴嫩、菲律宾、缅甸的排名出现较大幅度的下降。

"一带一路"样本国家中有 13 个发达经济体，分别是韩国、新加坡、立陶宛、意大利、波兰、匈牙利、罗马尼亚、捷克、爱沙尼亚、斯洛文尼亚、塞浦路斯、拉脱维亚和希腊。整体来看，发达经济体评级结果普遍好于新兴经济体和发展中国家，发达经济体的平均排名为 14.42 名，而新兴经济体和发展中国家的平均排名为 32.34 名。发达经济体经济基础、偿债能力、政治风险和社会弹性四个指标的表现都好于新兴经济体和发展中国家，尤其是经济基础和政治风险，平均得分分别比新兴经济体和发展中国家高 22.0% 和 20.4%。在百年未有之大变局和新冠肺炎疫情相互叠加，世界进入新的动荡变革期的历史背景下，发达经济体因其相对而言更加完善的产业链—供应链体系、更加成熟的制度框架、更加稳定的国内环境，拥有更加稳定的经济基础和相对较低的政治风险，也由此具有更高的评级水平。在发达国家之中，与 2021 年相比，新加坡在"一带一路"样本国家评级中的排名相对下降，由第 1 位降至第 3 位，但仍然维持低风险 AA 评级。其经济基础和社会弹性得分均明显领先其他国家，对华关系、偿债能力和政治风险得分也处于样本国家中的较高水平。发达国家中排名较低的国家是拉脱维亚和希腊，

2022 年的排名分别是第 28 位和第 35 位。

与 2021 年相比，本次评级中新兴经济体卡塔尔和阿联酋的排名出现大幅上升，在"一带一路"样本国家评级排名第 1 位和第 3 位。这是因为伴随新冠肺炎疫情冲击及后续的经济复苏，西亚原油出口国的经济基础和偿债能力得分较其他国家而言具有一定优势，而政治风险、对华关系和社会弹性得分也维持往年的高标准。具有相似背景的阿曼和沙特阿拉伯排名也因此出现显著提升。

总体来看，"一带一路"样本国家中多为亚洲的新兴经济体和发展中国家，整体的经济基础较为薄弱，经济结构较为单一，经济稳定性较差，债务结构不合理，偿债能力不足；部分西亚国家的政治风险较高，社会弹性也较差，这主要体现在地缘政治复杂，政权更迭频繁，内部冲突不断，社会安全隐患等方面，如伊朗和伊拉克；但与此同时，也有部分西亚国家的能源出口较为稳定，经济基础和偿债能力较为稳定，国内政治稳定度和社会弹性维持近年来的较高水平，如卡塔尔和阿联酋。新兴经济体和中国之间的双边关系得分高于发达经济体，共建"一带一路"合作国家中新兴经济体的双边关系得分比发达经济体高出 41.1%，在全球博弈的大背景下值得关注。此外，中国与东亚国家之间长期保持着紧密的经济联系。RCEP 在 2022 年 1 月 1 日起正式生效将进一步强化中国同东盟和亚太地区主要经济体之间的经贸往来，稳定促进区域经济增长，提升区域营商环境，稳固区域产业链供应链，也有利于中国稳外贸稳外资，为构建新发展格局提供助力，为东亚地区国家共同应对全球新冠肺炎疫情冲击和不确定性提供了更广阔的合作空间。

分地区来看（见图 17），东亚地区是中国对共建"一带一路"合作地区直接投资的主要目的地，其投资风险也位于中等或较低水平，平均得分也在各区域之中处于最高水平。欧洲大部分国家的风险较低，但是摩尔多瓦、乌克兰和白俄罗斯投资风险较高。南亚国家的投资风险普遍较高。中亚地区部分国家风险较高，而其余国家风险水平中等，具体而言，中亚地区的吉尔吉斯斯坦和塔吉克斯坦的投资风险较高。西亚地区各国风险差异较大，伊拉克、伊朗和土耳其的投资风险较高，而卡塔尔、阿联酋、阿曼、以色列和沙特阿拉伯的投资风险较低。非洲国家中大部分国家处于中等风险水平，埃塞俄比亚的投资风险处于相对较高的水平。

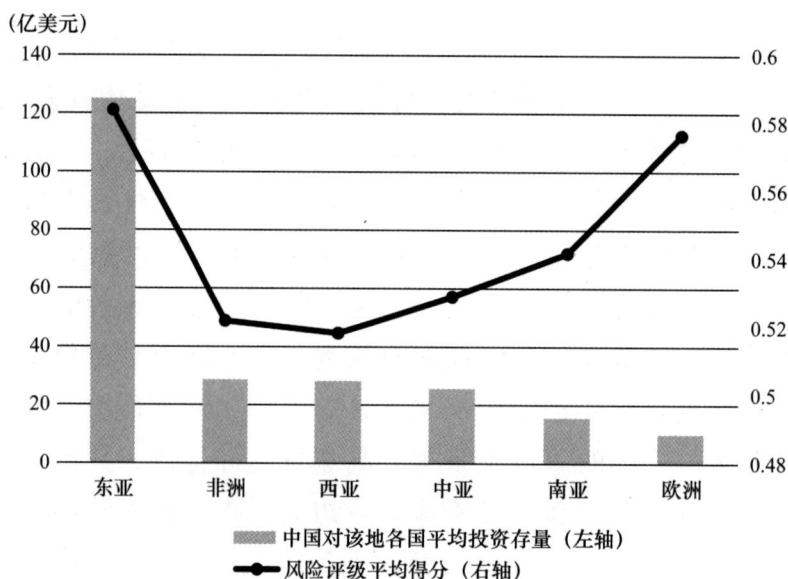

图17　共建"一带一路"合作国家各地区平均评分结果和投资存量

注：（1）投资存量数据截止到2020年。（2）风险评级平均得分越高，反映出其投资风险越低。

　　为更准确评价共建"一带一路"合作国家在各方面的表现，仍需要将其还原到整体样本中去。从本评级结果来看，相对于整体水平而言，共建"一带一路"合作国家的低风险和高风险国家占比都较少，而中等风险国家占比较多。从表16可看出，共建"一带一路"合作国家和整体样本的风险评分基本持平，其中共建"一带一路"合作国家的社会弹性得分与整体样本的得分持平，对华关系得分高于整体样本的得分，但是政治风险、经济基础和偿债能力略逊于整体得分。需要注意的是，虽然共建"一带一路"合作国家的对华关系得分高于整体样本得分，但2021年中欧双方在政治领域出现较多分歧，美国唆使部分参与共建"一带一路"合作的中东欧国家（如立陶宛、斯洛文尼亚等）在新疆、西藏、香港、台湾等涉华问题上挑战中国核心利益，使得欧洲国家的对华关系得分出现较大幅度下降。

表16　　　　共建"一带一路"合作国家和总体的评分比较

	经济基础	偿债能力	政治风险	社会弹性	对华关系	总分
"一带一路"	0.534	0.532	0.584	0.616	0.546	0.556
整体	0.559	0.542	0.608	0.616	0.486	0.562

（二）分项指标分析

从分项指标来看（见表17），政治风险、社会弹性与经济基础是共建"一带一路"合作国家中分化程度最高的三个指标，发达国家的表现远高于新兴经济体和发展中国家，政治风险、社会弹性、经济基础排名前10的国家中，分别有7个、7个、6个是发达国家（样本中发达国家共13个）。而偿债能力虽仍是发达国家表现好于新兴经济体和发展中国家，但是二者之间的差异相对不明显。

比较特殊的指标是对华关系，发达国家中对华关系排名最高的韩国位于第14位。本报告通过对华经济关系和对华政治关系两个角度衡量对华关系指标，共建"一带一路"合作国家对华的政治和经济关系分化较大，既有与中国政治关系密切，经济依存度高的国家，也有对中国怀有警惕心理，投资阻力较大，经济依存度较低的国家，还存在由于国内稳定性和开放度原因，投资阻力较大，双方经贸往来难度较高的国家。此外，一些国家虽然与中国政治关系友好，但是，对中国经济依存度较低，因此对华关系得分较低，如拉脱维亚、希腊等国家。特别需要注意的是，2021 年欧洲共建"一带一路"合作国家对华政治关系出现明显下降，如立陶宛、爱沙尼亚等，这与其多次出现的挑战中国核心利益的政治举措相关。

表 17　　　　　　　共建"一带一路"合作国家分指标排名

排名	经济基础	偿债能力	政治风险	社会弹性	对华关系
1	韩国	波兰	立陶宛	新加坡	巴基斯坦
2	新加坡	立陶宛	阿联酋	阿联酋	老挝
3	爱沙尼亚	匈牙利	意大利	捷克	卡塔尔
4	阿联酋	韩国	罗马尼亚	卡塔尔	土库曼斯坦
5	意大利	俄罗斯	克罗地亚	意大利	印度尼西亚
6	立陶宛	卡塔尔	波兰	韩国	缅甸
7	捷克	阿塞拜疆	匈牙利	波兰	马来西亚
8	卡塔尔	爱沙尼亚	塞浦路斯	爱沙尼亚	柬埔寨
9	阿曼	科威特	南非	立陶宛	俄罗斯
10	沙特阿拉伯	阿联酋	希腊	克罗地亚	伊朗
11	塞浦路斯	沙特阿拉伯	新加坡	罗马尼亚	阿曼
12	匈牙利	土库曼斯坦	阿曼	约旦	埃塞俄比亚
13	斯洛文尼亚	罗马尼亚	沙特阿拉伯	塞浦路斯	泰国
14	罗马尼亚	乌兹别克斯坦	韩国	斯洛文尼亚	韩国
15	巴林	哈萨克斯坦	爱沙尼亚	沙特阿拉伯	孟加拉国
16	俄罗斯	越南	卡塔尔	巴林	亚美尼亚
17	阿塞拜疆	斯洛文尼亚	哈萨克斯坦	希腊	越南
18	拉脱维亚	保加利亚	拉脱维亚	亚美尼亚	阿联酋
19	波兰	尼日利亚	斯洛文尼亚	拉脱维亚	尼日利亚
20	越南	捷克	巴林	阿曼	南非
21	约旦	拉脱维亚	马来西亚	匈牙利	斯里兰卡
22	哈萨克斯坦	印度尼西亚	乌克兰	保加利亚	乌兹别克斯坦
23	蒙古国	缅甸	科威特	马来西亚	白俄罗斯

排名	经济基础	偿债能力	政治风险	社会弹性	对华关系
24	埃及	阿曼	捷克	科威特	肯尼亚
25	柬埔寨	埃塞俄比亚	赞比亚	印度尼西亚	吉尔吉斯斯坦
26	印度尼西亚	伊拉克	摩尔多瓦	柬埔寨	埃及
27	保加利亚	白俄罗斯	斯里兰卡	哈萨克斯坦	新加坡
28	塔吉克斯坦	亚美尼亚	印度尼西亚	赞比亚	阿尔巴尼亚
29	孟加拉国	泰国	约旦	阿尔巴尼亚	菲律宾
30	希腊	新加坡	保加利亚	阿塞拜疆	阿塞拜疆
31	肯尼亚	意大利	肯尼亚	黎巴嫩	黎巴嫩
32	阿尔巴尼亚	克罗地亚	亚美尼亚	蒙古国	巴林
33	科威特	埃及	菲律宾	白俄罗斯	蒙古国
34	老挝	塔吉克斯坦	俄罗斯	埃及	科威特
35	克罗地亚	南非	孟加拉国	摩尔多瓦	哈萨克斯坦
36	马来西亚	蒙古国	蒙古国	吉尔吉斯斯坦	塔吉克斯坦
37	乌兹别克斯坦	马来西亚	塔吉克斯坦	老挝	赞比亚
38	土库曼斯坦	菲律宾	阿尔巴尼亚	越南	乌克兰
39	斯里兰卡	土耳其	埃及	肯尼亚	土耳其
40	泰国	柬埔寨	尼日利亚	乌兹别克斯坦	沙特阿拉伯
41	巴基斯坦	伊朗	土耳其	土库曼斯坦	克罗地亚
42	吉尔吉斯斯坦	吉尔吉斯斯坦	吉尔吉斯斯坦	斯里兰卡	希腊
43	白俄罗斯	孟加拉国	阿塞拜疆	伊朗	斯洛文尼亚
44	菲律宾	老挝	柬埔寨	俄罗斯	意大利
45	摩尔多瓦	阿尔巴尼亚	土库曼斯坦	土耳其	塞浦路斯
46	乌克兰	乌克兰	缅甸	泰国	匈牙利
47	南非	巴基斯坦	巴基斯坦	菲律宾	摩尔多瓦
48	尼日利亚	肯尼亚	白俄罗斯	塔吉克斯坦	波兰
49	赞比亚	摩尔多瓦	越南	孟加拉国	捷克
50	土耳其	斯里兰卡	埃塞俄比亚	埃塞俄比亚	罗马尼亚
51	亚美尼亚	赞比亚	泰国	乌克兰	保加利亚

排名	经济基础	偿债能力	政治风险	社会弹性	对华关系
52	埃塞俄比亚	黎巴嫩	伊拉克	缅甸	约旦
53	伊拉克	约旦	老挝	巴基斯坦	爱沙尼亚
54	伊朗	希腊	乌兹别克斯坦	南非	立陶宛
55	黎巴嫩	塞浦路斯	黎巴嫩	尼日利亚	伊拉克
56	缅甸	巴林	伊朗	伊拉克	拉脱维亚

　　从区域上看，经济基础和社会弹性方面的表现比较类似，欧洲国家的得分最高，其次是西亚地区或东亚地区，而中亚、南亚和非洲地区的经济基础较为薄弱，社会弹性相对较低。偿债能力方面，中亚地区和欧洲地区的表现较好，西亚地区的分散程度较大，非洲地区的偿债能力较弱，而南亚地区的得分最低。政治风险方面，欧洲和西亚地区得分相对较高，非洲、南亚和东亚地区的得分差异较小，中亚地区的得分较低。对华关系方面，南亚和东亚地区的对华关系相对较高，其次是非洲、中亚和西亚地区，而欧洲地区的对华关系得分最低，主要原因之一是双方的投资和贸易依存度较低，且近期中东欧地区部分国家同中国的政治关系出现明显降温。

2022 年中国海外投资 RCEP 成员国风险评级子报告[*]

2022 年 1 月 1 日，《区域全面经济伙伴关系协定》（Regional Comprehensive Economic Partnership，RCEP）正式生效。这也成为当下全球人口最多、经贸规模最大的自由贸易区，尤其是在当前新冠肺炎疫情依旧袭扰全球之时，RCEP 的落地无疑有助于包括中国在内的区域经济甚至全球经济的恢复。但同时，RCEP 国家的投资风险也值得注意。

本部分重点分析了 RCEP 成员国的国家风险评级结果。首先，介绍了 2020 年中国对 RCEP 成员国的直接投资情况。其次，分析 RCEP 成员国的具体评级情况。除新西兰、韩国、澳大利亚、日本和新加坡以外，RCEP 成员国的评级结果大多位于中等风险级别（A 级到 BBB 级，简写为 A—BBB）。最后，根据风险评级总指标和分项指标的得分情况，将 RCEP 成员国风险评级得分均值与总体国家风险评级得分均值进行对比。从分析结果来看，企业对 RCEP 成员国进行直接投资时，需要重点关注政治风险指标。此外，除对华关系指标外，其余指标的平均排名较 2021 年均有下滑，值得引起注意。

---

[*] 本部分主要参与人：周学智、潘松李江、孔大鹏、陈逸豪。

一 中国在 RCEP 国家的投资情况

RCEP 由包括中国在内的 15 个国家构成。RCEP 其余 14 个成员国与中国的经贸、投资关系十分紧密，是中国对外直接投资的重要目的地。截至 2020 年年底，中国在其余 14 个 RCEP 成员国的投资存量达 2146 亿美元，较 2020 年大幅度增长 33%。截至 2020 年年底，中国在其余 14 个成员国的直接投资流量达 200 亿美元。从投资存量角度看，2020 年中国企业在 RCEP 成员国中投资存量最多的三个国家分别为新加坡、澳大利亚和印度尼西亚。该格局与 2019 年情况相同，不过中国在澳大利亚的直接投资存量出现明显下降，这与中澳关系恶化有一定关系。从流量角度看，中国企业对所有 RCEP 国家都进行了净值为正的直接投资流出。但是，对澳大利亚和日本的直接投资流量有明显的减少（见表 18）。

表 18　截至 2020 年年底中国对 RCEP 成员国直接投资往来情况

（单位：万美元）

成员国	投资存量	投资流量
新加坡	5985785	592335
澳大利亚	3443936	119859
印度尼西亚	1793883	219835
马来西亚	1021184	137441
老挝	1020142	145430
泰国	882554	188288
越南	857456	187575
韩国	705473	13914
柬埔寨	703852	95642
日本	419672	48683
缅甸	380904	25080

续表

成员国	投资存量	投资流量
新西兰	286784	45292
菲律宾	76713	13043
文莱	38812	1685

二　RCEP成员国评级结果分析

从具体国家评级结果来分析，本报告包含了13个RCEP成员国，分别是：韩国、新西兰、新加坡、澳大利亚、日本、印度尼西亚、马来西亚、柬埔寨、老挝、越南、菲律宾、泰国和缅甸。由于数据可得性原因，文莱不在此次分析中。

从整体评级结果来看，除了新西兰、韩国、澳大利亚、日本和新加坡为低风险国家（AAA—AA）外，大部分国家都为中等风险国家。其中，风险最低的三个国家为新西兰、韩国和澳大利亚。泰国、菲律宾和缅甸则排在最后三位，在总体排名中位列第75位、第84位和第91位（见表19）。

表19　　　　　　　　　RCEP区域内国家风险评级情况

排名	国家	2022年风险评级	排名变化	2021年风险评级
2	新西兰	AAA	↑	AA
6	韩国	AA	↓	AA
11	澳大利亚	AA	↑	AA
15	日本	AA	↑	A
17	新加坡	AA	↓	AA
33	印度尼西亚	A	↑	BBB
38	马来西亚	A	↓	A
46	柬埔寨	BBB	↓	A
47	越南	BBB	↑	BBB

排名	国家	2022 年风险评级	排名变化	2021 年风险评级
56	老挝	BBB	↓	BBB
75	泰国	BBB	↓	BBB
84	菲律宾	BBB	↓	BBB
91	缅甸	BB	↓	BBB

三 总体得分分析

本部分根据韩国、新西兰、新加坡、澳大利亚、日本、印度尼西亚、马来西亚、柬埔寨、老挝、越南、菲律宾、泰国、缅甸 13 个国家的风险评级得分，计算出 RCEP 成员国的风险评级得分均值，并与总体风险评级得分均值进行对比分析。

从总体国家风险评级得分来分析，RCEP 成员国的国家风险评级得分均值高于总体国家风险评级得分均值，排名也高于平均水平。结果显示，RCEP 中除中国和文莱之外的 13 个成员国平均得分为 0.604，全体样本国家的平均得分为 0.562，非 RCEP 国家得分均值则为 0.557。RCEP 国家得分平均水平高于非 RCEP 国家得分。从排名角度看，2022 年 RCEP 国家的平均排名为 40.1 位，高于 57 位的平均水平，非 RCEP 国家的平均排名为 59.7 位。从以上分析看，RCEP 国家的投资风险低于全球水平。

不过，相对于 2021 年的评级结果，RCEP 国家的投资风险则呈现出相对上升的情形，更多地表现为两极分化情况。从整体结果看，2021 年 RCEP 国家平均排名为 34.8 位，2022 年评级结果下滑到 40.1 位。从排名靠前的 5 个 RCEP 国家的结果看，排名情况有升有降，但是呈现出升多降少的情形，这体现出 RCEP 成员国中的发达经济体的风险具有一定可控性。排名中后段的 RCEP 成员国，则出现大面积排名下滑的情况，表明这些 RCEP 国家的投资风险在新冠肺炎疫情期间呈现出明显的相对上升（见图 18）。

　　总体而言，RCEP国家依旧比较适宜进行直接投资，但是个别国家的投资风险值得重视。

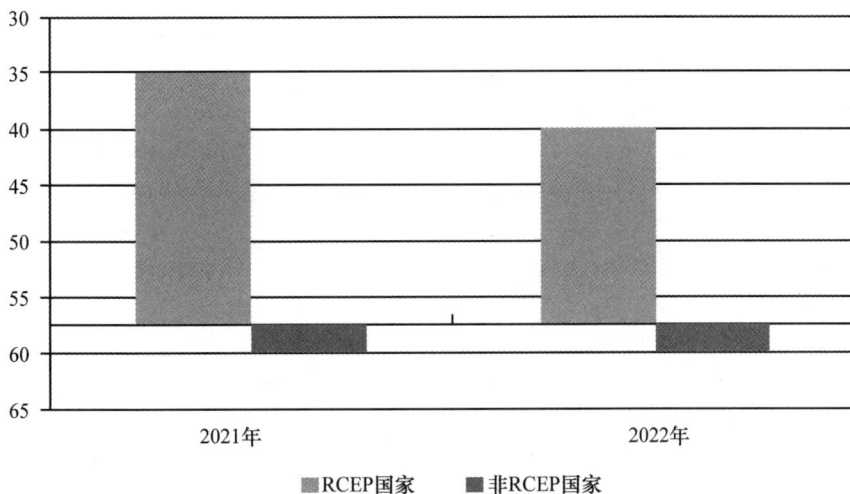

图18　RCEP成员国总体风险评级情况

注：坐标轴值为57.5，即是全体国家的平均排名。纵坐标轴为逆序。

　　从经济基础得分来分析，RCEP成员国的经济基础好于总体国家经济基础的平均水平。2022年的评级结果显示，RCEP国家经济基础的平均排名为50.5位，高于57.5位的平均水平。非RCEP国家的平均排名为58.4位，经济风险相对较高。

　　尽管如此，RCEP国家的经济基础的整体排名依然较2020年下降了近9位。2020年评级报告中，RCEP国家的经济基础平均排名为41.8位。这表明，在新冠肺炎疫情冲击的背景下，RCEP国家受到的冲击相对较大。一方面，受新冠肺炎疫情影响，RCEP国家和全球其他国家一样，存在停工停产的情况；另一方面，RCEP国家资源相对匮乏（澳大利亚除外），以加工贸易为主的发展中国家占比较高，既受到上游产品价格上涨的压力，作为发展中国家其经济弹性又相对较差。不过，RCEP成员国中的发展中国家依然具有较大的发展潜力，是全球产业链中的重要节点。

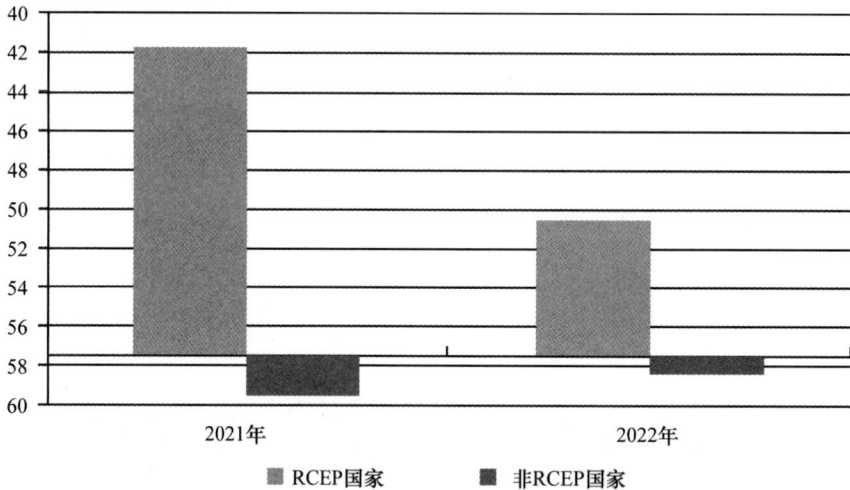

图 19　RCEP 成员国经济基础评级情况

注：坐标轴值为 57.5，即是全体国家的平均排名。纵坐标轴为逆序。

从偿债能力来分析，RCEP 成员国的偿债能力情况相对较好，强于总体样本国家的平均水平。2022 年评级报告中，RCEP 国家偿债能力平均排名为 52.4 位，高于总体样本国家 57.5 的平均排名，也明显高于非 RCEP 国家 58.2 位的平均排名。

虽然偿债能力依然强于平均水平，但是 RCEP 国家偿债能力的排名较 2021 年出现了显著下降。2021 年评级报告，RCEP 国家偿债能力的平均排名为 46.3 位。造成这一情况的主要原因是，2022 年评级报告中不少资源型国家因能源和资源品价格上涨，国内经济状况和财政状况得到一定程度改善。造成了 RCEP 国家排名的被动下滑。RCEP 国家中，仅有澳大利亚的偿债能力排名提升最明显。

从政治风险得分来分析，RCEP 成员国的政治风险的平均得分低于总样本国家的平均得分。从排名角度看，2022 年评级报告中，RCEP 国家政治风险的平均排名为 60.2 位，低于 57.5 位的均值。这表明，RCEP 国家的政治风险相对较高，各国政权更

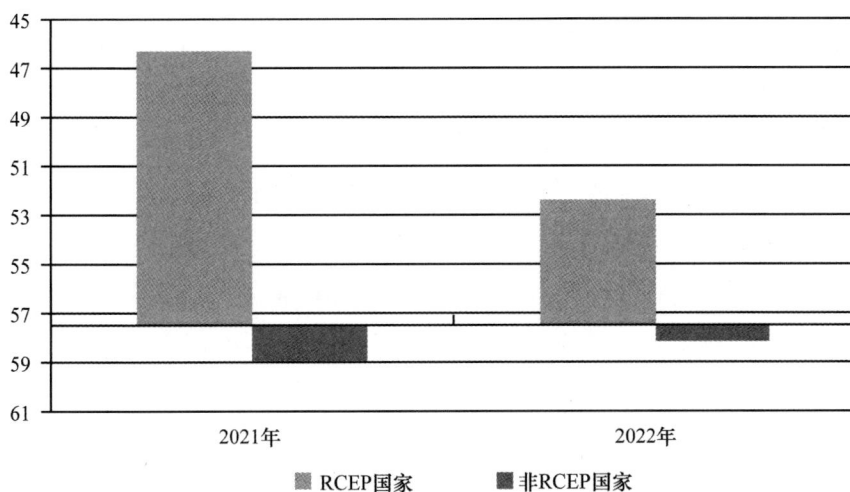

图20 RCEP 成员国偿债能力评级情况

注：坐标轴值为57.5，即是全体国家的平均排名。纵坐标轴为逆序。

选风险、政府执政风险值得高度关注。

例如，RCEP 成员国中，有部分国家军事干预政治的情况相对普遍，政变时有发生，地方武装势力不容忽视等。

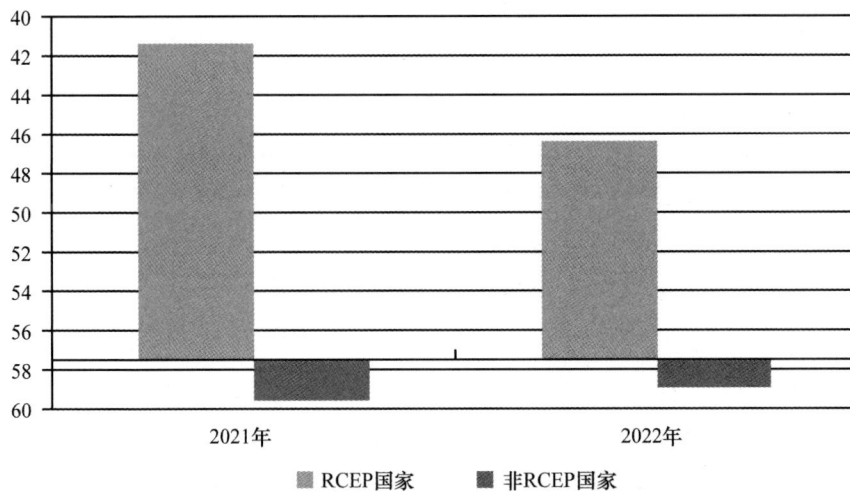

图21 RCEP 成员国政治风险评级情况

注：坐标轴值为57.5，即是全体国家的平均排名。纵坐标轴为逆序。

从社会弹性得分来分析，RCEP 成员国的社会弹性得分均值高于总体样本国家的平均水平。2022 年评级报告中，RCEP 国家社会弹性平均排名为 46.4 位，高于 57.5 位的平均水平。这表明，RCEP 成员国的社会状况相对较好。

但值得注意的是，RCEP 成员国社会风险状况虽然强于非RCEP 成员国整体水平，但是该结果相对于 2021 年的评级结果有明显的下降。2021 年评级报告中，RCEP 成员国社会弹性平均排名为 41.4 位。实际上，社会弹性和政治风险往往是一枚硬币的两面。

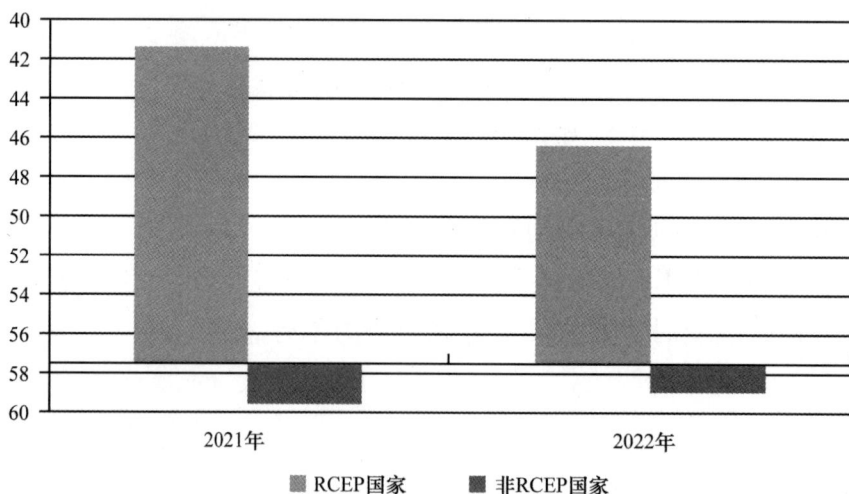

图 22　RCEP 成员国社会弹性评级情况

注：坐标轴值为 57.5，即是全体国家的平均排名。纵坐标轴为逆序。

从对华关系得分来分析，RCEP 成员国的对华关系得分均值整体高于总体国家的平均水平。这表明 RCEP 成员国与中国双边关系较好。2022 年评级报告中，RCEP 成员国对华关系平均排名高达 26.3 位，显著高于 57.5 位的平均水平。

在对华关系的细项中，贸易依存度、投资依存度和对华政治关系，都是排名靠前的项目。这说明中国与其他 RCEP 成员国家的政经关系相对十分紧密。相较于 2021 年评级报告，（除中国之外的）RCEP 成员国的对华关系平均排名有所上升，其中"投资依存度"上升十分明显。这也从一个侧面反映出新冠肺炎疫情期间中国对外直接投资逆势上涨的事实。

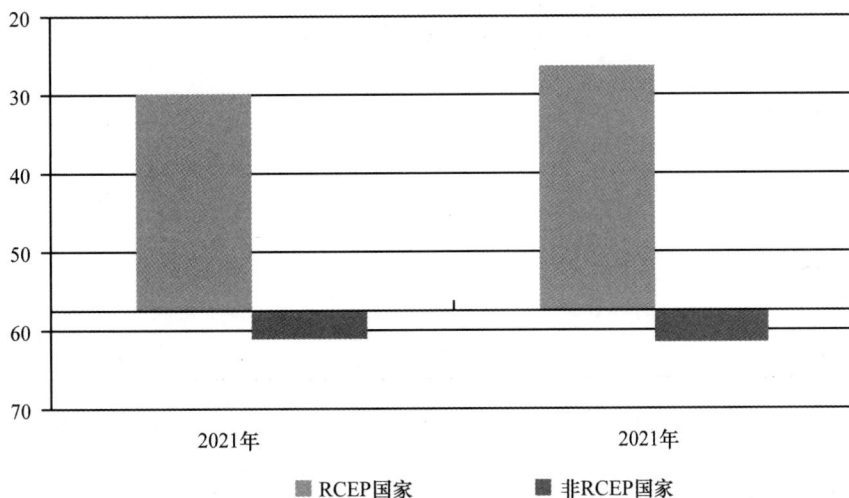

图 23　RCEP 成员国对华关系评级情况

注：坐标轴值为 57.5，即是全体国家的平均排名。纵坐标轴为逆序。

综上所述，RCEP 成员国的国家风险评级得分好于总体国家平均水平。细分指标来看，RCEP 成员国在经济基础、偿债能力、社会弹性和对华关系方面都强于样本国家的平均水平，但政治风险值得关注。此外，相对于新冠肺炎疫情前，RCEP 成员国多项指标的排名出现下滑，只有对华关系显著上升。这一点值得注意。

附录 CROIC-IWEP 国家风险评级原始指标

表1			GDP 总量				（单位：十亿美元）
年份 国家	2016	2017	2018	2019	2020	2021	2022
阿尔巴尼亚	11.9	13.1	15.1	15.3	14.8	16.8	18.0
阿尔及利亚	160.0	170.2	175.4	171.1	147.6	163.8	168.2
阿根廷	556.8	643.9	524.4	451.8	389.1	455.2	483.8
阿联酋	357.0	385.6	422.2	417.2	358.9	410.2	427.9
阿曼	65.5	70.6	79.8	76.3	63.4	80.6	85.7
阿塞拜疆	37.8	41.4	47.1	48.2	42.6	52.6	54.7
埃及	332.5	236.5	250.3	302.3	363.2	396.3	438.3
埃塞俄比亚	72.1	76.8	80.2	92.6	96.6	92.8	93.9
爱尔兰	298.8	335.3	385.2	399.2	425.5	516.3	550.5
爱沙尼亚	24.1	26.9	30.5	31.0	30.6	36.0	39.5
安哥拉	101.1	122.0	101.4	84.5	58.4	70.3	75.0
奥地利	395.7	417.1	455.3	445.1	432.5	481.2	520.3
澳大利亚	1266.2	1385.2	1421.2	1392.3	1359.4	1610.6	1677.5
巴基斯坦	278.0	304.6	313.1	276.9	261.7	271.4	269.1
巴拉圭	36.1	39.0	40.2	37.9	35.7	37.0	39.2
巴林	32.2	35.5	37.7	38.5	34.7	39.1	41.1
巴拿马	57.9	62.2	64.9	66.8	52.9	60.1	64.4
巴西	1796.6	2063.5	1916.9	1877.8	1444.7	1645.8	1810.6

续表

年份 国家	2016	2017	2018	2019	2020	2021	2022
白俄罗斯	47.7	54.7	60.0	64.4	60.2	65.8	70.6
保加利亚	53.8	59.1	66.3	68.6	69.2	77.9	84.3
冰岛	20.8	24.7	26.3	24.9	21.7	25.5	27.2
波兰	472.3	526.6	587.4	597.2	595.9	655.3	720.4
玻利维亚	34.2	37.8	40.6	41.2	36.8	38.5	40.9
博茨瓦纳	15.1	16.1	16.9	16.6	15.1	17.6	19.0
布基纳法索	12.8	14.1	16.1	16.0	17.4	19.9	21.9
丹麦	313.1	332.1	356.8	347.6	356.1	396.7	414.6
德国	3468.9	3689.6	3979.1	3888.8	3843.3	4230.2	4557.4
多哥	6.0	6.4	7.1	7.2	7.6	8.5	9.4
俄罗斯	1280.7	1575.1	1653.0	1690.1	1478.6	1647.6	1703.5
厄瓜多尔	99.9	104.3	107.6	108.1	98.8	104.5	110.0
法国	2471.3	2589.0	2789.7	2728.8	2624.4	2940.4	3140.0
菲律宾	318.6	328.5	346.8	376.8	361.5	385.7	406.1
芬兰	240.7	255.6	275.8	268.8	269.6	296.0	314.5
哥伦比亚	282.7	311.9	334.1	323.4	271.6	300.8	319.3
哥斯达黎加	58.8	60.5	62.4	64.1	61.8	61.5	64.4
哈萨克斯坦	137.3	166.8	179.3	181.7	171.2	194.0	203.7
韩国	1499.4	1623.1	1725.4	1651.4	1638.3	1823.9	1907.7
荷兰	783.8	833.6	914.5	910.3	913.1	1007.6	1070.8
洪都拉斯	21.7	23.1	24.1	25.1	23.8	26.3	27.9
吉尔吉斯斯坦	6.8	7.7	8.3	8.9	7.7	8.2	8.9
几内亚	8.6	10.3	11.9	13.5	15.4	16.7	18.2
加拿大	1528.0	1649.3	1721.8	1741.6	1644.0	2016.0	2189.8
加纳	56.1	60.4	67.3	68.4	68.5	75.5	82.0
柬埔寨	20.0	22.2	24.6	27.1	25.2	26.1	28.0
捷克	196.3	218.6	249.0	252.5	245.3	276.9	302.1
喀麦隆	32.6	35.0	38.7	39.0	39.9	44.8	48.3
卡塔尔	151.7	161.1	183.3	175.8	145.5	169.2	180.9
科威特	109.4	120.7	138.2	136.2	105.9	132.3	138.8

续表

年份 国家	2016	2017	2018	2019	2020	2021	2022
克罗地亚	51.6	55.5	61.4	60.8	56.2	63.4	68.5
肯尼亚	74.8	82.0	92.2	100.5	102.4	109.5	116.6
拉脱维亚	28.1	30.4	34.4	34.1	33.5	37.2	40.8
老挝	15.9	17.1	18.1	18.8	18.8	19.4	20.6
黎巴嫩	51.4	53.3	55.3	52.4	19.0	32.6	30.5
立陶宛	43.0	47.7	53.7	54.6	55.8	62.6	67.7
卢森堡	60.7	64.2	71.0	71.1	73.2	83.8	89.7
罗马尼亚	188.1	211.7	241.5	249.7	248.7	287.3	314.9
马达加斯加	11.8	13.2	13.8	14.1	13.2	14.1	15.4
马耳他	11.7	13.5	15.3	15.7	14.9	16.7	18.2
马来西亚	301.3	319.1	358.8	365.3	337.0	371.1	415.4
马里	14.0	15.4	17.1	17.3	17.5	19.6	21.3
美国	18695.1	19479.6	20527.2	21372.6	20893.8	22939.6	24796.1
蒙古国	11.2	11.4	13.1	14.0	13.1	14.3	15.8
孟加拉国	221.4	249.7	273.3	302.4	323.1	355.7	390.6
秘鲁	194.3	214.1	225.4	230.9	205.5	225.9	231.7
缅甸	60.1	61.3	66.7	68.8	81.3	66.7	63.1
摩尔多瓦	8.1	9.7	11.5	12.0	11.9	12.4	13.3
摩洛哥	103.3	109.7	118.1	119.9	114.6	126.0	132.6
莫桑比克	11.9	13.2	14.8	15.4	14.0	15.8	16.8
墨西哥	1078.5	1158.9	1222.4	1269.4	1073.9	1285.5	1371.6
纳米比亚	10.7	12.9	13.7	12.6	10.7	12.2	13.1
南非	323.5	381.3	404.7	387.8	335.3	415.3	435.2
尼加拉瓜	13.3	13.8	13.0	12.6	12.6	13.4	13.9
尼日尔	10.4	11.2	12.9	12.9	13.8	15.6	17.3
尼日利亚	404.6	375.7	421.7	448.1	429.4	480.5	555.3
挪威	368.8	398.4	437.0	405.5	362.5	445.5	458.4
葡萄牙	206.4	221.3	242.4	240.0	228.4	251.7	271.2
日本	5003.7	4930.8	5036.9	5135.9	5045.1	5103.1	5383.7
瑞典	515.7	541.0	555.5	533.9	541.1	622.4	660.9

续表

年份 国家	2016	2017	2018	2019	2020	2021	2022
瑞士	695.4	704.8	736.1	732.5	751.9	810.8	862.8
塞内加尔	19.0	21.0	23.1	23.3	24.7	27.6	30.0
塞浦路斯	20.9	22.7	25.3	25.0	23.8	26.5	28.3
沙特阿拉伯	644.9	688.6	786.5	793.0	700.1	842.6	876.1
斯里兰卡	82.4	87.4	87.9	84.0	80.7	80.8	83.3
斯洛文尼亚	44.8	48.6	54.2	54.2	53.5	60.9	65.5
苏丹	64.9	47.8	33.4	33.6	34.4	35.9	37.8
塔吉克斯坦	7.0	7.1	7.5	8.1	8.0	8.1	8.8
泰国	413.5	456.5	506.4	544.2	501.7	546.2	585.6
坦桑尼亚	49.8	53.2	56.7	60.8	64.4	69.2	74.5
突尼斯	41.8	39.6	40.1	39.2	39.2	42.7	45.5
土耳其	869.3	858.9	779.7	760.5	719.9	796.0	844.5
土库曼斯坦	38.5	41.4	40.8	46.3	45.6	53.1	60.3
危地马拉	66.0	71.6	73.2	77.0	77.6	83.3	89.2
委内瑞拉	279.2	143.8	98.4	64.0	47.3	44.9	43.5
乌干达	29.6	31.4	34.2	38.0	38.1	43.2	47.0
乌克兰	93.3	112.1	130.9	154.0	155.3	181.0	203.9
乌拉圭	57.2	64.2	64.8	61.9	56.6	60.1	63.7
乌兹别克斯坦	85.7	61.0	52.6	59.9	59.9	65.5	72.8
西班牙	1232.6	1312.1	1421.6	1393.2	1280.5	1440.0	1570.9
希腊	192.8	200.1	212.3	205.3	189.3	211.6	224.9
新加坡	318.8	343.3	376.0	374.4	340.0	378.6	397.0
新西兰	186.0	203.8	210.0	210.4	209.4	247.6	267.6
匈牙利	128.5	143.0	160.4	163.5	155.0	181.0	199.0
亚美尼亚	10.5	11.5	12.5	13.6	12.6	13.6	15.1
伊拉克	167.7	192.3	226.9	234.0	169.5	201.5	226.6
伊朗	418.1	445.5	456.6	581.3	835.4	1081.4	1136.7
以色列	319.0	355.3	373.6	397.9	407.1	467.5	501.4
意大利	1876.6	1961.1	2093.1	2005.1	1884.9	2120.2	2272.3
印度	2294.1	2651.5	2701.1	2870.5	2660.2	2946.1	3250.1

续表

年份 国家	2016	2017	2018	2019	2020	2021	2022
印度尼西亚	932.1	1015.5	1042.7	1120.0	1059.6	1150.3	1247.4
英国	2703.2	2664.7	2861.0	2833.3	2709.7	3108.4	3442.2
约旦	39.9	41.5	43.0	44.6	43.8	45.3	47.5
越南	252.1	277.1	303.1	327.9	343.1	368.0	415.5
赞比亚	21.0	25.9	26.3	23.3	19.3	21.7	24.0
智利	250.3	276.9	297.5	279.3	252.8	331.3	352.7

资料来源：WEO，CEIC。

表2　　　　　　　　　　　　　人均GDP　　　　　　　　（单位：千美元）

年份 国家	2016	2017	2018	2019	2020	2021	2022
阿尔巴尼亚	4.1	4.5	5.3	5.3	5.2	5.8	6.3
阿尔及利亚	3.9	4.1	4.1	3.9	3.3	3.6	3.7
阿根廷	12.8	14.6	11.8	10.1	8.6	9.9	10.4
阿联酋	39.1	41.4	45.1	43.9	38.7	43.5	44.8
阿曼	14.8	15.5	17.3	16.5	14.3	17.6	18.2
阿塞拜疆	3.9	4.2	4.8	4.8	4.2	5.2	5.3
埃及	3.7	2.5	2.6	3.1	3.6	3.9	4.2
埃塞俄比亚	0.8	0.8	0.9	1.0	1.0	0.9	1.0
爱尔兰	62.6	69.5	78.8	80.6	85.2	102.4	108.2
爱沙尼亚	18.3	20.4	23.1	23.4	23.0	27.1	29.7
安哥拉	3.7	4.3	3.5	2.8	1.9	2.2	2.3
奥地利	45.3	47.3	51.2	50.2	48.6	53.8	57.9
澳大利亚	51.9	55.9	56.5	54.5	52.9	62.6	64.9
巴基斯坦	1.4	1.5	1.6	1.4	1.3	1.3	1.3
巴拉圭	5.3	5.6	5.7	5.3	4.9	5.0	5.3
巴林	22.6	23.6	25.0	25.9	23.6	26.3	27.1
巴拿马	14.3	15.2	15.6	15.8	12.4	13.9	14.6
巴西	8.8	10.0	9.2	8.9	6.8	7.7	8.5
白俄罗斯	5.0	5.8	6.4	6.8	6.4	7.0	7.6
保加利亚	7.6	8.4	9.5	9.9	10.0	11.3	12.3

续表

年份 国家	2016	2017	2018	2019	2020	2021	2022
冰岛	62.5	73.1	75.4	69.6	59.6	68.8	72.3
波兰	12.4	13.9	15.5	15.7	15.7	17.3	19.1
玻利维亚	3.1	3.4	3.6	3.6	3.2	3.3	3.4
博茨瓦纳	7.0	7.3	7.5	7.2	6.4	7.3	7.8
布基纳法索	0.7	0.7	0.8	0.8	0.8	0.9	1.0
丹麦	54.9	57.8	61.7	59.9	61.2	67.9	70.8
德国	42.1	44.6	48.0	46.8	46.2	50.8	54.7
多哥	0.8	0.8	0.9	0.9	0.9	1.0	1.1
俄罗斯	8.7	10.7	11.3	11.5	10.1	11.3	11.7
厄瓜多尔	6.0	6.2	6.3	6.3	5.6	5.9	6.1
法国	38.3	40.1	43.0	42.0	40.3	45.0	48.0
菲律宾	3.1	3.2	3.3	3.5	3.3	3.5	3.6
芬兰	43.9	46.4	50.0	48.7	48.8	53.5	56.8
哥伦比亚	6.0	6.6	6.9	6.5	5.4	5.9	6.2
哥斯达黎加	12.0	12.2	12.4	12.6	12.1	11.9	12.3
哈萨克斯坦	7.7	9.2	9.7	9.8	9.1	10.1	10.5
韩国	29.3	31.6	33.4	31.9	31.6	35.2	36.8
荷兰	46.2	48.8	53.2	52.7	52.5	57.7	61.2
洪都拉斯	2.3	2.5	2.5	2.6	2.4	2.6	2.7
吉尔吉斯斯坦	1.1	1.3	1.3	1.4	1.2	1.2	1.3
几内亚	0.7	0.8	0.9	1.0	1.1	1.2	1.2
加拿大	42.4	45.2	46.5	46.4	43.3	52.8	56.7
加纳	2.0	2.1	2.3	2.3	2.2	2.4	2.6
柬埔寨	1.3	1.4	1.6	1.7	1.6	1.6	1.7
捷克	18.6	20.7	23.5	23.7	22.9	25.8	28.1
喀麦隆	1.4	1.4	1.5	1.5	1.5	1.6	1.7
卡塔尔	58.0	59.1	66.4	62.8	54.2	61.8	64.8
科威特	25.3	27.2	29.9	28.5	22.7	27.9	28.8
克罗地亚	12.4	13.5	15.0	14.9	13.9	15.8	17.2
肯尼亚	1.7	1.8	2.0	2.1	2.1	2.2	2.3

续表

年份 国家	2016	2017	2018	2019	2020	2021	2022
拉脱维亚	14.3	15.6	17.8	17.7	17.5	19.5	21.5
老挝	2.3	2.5	2.6	2.6	2.6	2.6	2.8
黎巴嫩	7.7	7.8	8.1	7.6	2.8	4.8	4.5
立陶宛	15.0	16.9	19.2	19.6	20.0	22.4	24.2
卢森堡	105.4	108.6	117.9	115.8	116.9	131.3	137.9
罗马尼亚	9.5	10.8	12.4	12.9	12.9	14.9	16.3
马达加斯加	0.5	0.5	0.5	0.5	0.5	0.5	0.5
马耳他	26.0	29.3	32.2	31.9	29.0	32.0	34.6
马来西亚	9.5	10.0	11.1	11.2	10.2	11.1	12.3
马里	0.8	0.9	0.9	0.9	0.9	1.0	1.0
美国	57.8	59.9	62.8	65.1	63.4	69.4	74.7
蒙古国	3.6	3.6	4.1	4.2	3.9	4.2	4.6
孟加拉国	1.4	1.6	1.7	1.9	2.0	2.1	2.3
秘鲁	6.2	6.7	7.0	7.0	6.1	6.7	6.8
缅甸	1.2	1.2	1.3	1.3	1.5	1.2	1.2
摩尔多瓦	2.9	3.5	4.2	4.5	4.5	4.8	5.2
摩洛哥	3.0	3.1	3.4	3.4	3.2	3.5	3.6
莫桑比克	0.4	0.5	0.5	0.5	0.4	0.5	0.5
墨西哥	8.8	9.3	9.8	10.0	8.4	10.0	10.5
纳米比亚	4.6	5.4	5.7	5.1	4.3	4.7	4.9
南非	5.8	6.7	7.0	6.6	5.6	6.9	7.1
尼加拉瓜	2.1	2.2	2.0	1.9	1.9	2.0	2.1
尼日尔	0.5	0.5	0.6	0.6	0.6	0.6	0.7
尼日利亚	2.2	2.0	2.2	2.2	2.1	2.3	2.6
挪威	70.2	75.3	82.1	75.7	67.3	82.2	84.1
葡萄牙	20.0	21.5	23.6	23.3	22.1	24.5	26.4
日本	39.4	38.9	39.8	40.7	40.1	40.7	43.1
瑞典	51.6	53.5	54.3	51.7	52.1	58.6	61.7
瑞士	83.5	83.7	86.8	85.7	87.4	93.5	98.8
塞内加尔	1.3	1.4	1.5	1.4	1.5	1.6	1.7

续表

年份 国家	2016	2017	2018	2019	2020	2021	2022
塞浦路斯	24.7	26.6	29.3	28.5	26.8	29.5	31.0
沙特阿拉伯	20.3	21.1	23.5	23.2	20.0	23.8	24.2
斯里兰卡	3.9	4.1	4.1	3.9	3.7	3.7	3.8
斯洛文尼亚	21.7	23.5	26.2	26.0	25.5	28.9	31.0
苏丹	1.6	1.2	0.8	0.8	0.8	0.8	0.8
塔吉克斯坦	0.8	0.8	0.8	0.9	0.8	0.8	0.9
泰国	6.0	6.6	7.3	7.8	7.2	7.8	8.4
坦桑尼亚	1.0	1.0	1.0	1.1	1.1	1.2	1.2
突尼斯	3.7	3.4	3.4	3.3	3.3	3.6	3.7
土耳其	10.9	10.6	9.5	9.1	8.6	9.4	9.9
土库曼斯坦	6.8	7.2	7.1	7.9	7.7	8.8	9.9
危地马拉	4.0	4.2	4.2	4.4	4.3	4.5	4.8
委内瑞拉	9.1	4.7	3.4	2.3	1.7	1.6	1.6
乌干达	0.8	0.8	0.9	1.0	0.9	1.0	1.1
乌克兰	2.2	2.7	3.1	3.7	3.7	4.4	5.0
乌拉圭	16.4	18.4	18.5	17.6	16.0	17.0	17.9
乌兹别克斯坦	2.7	1.9	1.6	1.8	1.8	1.9	2.1
西班牙	26.5	28.2	30.4	29.6	27.2	30.5	33.2
希腊	17.9	18.6	19.8	19.1	17.7	19.8	21.2
新加坡	56.8	61.2	66.7	65.6	59.8	66.3	69.1
新西兰	39.4	42.3	42.8	42.2	41.2	48.3	51.7
匈牙利	13.1	14.6	16.4	16.7	15.9	18.5	20.4
亚美尼亚	3.5	3.9	4.2	4.6	4.3	4.6	5.1
伊拉克	4.6	5.2	6.0	6.0	4.2	4.9	5.4
伊朗	5.2	5.5	5.5	7.0	9.9	12.7	13.2
以色列	37.3	40.8	42.1	44.0	44.2	49.8	52.5
意大利	31.2	32.6	34.9	33.5	31.6	35.6	38.2
印度	1.7	2.0	2.0	2.1	1.9	2.1	2.3
印度尼西亚	3.6	3.9	3.9	4.2	3.9	4.2	4.5
英国	41.2	40.3	43.1	42.4	40.4	46.2	50.9

续表

年份 国家	2016	2017	2018	2019	2020	2021	2022
约旦	4.2	4.3	4.3	4.4	4.3	4.4	4.6
越南	2.7	3.0	3.2	3.4	3.5	3.7	4.2
赞比亚	1.3	1.5	1.5	1.3	1.0	1.1	1.2
智利	13.8	15.0	15.9	14.6	13.0	16.8	17.7

资料来源：WEO，CEIC。

表3　　　　　　　　　　　　GDP 增速　　　　　　　　　　（单位：%）

年份 国家	2014	2015	2016	2017	2018	2019	2020
阿尔巴尼亚	1.77	2.22	3.31	3.80	4.07	2.17	−3.31
阿尔及利亚	3.80	3.70	3.20	1.30	1.20	0.80	−5.48
阿根廷	−2.51	2.73	−2.08	2.82	−2.57	−2.09	−9.91
阿联酋	4.28	5.11	3.06	2.37	1.19	1.68	−6.14
阿曼	1.46	4.63	5.10	0.35	0.92	−0.83	−2.80
阿塞拜疆	2.80	1.05	−3.06	0.15	1.50	2.48	−4.31
埃及	2.92	4.37	4.35	4.18	5.31	5.56	3.57
埃塞俄比亚	10.26	10.39	9.43	9.56	6.82	8.36	6.06
爱尔兰	8.71	25.18	2.04	8.94	9.03	4.92	5.87
爱沙尼亚	3.01	1.85	3.16	5.79	4.13	4.10	−2.95
安哥拉	4.82	0.94	−2.58	−0.15	−2.00	−0.62	−4.04
奥地利	0.66	1.01	1.99	2.40	2.58	1.42	−6.26
澳大利亚	2.53	2.19	2.77	2.30	2.95	2.16	−0.28
巴基斯坦	4.67	4.73	5.53	5.55	5.84	0.99	0.53
巴拉圭	5.30	2.96	4.27	4.81	3.20	−0.40	−1.00
巴林	4.35	2.49	3.56	4.29	1.72	1.99	−5.81
巴拿马	5.07	5.73	4.95	5.59	3.60	3.04	−17.95
巴西	0.50	−3.55	−3.28	1.32	1.78	1.41	−4.06
白俄罗斯	1.73	−3.83	−2.53	2.53	3.15	1.40	−0.90
保加利亚	1.89	3.99	3.82	3.50	3.09	3.69	−4.15
冰岛	1.69	4.44	6.30	4.19	4.89	2.43	−6.50
波兰	3.38	4.24	3.14	4.83	5.35	4.54	−2.70

续表

年份 国家	2014	2015	2016	2017	2018	2019	2020
玻利维亚	5.46	4.86	4.26	4.20	4.22	2.22	-7.82
博茨瓦纳	4.15	-1.70	4.30	2.90	4.48	3.03	-7.89
布基纳法索	4.33	3.92	5.96	6.20	6.73	5.70	2.02
丹麦	1.62	2.34	3.25	2.82	1.99	2.11	-2.06
德国	2.21	1.49	2.23	2.68	1.09	1.06	-4.57
多哥	5.92	5.74	5.56	4.35	4.98	5.46	1.75
俄罗斯	0.74	-1.97	0.19	1.83	2.81	2.03	-2.95
厄瓜多尔	3.79	0.10	-1.23	2.37	1.29	0.01	-7.75
法国	0.96	1.11	1.10	2.29	1.87	1.84	-7.86
菲律宾	6.35	6.35	7.15	6.93	6.34	6.12	-9.57
芬兰	-0.36	0.54	2.81	3.19	1.14	1.34	-2.87
哥伦比亚	4.50	2.96	2.09	1.36	2.56	3.28	-6.85
哥斯达黎加	3.54	3.65	4.20	4.16	2.06	2.17	-4.54
哈萨克斯坦	4.20	1.20	1.10	4.10	4.10	4.50	-2.60
韩国	3.20	2.81	2.95	3.16	2.91	2.04	-0.96
荷兰	1.42	1.96	2.19	2.91	2.36	1.96	-3.80
洪都拉斯	3.06	3.84	3.89	4.84	3.84	2.65	-8.96
吉尔吉斯斯坦	4.02	3.88	4.34	4.74	3.76	4.60	-8.62
几内亚	3.70	3.83	10.82	10.30	6.36	5.65	6.99
加拿大	2.87	0.66	1.00	3.04	2.43	1.86	-5.31
加纳	2.86	2.12	3.37	8.13	6.20	6.51	0.41
柬埔寨	7.14	7.12	6.94	6.84	7.47	7.05	-3.14
捷克	2.26	5.39	2.54	5.17	3.20	3.03	-5.79
喀麦隆	5.88	5.65	4.65	3.55	4.06	3.72	0.73
卡塔尔	5.33	4.75	3.06	-1.50	1.23	0.77	-3.67
科威特	0.50	0.59	2.93	-4.71	1.25	0.43	-8.86
克罗地亚	-0.34	2.43	3.50	3.44	2.81	2.86	-8.37
肯尼亚	5.36	5.72	5.88	4.81	6.32	5.37	-0.31
拉脱维亚	1.07	4.01	2.37	3.25	4.02	2.03	-3.62
老挝	7.61	7.27	7.02	6.89	6.25	5.46	0.44

续表

年份 国家	2014	2015	2016	2017	2018	2019	2020
黎巴嫩	2.46	0.21	1.53	0.85	-1.93	-6.70	-20.30
立陶宛	3.54	2.02	2.52	4.28	3.94	4.34	-0.87
卢森堡	4.30	4.31	4.57	1.80	3.11	2.30	-1.31
罗马尼亚	3.61	2.95	4.70	7.32	4.47	4.13	-3.86
马达加斯加	3.34	3.13	3.99	3.93	3.20	4.40	-4.20
马耳他	7.63	9.61	4.09	8.12	5.18	5.54	-7.00
马来西亚	6.01	5.09	4.45	5.81	4.77	4.30	-5.59
马里	7.08	6.17	5.85	5.31	4.75	4.77	-1.65
美国	2.53	3.08	1.71	2.33	3.00	2.16	-3.49
蒙古国	7.89	2.38	1.17	5.34	7.25	5.16	-5.34
孟加拉国	6.06	6.55	7.11	7.28	7.86	8.15	2.38
秘鲁	2.38	3.25	3.95	2.52	3.97	2.20	-11.15
缅甸	7.99	6.99	5.75	6.40	6.75	1.69	-9.99
摩尔多瓦	5.00	-0.34	4.41	4.69	4.30	3.58	-6.97
摩洛哥	2.67	4.54	1.06	4.25	3.15	2.48	-7.12
莫桑比克	7.40	6.72	3.82	3.74	3.44	2.29	-1.28
墨西哥	2.85	3.29	2.63	2.11	2.19	-0.05	-8.24
纳米比亚	6.09	4.26	0.03	-1.03	1.11	-0.61	-7.98
南非	1.85	1.19	0.40	1.41	0.79	0.15	-6.96
尼加拉瓜	4.79	4.79	4.56	4.63	-3.36	-3.67	-1.98
尼日尔	6.64	4.39	5.71	5.00	7.22	5.90	1.50
尼日利亚	6.31	2.65	-1.62	0.81	1.92	2.21	-1.79
挪威	1.97	1.97	1.07	2.32	1.12	0.85	-0.77
葡萄牙	0.79	1.79	2.02	3.51	2.85	2.49	-7.57
日本	0.30	1.56	0.75	1.68	0.56	0.27	-5.81
瑞典	2.66	4.49	2.07	2.57	1.95	1.99	-2.80
瑞士	2.45	1.66	2.05	1.58	2.92	1.21	-2.39
塞内加尔	6.22	6.37	6.36	7.41	6.21	4.40	0.87
塞浦路斯	-1.83	3.22	6.44	5.15	5.24	3.08	-5.10
沙特阿拉伯	3.65	4.11	1.67	-0.74	2.43	0.33	-4.11

续表

年份 国家	2014	2015	2016	2017	2018	2019	2020
斯里兰卡	4.96	5.01	4.49	3.58	3.27	2.26	-3.57
斯洛文尼亚	2.77	2.21	3.19	4.82	4.42	3.25	-4.23
苏丹	7.04	4.01	3.57	4.67	2.82	-1.33	-1.56
塔吉克斯坦	6.70	6.00	6.90	7.10	7.60	7.40	4.50
泰国	0.98	3.13	3.44	4.18	4.19	2.27	-6.09
坦桑尼亚	6.73	6.16	6.87	6.79	5.44	5.79	2.00
突尼斯	2.87	1.17	1.25	1.92	2.66	1.04	-8.60
土耳其	4.94	6.08	3.32	7.50	2.96	0.92	1.76
土库曼斯坦	10.30	6.50	6.20	6.50	6.20	6.30	-0.80
危地马拉	4.44	4.09	2.68	3.08	3.32	3.87	-1.52
委内瑞拉	-3.89	-6.22	-17.04	-15.67	-19.62	-37.30	-31.00
乌干达	5.11	5.19	4.78	3.81	6.16	6.80	2.86
乌克兰	-6.55	-9.77	2.24	2.47	3.41	3.22	-4.02
乌拉圭	3.24	0.37	1.69	1.63	0.48	0.35	-5.86
乌兹别克斯坦	7.18	7.45	6.09	4.46	5.45	5.80	1.65
西班牙	1.38	3.84	3.03	2.97	2.29	2.09	-10.82
希腊	0.70	-0.41	-0.49	1.28	1.56	1.86	-8.25
新加坡	3.94	2.99	3.33	4.52	3.50	1.35	-5.39
新西兰	3.81	3.71	3.73	3.61	3.21	1.63	0.98
匈牙利	4.23	3.82	2.14	4.32	5.40	4.64	-4.96
亚美尼亚	3.60	3.20	0.20	7.50	5.20	7.60	-7.60
伊拉克	0.20	4.72	13.79	-1.75	-1.21	4.45	-10.37
伊朗	4.60	-1.32	13.40	3.76	-6.03	-6.78	1.66
以色列	3.92	2.22	3.83	3.56	3.48	3.45	-2.44
意大利	0.00	0.78	1.29	1.67	0.94	0.29	-8.87
印度	7.41	8.00	8.26	6.80	6.53	4.04	-7.96
印度尼西亚	5.01	4.88	5.03	5.07	5.17	5.02	-2.07
英国	2.86	2.36	1.72	1.74	1.25	1.37	-9.79
约旦	3.38	2.50	1.99	2.09	1.93	1.96	-1.55
越南	5.98	6.68	6.21	6.81	7.08	7.02	2.91

续表

年份 国家	2014	2015	2016	2017	2018	2019	2020
赞比亚	4.70	2.92	3.78	3.50	4.03	1.44	-3.02
智利	1.77	2.30	1.71	1.18	3.71	0.94	-5.77

资料来源：WDI，CEIC。

表4　　　　　　　　　　GDP 5 年波动系数　　　　　　（单位：标准差）

年份 国家	2014	2015	2016	2017	2018	2019	2020
阿尔巴尼亚	0.95	0.55	0.79	1.02	0.89	0.79	2.74
阿尔及利亚	0.39	0.41	0.36	0.90	1.15	1.17	2.96
阿根廷	4.62	3.00	2.23	2.43	2.53	2.47	4.08
阿联酋	1.71	0.93	0.74	1.09	1.38	1.37	3.34
阿曼	2.60	2.59	2.41	2.02	1.98	2.38	2.61
阿塞拜疆	2.56	2.41	2.89	2.94	1.97	1.90	2.62
埃及	1.21	0.92	0.97	0.89	0.77	0.57	0.74
埃塞俄比亚	1.27	0.84	0.72	0.46	1.29	1.23	1.40
爱尔兰	3.14	9.50	9.38	8.60	7.67	8.02	2.63
爱沙尼亚	1.96	2.06	0.74	1.52	1.32	1.29	3.02
安哥拉	1.70	2.46	3.81	2.92	2.63	1.27	1.40
奥地利	1.03	0.98	0.64	0.87	0.76	0.59	3.37
澳大利亚	0.63	0.61	0.59	0.21	0.28	0.32	1.17
巴基斯坦	1.12	0.77	0.65	0.47	0.47	1.81	2.40
巴拉圭	3.99	2.95	2.95	1.77	0.90	1.82	2.41
巴林	1.13	1.24	0.96	0.97	1.03	0.97	3.61
巴拿马	2.38	2.40	1.79	0.69	0.76	1.08	8.94
巴西	2.37	2.63	2.68	2.59	2.30	2.42	2.55
白俄罗斯	2.63	2.94	2.33	2.50	2.83	2.80	2.14
保加利亚	0.85	1.37	1.60	1.40	0.75	0.31	3.08
冰岛	2.58	1.48	1.95	1.48	1.50	1.25	4.56
波兰	1.40	1.49	1.21	1.26	0.84	0.74	2.96
玻利维亚	0.86	0.68	0.84	0.96	0.50	0.90	4.68
博茨瓦纳	2.71	4.17	4.13	4.18	2.33	2.24	4.67

续表

年份 国家	2014	2015	2016	2017	2018	2019	2020
布基纳法索	1.33	1.10	0.99	0.93	1.10	0.95	1.69
丹麦	0.58	0.70	1.05	0.83	0.58	0.47	1.90
德国	1.62	1.30	0.80	0.78	0.57	0.64	2.61
多哥	0.22	0.30	0.34	0.62	0.58	0.50	1.40
俄罗斯	1.53	2.30	1.96	1.39	1.62	1.70	2.05
厄瓜多尔	1.56	2.56	2.72	2.28	1.74	1.22	3.56
法国	0.75	0.65	0.31	0.58	0.52	0.47	3.87
菲律宾	1.23	1.11	0.31	0.32	0.35	0.39	6.49
芬兰	1.88	1.39	1.48	1.66	1.35	1.02	2.15
哥伦比亚	1.05	1.34	1.09	1.42	1.05	0.68	3.72
哥斯达黎加	0.93	0.82	0.79	0.62	0.78	0.95	3.21
哈萨克斯坦	1.29	2.07	1.97	1.90	1.46	1.52	2.71
韩国	1.53	0.43	0.29	0.15	0.15	0.38	1.54
荷兰	1.03	1.14	1.25	1.02	0.49	0.35	2.48
洪都拉斯	0.50	0.51	0.52	0.72	0.57	0.69	5.16
吉尔吉斯斯坦	4.20	3.58	3.54	2.68	0.35	0.39	5.20
几内亚	0.88	0.96	2.71	3.31	3.06	2.72	2.12
加拿大	0.53	0.89	0.82	0.97	0.98	0.88	3.03
加纳	3.60	4.38	2.80	2.46	2.27	2.19	2.73
柬埔寨	0.51	0.11	0.15	0.18	0.21	0.21	4.09
捷克	1.27	2.15	2.18	2.02	1.32	1.18	3.82
喀麦隆	0.88	0.67	0.54	0.85	0.90	0.76	1.36
卡塔尔	5.87	3.33	0.87	2.62	2.49	2.12	2.33
科威特	4.37	3.74	2.30	2.56	2.56	2.56	4.35
克罗地亚	0.84	1.54	2.13	1.76	1.41	0.41	4.62
肯尼亚	1.29	0.54	0.50	0.41	0.51	0.51	2.41
拉脱维亚	3.68	1.84	1.18	0.99	1.11	0.82	2.71
老挝	0.29	0.31	0.40	0.41	0.45	0.65	2.45
黎巴嫩	2.41	1.29	1.20	1.26	1.48	2.98	8.04
立陶宛	1.45	1.29	0.70	0.81	0.86	0.96	1.97

续表

年份 国家	2014	2015	2016	2017	2018	2019	2020
卢森堡	1.85	1.74	1.85	1.01	1.04	1.09	1.95
罗马尼亚	2.80	0.77	0.89	1.53	1.49	1.43	3.78
马达加斯加	0.98	0.65	0.55	0.62	0.37	0.49	3.26
马耳他	2.36	3.12	2.14	1.96	2.01	2.04	5.26
马来西亚	0.92	0.43	0.56	0.61	0.60	0.54	4.20
马里	2.70	2.84	2.96	1.63	0.79	0.57	2.76
美国	0.39	0.53	0.49	0.49	0.49	0.52	2.35
蒙古国	3.82	4.97	4.60	3.79	2.64	2.19	4.49
孟加拉国	0.34	0.24	0.40	0.52	0.62	0.56	2.12
秘鲁	1.92	1.64	1.46	1.26	0.68	0.72	5.77
缅甸	1.33	0.98	0.92	0.99	0.74	1.96	6.32
摩尔多瓦	3.23	3.73	3.61	2.98	1.99	1.87	4.50
摩洛哥	0.95	0.99	1.30	1.36	1.24	1.26	4.07
莫桑比克	0.35	0.27	1.33	1.60	1.68	1.47	1.92
墨西哥	1.23	0.86	0.78	0.67	0.43	1.13	4.09
纳米比亚	0.44	0.61	2.18	2.93	2.67	1.90	3.23
南非	0.53	0.69	0.75	0.69	0.50	0.47	3.09
尼加拉瓜	0.85	0.77	0.70	0.13	3.22	4.01	3.77
尼日尔	2.78	2.73	2.14	0.75	1.03	0.95	1.92
尼日利亚	1.27	1.46	3.01	3.18	2.59	1.53	1.71
挪威	0.75	0.65	0.63	0.52	0.50	0.57	0.99
葡萄牙	2.02	2.03	2.25	1.47	0.93	0.61	4.14
日本	1.49	0.76	0.60	0.63	0.55	0.56	2.69
瑞典	2.18	1.75	1.67	1.08	0.91	0.96	1.99
瑞士	0.60	0.40	0.41	0.31	0.50	0.58	1.82
塞内加尔	1.65	2.01	1.60	1.72	0.45	0.97	2.30
塞浦路斯	2.99	3.32	4.67	4.82	2.92	1.29	4.17
沙特阿拉伯	2.51	2.56	1.27	1.73	1.72	1.68	2.29
斯里兰卡	2.21	2.21	1.96	0.68	0.71	0.96	2.88
斯洛文尼亚	1.89	2.02	2.31	1.92	0.99	0.94	3.32

续表

年份 国家	2014	2015	2016	2017	2018	2019	2020
苏丹	3.35	2.96	2.34	1.43	1.44	2.13	2.58
塔吉克斯坦	0.41	0.58	0.54	0.47	0.52	0.55	1.13
泰国	2.95	2.32	2.06	1.07	1.17	0.72	3.91
坦桑尼亚	1.05	1.05	0.89	0.26	0.54	0.55	1.78
突尼斯	2.15	2.08	1.10	0.74	0.70	0.61	4.17
土耳其	2.43	2.44	1.72	1.83	1.70	2.35	2.27
土库曼斯坦	1.90	2.61	2.08	1.89	1.59	0.14	2.84
危地马拉	0.63	0.51	0.66	0.65	0.65	0.52	1.94
委内瑞拉	3.51	4.57	7.70	7.03	6.24	10.13	8.52
乌干达	2.09	2.09	0.66	0.67	0.76	1.05	1.46
乌克兰	4.14	5.40	4.58	4.95	5.43	5.06	2.78
乌拉圭	1.62	1.66	1.50	1.48	1.04	0.62	2.81
乌兹别克斯坦	0.21	0.20	0.54	1.17	1.10	0.97	1.62
西班牙	1.47	2.37	2.59	1.87	0.82	0.62	5.38
希腊	3.71	4.09	2.77	1.38	0.85	1.00	3.81
新加坡	3.93	1.10	0.69	0.70	0.53	1.03	3.58
新西兰	0.75	0.69	0.65	0.41	0.21	0.79	1.12
匈牙利	1.83	1.98	1.98	1.06	1.06	1.09	3.79
亚美尼亚	1.70	1.50	2.22	2.32	2.40	2.79	5.75
伊拉克	4.37	4.47	5.30	5.53	5.79	5.60	7.96
伊朗	4.72	4.12	6.95	5.19	6.50	7.43	7.37
以色列	1.03	0.97	0.82	0.69	0.61	0.56	2.41
意大利	1.71	1.49	1.61	1.24	0.56	0.47	3.99
印度	1.22	1.07	1.04	0.70	0.66	1.50	5.91
印度尼西亚	0.46	0.52	0.43	0.23	0.10	0.10	2.86
英国	0.57	0.59	0.50	0.42	0.56	0.39	4.53
约旦	0.37	0.34	0.45	0.49	0.54	0.21	1.42
越南	0.46	0.53	0.52	0.50	0.40	0.31	1.58
赞比亚	2.08	1.51	1.58	0.78	0.59	0.92	2.65
智利	1.59	1.67	1.42	0.99	0.86	0.99	3.22

资料来源：WDI，CEIC。

表5　　　　　　　　　　贸易开放度　　　　　　　　（单位:%）

年份 国家	2014	2015	2016	2017	2018	2019	2020
阿尔巴尼亚	75.41	71.80	74.81	78.19	76.86	76.85	61.33
阿尔及利亚	62.41	59.70	55.93	55.32	57.90	52.03	45.23
阿根廷	28.41	22.49	26.09	25.29	31.17	32.63	30.50
阿联酋	168.49	175.22	176.75	175.00	159.73	160.94	162.21
阿曼	98.53	91.32	78.78	86.41	90.45	90.00	73.00
阿塞拜疆	69.48	72.60	90.08	90.40	91.67	85.82	72.16
埃及	36.92	34.85	30.25	45.13	48.28	43.24	33.96
埃塞俄比亚	40.74	39.66	34.90	31.10	31.20	28.82	24.02
爱尔兰	201.87	215.16	227.40	220.15	217.43	252.34	239.95
爱沙尼亚	160.24	150.94	150.41	147.56	146.34	143.94	141.87
安哥拉	79.33	62.89	53.37	52.26	66.38	64.29	62.62
奥地利	103.50	102.43	100.98	104.94	108.11	107.78	101.65
澳大利亚	42.51	41.49	40.78	41.82	43.26	45.71	43.98
巴基斯坦	30.90	27.65	25.31	25.85	29.04	30.44	26.21
巴拉圭	69.08	66.94	67.79	71.48	72.53	71.36	65.27
巴林	175.57	154.93	139.62	143.09	151.41	142.36	130.90
巴拿马	119.09	99.94	87.41	87.43	89.69	84.16	71.30
巴西	24.69	26.95	24.53	24.32	28.88	28.46	32.35
白俄罗斯	110.65	115.91	125.21	133.37	139.39	130.85	120.68
保加利亚	130.59	126.98	123.14	130.22	129.09	125.17	110.57
冰岛	96.67	95.82	88.33	86.98	89.95	84.09	69.21
波兰	93.47	95.43	100.08	104.55	107.42	106.36	104.50
玻利维亚	85.26	67.93	56.40	56.70	57.11	56.40	59.29
博茨瓦纳	113.88	105.93	96.76	75.60	79.51	75.70	76.03
布基纳法索	58.82	59.09	57.89	59.27	60.30	56.73	54.70
丹麦	102.26	104.05	100.17	102.98	106.97	110.61	103.31
德国	84.62	86.25	84.77	87.24	88.43	87.60	81.11
多哥	97.46	93.66	66.88	58.14	56.69	54.37	52.95
俄罗斯	47.80	49.36	46.52	46.88	51.58	49.44	46.08
厄瓜多尔	57.71	45.24	38.52	42.42	46.36	46.08	43.29

续表

国家 \ 年份	2014	2015	2016	2017	2018	2019	2020
法国	60.48	61.75	61.10	62.96	64.44	64.14	57.77
菲律宾	57.47	59.14	61.78	68.17	72.16	68.84	58.17
芬兰	74.11	71.38	70.90	75.05	78.19	79.53	72.03
哥伦比亚	37.49	38.36	36.20	35.28	36.53	37.52	33.65
哥斯达黎加	65.19	60.75	62.18	65.07	66.08	65.12	59.54
哈萨克斯坦	64.97	53.05	60.31	56.83	63.53	64.86	57.11
韩国	90.61	79.13	73.60	77.12	78.99	77.00	70.08
荷兰	150.05	157.82	148.86	156.03	158.82	155.27	145.30
洪都拉斯	112.98	107.26	99.82	101.81	103.55	98.03	85.75
吉尔吉斯斯坦	125.13	110.96	105.82	100.62	98.88	99.37	83.01
几内亚	76.77	72.44	111.84	101.25	88.98	72.25	90.23
加拿大	64.38	66.16	65.36	65.10	66.58	65.43	59.96
加纳	67.62	77.28	70.01	73.84	71.94	71.11	68.00
柬埔寨	129.61	127.86	126.95	124.79	124.90	123.56	126.34
捷克	157.57	155.18	150.59	150.53	147.98	141.80	135.15
喀麦隆	55.06	49.87	43.20	41.19	43.01	44.87	36.61
卡塔尔	99.03	93.71	89.55	91.49	91.84	90.32	89.10
科威特	100.04	98.70	96.16	97.84	103.12	98.18	86.20
克罗地亚	86.97	92.54	94.12	99.15	101.25	104.17	90.55
肯尼亚	51.30	44.18	37.70	37.39	36.15	33.40	31.42
拉脱维亚	125.27	122.28	118.89	123.90	123.62	121.26	119.40
老挝	99.06	85.80	75.09	75.83	78.80	77.10	72.10
黎巴嫩	79.75	71.82	67.65	68.31	68.15	96.04	71.72
立陶宛	142.72	138.55	134.45	144.87	148.64	149.66	138.50
卢森堡	392.80	408.36	390.66	400.08	387.10	381.52	390.33
罗马尼亚	83.28	83.59	84.60	86.52	87.14	84.98	78.98
马达加斯加	61.97	61.22	60.83	65.34	63.59	59.56	53.61
马耳他	287.64	299.47	289.55	283.75	268.90	271.44	271.55
马来西亚	138.31	131.37	126.90	133.16	130.43	123.00	116.50
马里	60.64	63.64	63.76	58.07	60.14	61.06	59.78

续表

年份 国家	2014	2015	2016	2017	2018	2019	2020
美国	30.04	27.76	26.52	27.16	27.48	26.29	23.39
蒙古国	109.32	90.29	95.61	117.22	122.50	126.22	113.53
孟加拉国	44.51	42.09	37.95	35.30	38.24	36.76	30.76
秘鲁	46.85	45.16	45.39	47.51	48.64	46.79	43.44
缅甸	42.26	53.92	61.02	62.45	60.69	52.04	56.44
摩尔多瓦	93.16	89.33	87.64	85.64	85.87	87.39	76.99
摩洛哥	81.77	77.20	80.86	84.00	87.98	87.14	78.62
莫桑比克	111.47	93.91	105.64	99.72	127.20	116.55	96.30
墨西哥	64.93	71.09	76.06	77.12	80.56	77.92	77.98
纳米比亚	103.08	97.24	93.97	81.22	81.60	81.89	74.51
南非	64.43	61.62	60.64	57.97	59.47	59.20	56.00
尼加拉瓜	106.70	98.19	93.81	96.38	93.98	94.57	89.47
尼日尔	45.74	44.08	36.29	39.07	37.51	37.79	33.20
尼日利亚	30.89	21.33	20.72	26.35	33.01	34.02	25.40
挪威	68.66	69.86	68.94	69.16	70.21	71.04	65.49
葡萄牙	80.28	80.49	79.27	84.44	86.43	86.71	75.43
日本	37.43	35.43	31.31	34.42	36.64	34.76	31.37
瑞典	82.93	83.72	82.32	84.93	89.13	91.43	84.53
瑞士	116.29	113.12	119.73	119.27	119.98	119.22	115.89
塞内加尔	58.44	58.11	54.11	57.71	61.79	62.83	59.32
塞浦路斯	131.12	137.59	139.38	147.38	148.91	144.82	141.52
沙特阿拉伯	80.64	71.12	61.86	64.18	66.69	63.66	50.60
斯里兰卡	50.25	49.56	49.64	50.89	53.51	52.38	39.52
斯洛文尼亚	145.55	146.30	146.66	157.27	161.19	159.28	146.54
苏丹	20.51	18.61	16.14	18.95	21.83	26.20	9.96
塔吉克斯坦	54.61	52.99	54.42	53.79	55.85	56.05	55.27
泰国	130.91	124.84	120.58	120.89	120.88	109.63	97.93
坦桑尼亚	45.36	40.76	35.42	32.24	32.64	32.96	29.60
突尼斯	100.83	91.01	90.78	100.00	109.96	107.91	91.00
土耳其	53.77	51.09	48.33	55.76	62.55	62.68	60.89

续表

年份 国家	2014	2015	2016	2017	2018	2019	2020
土库曼斯坦	91.09	81.30	62.05	53.58	35.16	25.70	15.80
危地马拉	55.08	49.89	46.37	46.07	47.09	45.60	41.84
委内瑞拉	48.09	99.74	59.41	67.15	104.30	89.30	75.40
乌干达	36.17	37.85	31.34	36.84	36.65	39.57	34.77
乌克兰	100.69	107.81	105.52	103.72	99.12	90.41	79.13
乌拉圭	49.09	45.33	48.57	46.80	47.83	49.61	46.37
乌兹别克斯坦	35.95	30.44	29.75	45.68	66.63	72.25	63.05
西班牙	63.87	64.21	63.77	66.69	67.61	66.98	59.77
希腊	66.48	65.37	64.11	71.48	80.03	81.82	71.33
新加坡	360.47	329.47	303.32	315.74	325.34	323.52	320.56
新西兰	55.16	54.82	52.32	53.91	55.49	54.09	47.00
匈牙利	168.24	167.24	164.31	165.20	163.37	161.76	157.17
亚美尼亚	75.78	71.68	76.08	87.20	92.47	95.74	70.06
伊拉克	68.98	69.59	54.59	58.71	70.48	72.46	70.49
伊朗	44.60	39.02	43.21	48.78	65.05	56.17	36.15
以色列	62.98	59.83	58.62	57.41	59.67	57.31	52.07
意大利	55.32	56.42	55.37	58.60	60.30	60.11	55.32
印度	48.92	41.92	40.08	40.74	43.60	39.39	36.47
印度尼西亚	48.08	41.94	37.42	39.36	43.07	37.45	33.19
英国	57.95	56.00	58.28	61.66	62.97	63.40	55.09
约旦	109.94	95.36	88.72	90.16	88.53	85.69	65.37
越南	169.53	178.77	184.69	200.38	208.31	210.40	209.32
赞比亚	76.19	79.87	73.96	71.59	74.89	68.79	78.20
智利	65.27	58.97	55.69	55.65	57.32	56.87	57.84

资料来源：WDI，UNCTAD。

表6　　　　　　　　　　投资开放度（存量）　　　　　（单位：%）

年份 国家	2014	2015	2016	2017	2018	2019	2020
阿尔巴尼亚	34.34	41.29	45.46	55.40	54.31	59.33	73.75
阿尔及利亚	13.35	16.90	18.58	18.19	18.96	20.26	25.26

续表

国家 \ 年份	2014	2015	2016	2017	2018	2019	2020
阿根廷	22.20	18.24	20.56	18.92	22.08	25.16	32.12
阿联酋	45.21	57.94	64.29	63.82	69.80	74.99	99.32
阿曼	34.95	38.54	44.26	48.62	48.98	56.76	76.64
阿塞拜疆	40.43	70.79	120.76	125.67	115.49	120.93	139.92
埃及	31.34	31.89	40.54	60.01	50.24	42.47	39.34
埃塞俄比亚	15.34	17.34	20.90	24.87	27.94	26.91	29.31
爱尔兰	405.04	617.36	566.59	602.58	522.21	561.55	609.60
爱沙尼亚	101.28	108.27	107.00	118.09	107.93	120.61	146.82
安哥拉	20.52	30.93	33.12	29.04	28.40	26.14	33.83
奥地利	89.11	95.58	87.89	101.91	91.59	97.00	99.92
澳大利亚	71.68	78.79	79.91	84.94	82.28	95.09	105.43
巴基斯坦	14.02	13.59	15.82	14.15	12.70	14.30	14.72
巴拉圭	14.17	13.22	14.95	15.95	15.88	16.57	19.15
巴林	127.11	146.81	139.64	131.69	128.76	129.18	149.12
巴拿马	78.91	82.70	85.77	86.34	90.79	95.68	121.68
巴西	33.04	34.11	42.70	41.98	41.48	51.56	62.30
白俄罗斯	23.31	33.08	40.64	26.34	24.06	25.14	27.13
保加利亚	83.19	89.40	83.88	90.89	80.18	82.10	93.45
冰岛	91.81	89.07	77.11	62.88	54.32	56.93	61.39
波兰	44.10	44.68	45.83	51.20	43.27	43.69	46.32
玻利维亚	37.54	36.86	35.93	34.60	31.48	30.87	29.57
博茨瓦纳	29.03	31.24	38.29	36.86	32.62	35.26	40.17
布基纳法索	14.20	17.04	18.47	19.22	18.14	19.00	20.71
丹麦	74.55	84.82	85.95	96.65	91.17	96.88	107.17
德国	58.14	64.09	62.36	70.96	66.81	70.20	80.12
多哥	57.73	65.03	59.13	64.38	53.57	56.93	82.44
俄罗斯	30.19	40.46	57.58	52.60	45.23	53.19	55.65
厄瓜多尔	14.33	16.02	16.67	16.57	17.36	18.27	21.57
法国	69.75	80.00	79.90	86.86	82.99	88.20	103.25
菲律宾	32.48	34.00	35.55	40.88	40.77	42.47	48.39

续表

年份 国家	2014	2015	2016	2017	2018	2019	2020
芬兰	76.43	75.19	78.50	84.19	72.81	86.26	96.84
哥伦比亚	48.51	66.95	76.49	75.37	74.93	83.25	102.70
哥斯达黎加	59.60	61.43	64.87	69.31	72.32	76.58	82.93
哈萨克斯坦	71.21	86.82	121.12	100.08	93.15	92.18	100.46
韩国	29.64	31.76	33.27	36.33	37.25	42.37	46.97
荷兰	394.38	383.61	415.68	442.06	379.94	394.84	734.27
洪都拉斯	65.90	68.98	73.34	75.26	76.84	75.45	81.57
吉尔吉斯斯坦	47.61	69.45	77.00	51.49	48.39	62.13	69.07
几内亚	24.63	25.24	44.86	42.99	43.92	39.14	37.63
加拿大	119.97	126.10	143.53	150.44	129.20	159.81	186.46
加纳	43.53	54.39	54.99	56.82	55.83	61.28	63.55
柬埔寨	123.06	124.30	124.89	125.89	127.64	129.62	141.94
捷克	66.75	71.91	71.98	86.15	82.45	86.35	101.51
喀麦隆	16.85	19.04	19.25	22.95	22.02	24.49	25.01
卡塔尔	35.45	45.79	50.21	45.18	38.78	41.34	50.62
科威特	30.77	40.30	41.31	39.74	33.71	35.58	43.69
克罗地亚	61.86	57.12	51.55	53.20	47.11	50.33	59.52
肯尼亚	9.71	9.08	8.98	8.62	9.83	9.83	10.23
拉脱维亚	54.03	60.83	57.97	65.20	57.57	58.86	68.48
老挝	33.05	38.24	40.83	47.74	52.19	53.27	57.03
黎巴嫩	141.42	141.95	145.42	147.35	148.46	157.31	36.74
立陶宛	42.30	47.60	46.23	50.15	45.15	46.96	51.74
卢森堡	622.36	681.68	681.26	709.30	536.90	486.01	2067.05
罗马尼亚	37.87	40.03	39.97	43.33	39.01	40.64	44.51
马达加斯加	59.05	56.08	56.31	58.11	59.51	62.14	68.32
马耳他	2184.16	2190.06	2078.01	2185.73	1883.29	1871.09	2198.91
马来西亚	80.23	83.88	82.34	86.56	76.03	79.48	90.12
马里	21.53	23.89	24.65	29.62	28.11	31.16	35.51
美国	66.80	64.28	68.43	79.51	66.19	79.15	89.98
蒙古国	169.09	179.88	149.58	162.05	158.34	167.62	191.59

续表

年份 国家	2014	2015	2016	2017	2018	2019	2020
孟加拉国	5.89	6.74	6.70	6.06	6.44	6.02	6.12
秘鲁	42.57	48.91	52.72	51.63	52.19	54.88	62.64
缅甸	25.19	32.08	35.04	40.85	42.60	44.44	39.04
摩尔多瓦	35.43	39.13	38.26	39.00	37.20	41.50	43.77
摩洛哥	50.31	53.68	57.38	62.49	58.90	60.98	70.28
莫桑比克	140.70	183.58	299.26	287.78	274.35	280.45	319.08
墨西哥	46.30	49.06	54.03	58.39	55.24	58.91	72.80
纳米比亚	30.93	50.55	67.15	67.63	58.41	64.05	67.30
南非	81.26	88.67	104.98	123.02	104.59	102.51	127.97
尼加拉瓜	58.27	60.40	63.95	67.07	74.69	79.87	83.29
尼日尔	48.99	55.60	53.71	59.77	53.54	57.91	62.80
尼日利亚	27.43	31.21	24.16	25.84	24.67	22.88	25.38
挪威	68.06	86.29	94.34	88.59	83.86	85.66	95.99
葡萄牙	89.21	101.32	95.90	106.26	88.10	94.79	106.93
日本	27.29	31.96	30.71	34.93	35.79	39.43	44.63
瑞典	124.92	133.17	130.51	139.41	132.55	141.53	162.58
瑞士	251.08	299.22	373.69	401.04	391.37	400.02	419.94
塞内加尔	19.05	21.45	22.86	26.97	27.03	30.86	38.94
塞浦路斯	3365.49	4027.31	3806.83	4047.84	3546.31	3712.28	4117.08
沙特阿拉伯	34.46	43.89	47.37	45.31	42.77	45.43	52.81
斯里兰卡	14.09	13.45	13.43	13.87	15.84	17.33	17.71
斯洛文尼亚	37.78	43.26	44.09	49.19	45.16	46.96	54.99
苏丹	29.04	29.08	28.40	21.74	57.21	81.66	38.72
塔吉克斯坦	20.89	29.01	36.47	37.98	38.50	38.71	40.95
泰国	63.67	63.21	67.35	73.07	69.26	72.66	85.54
坦桑尼亚	23.22	25.89	25.16	24.67	24.83	24.70	23.82
突尼斯	66.86	74.27	70.34	75.42	68.44	82.82	90.68
土耳其	23.77	22.49	21.64	28.27	24.49	27.75	36.74
土库曼斯坦	61.24	82.38	88.31	89.74	88.40	79.03	74.04
危地马拉	19.98	21.06	22.61	22.90	23.34	23.75	25.08

续表

年份 国家	2014	2015	2016	2017	2018	2019	2020
委内瑞拉	15.97	15.69	17.22	19.19	23.80	38.87	51.42
乌干达	35.61	42.43	44.34	44.54	44.23	44.14	43.85
乌克兰	43.01	51.30	51.40	42.73	35.70	35.72	34.07
乌拉圭	70.17	72.85	69.97	65.85	64.51	70.19	87.46
乌兹别克斯坦	8.25	8.93	10.81	17.30	18.23	16.88	18.07
西班牙	81.83	89.91	91.77	101.67	94.61	99.71	115.39
希腊	21.66	24.83	22.11	26.74	26.02	31.36	38.88
新加坡	542.89	594.75	620.04	733.33	687.88	767.18	910.39
新西兰	47.11	47.05	46.14	45.32	44.85	47.53	53.38
匈牙利	100.13	97.37	83.85	85.23	75.15	76.31	89.33
亚美尼亚	39.41	46.20	49.74	46.78	49.62	45.35	45.29
伊拉克	1.18	1.26	1.45	1.30	1.24	1.27	1.74
伊朗	10.49	12.39	12.27	12.43	12.94	10.16	8.26
以色列	54.47	61.37	63.37	64.74	67.15	70.13	75.99
意大利	38.44	43.42	43.13	49.56	47.25	49.99	57.39
印度	18.83	19.64	20.19	20.28	19.93	20.98	25.06
印度尼西亚	27.27	29.25	33.16	29.28	28.64	28.24	31.07
英国	106.44	106.93	112.45	140.14	130.15	141.91	157.48
约旦	80.51	80.95	82.16	84.21	83.21	81.83	85.43
越南	52.89	57.64	60.88	62.37	63.48	65.76	70.07
赞比亚	69.55	86.03	95.47	82.80	81.54	92.29	117.33
智利	129.74	141.24	149.68	145.51	133.31	144.51	163.55

资料来源：UNCTAD。

表 7 　　　　　　　　　　　　Chinn-Ito **指数**

年份 国家	2013	2014	2015	2016	2017	2018	2019
阿尔巴尼亚	0.42	0.42	0.42	0.42	0.42	0.42	0.42
阿尔及利亚	0.16	0.16	0.16	0.16	0.16	0.16	0.16
阿根廷	0.00	0.00	0.00	0.16	0.76	0.82	0.28
阿联酋	1.00	1.00	1.00	1.00	1.00	1.00	1.00

续表

年份 国家	2013	2014	2015	2016	2017	2018	2019
阿曼	1.00	1.00	1.00	1.00	1.00	1.00	1.00
阿塞拜疆	0.46	0.46	0.46	0.46	0.46	0.46	0.46
埃及	0.16	0.16	0.16	0.16	0.42	0.42	0.42
埃塞俄比亚	0.16	0.16	0.16	0.16	0.16	0.16	0.16
爱尔兰	1.00	1.00	1.00	1.00	1.00	1.00	1.00
爱沙尼亚	1.00	1.00	1.00	1.00	1.00	1.00	1.00
安哥拉	0.00	0.00	0.00	0.00	0.00	0.00	0.00
奥地利	1.00	1.00	1.00	1.00	1.00	1.00	1.00
澳大利亚	0.82	0.88	0.94	1.00	1.00	1.00	1.00
巴基斯坦	0.16	0.16	0.16	0.16	0.16	0.16	0.16
巴拉圭	0.45	0.45	0.45	0.45	0.45	0.45	0.45
巴林	1.00	1.00	1.00	1.00	1.00	1.00	1.00
巴拿马	1.00	1.00	1.00	1.00	1.00	1.00	1.00
巴西	0.42	0.42	0.16	0.16	0.16	0.16	0.16
白俄罗斯	0.16	0.00	0.00	0.16	0.16	0.16	0.16
保加利亚	1.00	1.00	1.00	1.00	1.00	0.75	0.69
冰岛	0.16	0.16	0.16	0.45	0.70	0.70	0.76
波兰	0.45	0.45	0.70	0.70	0.70	0.70	0.70
玻利维亚	0.45	0.45	0.45	0.45	0.45	0.45	0.45
博茨瓦纳	1.00	1.00	1.00	1.00	1.00	1.00	1.00
布基纳法索	0.16	0.16	0.16	0.16	0.16	0.16	0.16
丹麦	1.00	1.00	1.00	1.00	1.00	1.00	1.00
德国	1.00	1.00	1.00	1.00	1.00	1.00	1.00
多哥	0.16	0.16	0.16	0.16	0.16	0.16	0.16
俄罗斯	0.72	0.72	0.72	0.66	0.60	0.54	0.48
厄瓜多尔	0.45	0.45	0.70	0.70	0.70	0.70	0.70
法国	1.00	1.00	1.00	1.00	1.00	1.00	1.00
菲律宾	0.16	0.45	0.45	0.45	0.45	0.45	0.45
芬兰	1.00	1.00	1.00	1.00	1.00	1.00	1.00
哥伦比亚	0.42	0.42	0.42	0.42	0.42	0.42	0.42

续表

年份 国家	2013	2014	2015	2016	2017	2018	2019
哥斯达黎加	1.00	0.72	1.00	1.00	1.00	1.00	1.00
哈萨克斯坦	0.16	0.16	0.16	0.16	0.16	0.16	0.22
韩国	0.72	0.72	0.72	1.00	1.00	1.00	1.00
荷兰	1.00	1.00	1.00	1.00	1.00	1.00	1.00
洪都拉斯	0.16	0.16	0.16	0.16	0.16	0.16	0.16
吉尔吉斯斯坦	0.28	0.28	0.28	0.54	0.54	0.54	0.54
几内亚	0.00	0.00	0.00	0.00	0.00	0.00	0.00
加拿大	1.00	1.00	1.00	1.00	1.00	1.00	1.00
加纳	0.00	0.00	0.00	0.00	0.00	0.00	0.00
柬埔寨	0.72	0.72	1.00	1.00	1.00	1.00	1.00
捷克	1.00	1.00	1.00	1.00	1.00	1.00	1.00
喀麦隆	0.16	0.16	0.16	0.16	0.16	0.16	0.16
卡塔尔	1.00	1.00	1.00	1.00	1.00	1.00	1.00
科威特	0.70	0.70	0.70	0.70	0.70	0.70	0.70
克罗地亚	0.70	0.70	0.70	0.70	0.70	0.70	0.70
肯尼亚	0.70	0.70	0.70	0.70	0.70	0.70	0.70
拉脱维亚	1.00	1.00	1.00	1.00	1.00	1.00	1.00
老挝	0.16	0.16	0.16	0.16	0.16	0.16	0.16
黎巴嫩	0.70	0.70	0.45	0.45	0.45	0.45	0.45
立陶宛	0.70	0.70	0.76	0.82	0.88	0.94	1.00
卢森堡	1.00	1.00	1.00	1.00	1.00	1.00	1.00
罗马尼亚	1.00	1.00	1.00	1.00	1.00	1.00	1.00
马达加斯加	0.42	0.42	0.42	0.16	0.16	0.16	0.16
马耳他	1.00	1.00	1.00	1.00	1.00	1.00	1.00
马来西亚	0.16	0.42	0.42	0.42	0.42	0.42	0.42
马里	0.16	0.16	0.16	0.16	0.16	0.16	0.16
美国	1.00	1.00	1.00	1.00	1.00	1.00	1.00
蒙古国	0.84	0.84	0.84	0.84	0.84	0.84	0.84
孟加拉国	0.16	0.16	0.16	0.16	0.16	0.16	0.16
秘鲁	1.00	1.00	1.00	1.00	1.00	1.00	1.00

续表

年份 国家	2013	2014	2015	2016	2017	2018	2019
缅甸	0.00	0.00	0.00	0.00	0.00	0.00	0.00
摩尔多瓦	0.16	0.16	0.16	0.16	0.16	0.16	0.16
摩洛哥	0.16	0.16	0.16	0.16	0.16	0.16	0.16
莫桑比克	0.16	0.16	0.16	0.16	0.16	0.16	0.16
墨西哥	0.70	0.70	0.70	0.70	0.70	0.70	0.70
纳米比亚	0.16	0.16	0.16	0.16	0.16	0.16	0.16
南非	0.16	0.16	0.16	0.16	0.16	0.16	0.16
尼加拉瓜	1.00	1.00	1.00	1.00	1.00	1.00	1.00
尼日尔	0.16	0.16	0.16	0.16	0.16	0.16	0.16
尼日利亚	0.30	0.30	0.30	0.30	0.30	0.30	0.30
挪威	1.00	1.00	1.00	1.00	1.00	1.00	1.00
葡萄牙	1.00	1.00	1.00	1.00	1.00	1.00	1.00
日本	1.00	1.00	1.00	1.00	1.00	1.00	1.00
瑞典	1.00	1.00	1.00	1.00	1.00	1.00	1.00
瑞士	1.00	1.00	1.00	1.00	1.00	1.00	1.00
塞内加尔	0.16	0.16	0.16	0.16	0.16	0.16	0.16
塞浦路斯	0.63	0.88	0.88	0.88	0.94	1.00	1.00
沙特阿拉伯	0.70	0.70	0.70	0.70	0.70	0.70	0.70
斯里兰卡	0.16	0.16	0.16	0.16	0.16	0.16	0.16
斯洛文尼亚	0.70	0.70	0.70	0.70	0.70	0.70	0.70
苏丹	0.24	0.30	0.30	0.30	0.55	0.55	0.55
塔吉克斯坦	0.16	0.16	0.00	0.00	0.16	0.22	0.12
泰国	0.16	0.16	0.16	0.16	0.16	0.16	0.42
坦桑尼亚	0.16	0.16	0.16	0.16	0.16	0.16	0.16
突尼斯	0.16	0.16	0.16	0.16	0.16	0.16	0.16
土耳其	0.45	0.45	0.45	0.45	0.45	0.16	0.16
土库曼斯坦	0.16	0.16	0.16	0.16	0.16	0.16	0.16
危地马拉	1.00	1.00	1.00	1.00	1.00	1.00	1.00
委内瑞拉	0.00	0.00	0.00	0.00	0.00	0.00	0.00
乌干达	1.00	1.00	1.00	1.00	1.00	1.00	1.00

续表

年份\国家	2013	2014	2015	2016	2017	2018	2019
乌克兰	0.00	0.00	0.00	0.00	0.00	0.00	0.00
乌拉圭	1.00	1.00	1.00	1.00	1.00	1.00	1.00
乌兹别克斯坦	0.00	0.00	0.00	0.00	0.00	0.16	0.16
西班牙	1.00	1.00	1.00	1.00	1.00	1.00	1.00
希腊	1.00	1.00	0.75	0.75	0.75	0.75	1.00
新加坡	1.00	1.00	1.00	1.00	1.00	1.00	1.00
新西兰	1.00	1.00	1.00	1.00	1.00	1.00	1.00
匈牙利	1.00	1.00	1.00	1.00	1.00	1.00	1.00
亚美尼亚	1.00	1.00	1.00	0.84	0.84	0.84	0.84
伊拉克	0.28	0.28	0.28	0.28	0.00	0.00	0.00
伊朗	0.28	0.28	0.28	0.28	0.00	0.00	0.00
以色列	1.00	1.00	1.00	1.00	1.00	1.00	1.00
意大利	1.00	1.00	1.00	1.00	1.00	1.00	1.00
印度	0.16	0.16	0.16	0.16	0.16	0.16	0.16
印度尼西亚	0.42	0.42	0.42	0.42	0.42	0.42	0.42
英国	1.00	1.00	1.00	1.00	1.00	1.00	1.00
约旦	1.00	1.00	1.00	1.00	1.00	1.00	1.00
越南	0.42	0.42	0.42	0.42	0.42	0.42	0.42
赞比亚	1.00	1.00	1.00	1.00	1.00	1.00	1.00
智利	0.70	0.70	0.70	0.70	0.70	0.70	0.70

资料来源：Bloomberg。

表8 通货膨胀率 （单位:%）

年份\国家	2016	2017	2018	2019	2020	2021	2022
阿尔巴尼亚	1.29	1.99	2.01	1.44	1.60	1.85	2.30
阿尔及利亚	6.40	5.59	4.27	1.95	2.42	6.47	7.57
阿根廷	107.14	25.68	34.28	53.55	42.02	44.70	44.78
阿联酋	1.62	1.97	3.07	-1.93	-2.07	2.02	2.18
阿曼	1.11	1.60	0.88	0.13	-0.90	3.00	2.70
阿塞拜疆	12.44	12.84	2.33	2.71	2.82	4.40	3.20

年份 国家	2016	2017	2018	2019	2020	2021	2022
埃及	10.21	23.53	20.85	13.88	5.70	4.50	6.27
埃塞俄比亚	6.63	10.69	13.83	15.81	20.35	25.20	22.81
爱尔兰	-0.18	0.26	0.71	0.86	-0.46	1.90	1.90
爱沙尼亚	0.80	3.65	3.41	2.27	-0.63	3.80	4.90
安哥拉	30.69	29.84	19.63	17.08	22.28	24.39	14.87
奥地利	0.97	2.23	2.12	1.49	1.39	2.45	2.45
澳大利亚	1.28	2.00	1.93	1.57	0.89	2.50	2.09
巴基斯坦	2.86	4.15	3.93	6.74	10.74	8.90	8.50
巴拉圭	4.09	3.60	3.98	2.76	1.77	3.48	4.00
巴林	2.79	1.39	2.09	1.01	-2.32	1.00	2.70
巴拿马	0.74	0.88	0.76	-0.36	-1.55	1.45	1.96
巴西	8.74	3.45	3.67	3.73	3.21	7.70	5.35
白俄罗斯	11.83	6.03	4.87	5.60	5.54	9.23	8.26
保加利亚	-1.32	1.19	2.63	2.46	1.22	2.10	1.92
冰岛	1.70	1.76	2.69	3.01	2.85	4.26	3.07
波兰	-0.58	1.98	1.60	2.31	3.40	4.42	3.27
玻利维亚	3.63	2.82	2.27	1.84	0.94	1.27	2.69
博茨瓦纳	2.81	3.30	3.24	2.75	1.89	5.80	5.00
布基纳法索	0.44	1.48	1.96	-3.23	1.89	3.00	2.60
丹麦	0.02	1.06	0.71	0.73	0.33	1.40	1.56
德国	0.37	1.70	1.94	1.35	0.37	2.88	1.51
多哥	0.86	-0.22	0.93	0.69	1.83	2.75	2.53
俄罗斯	7.04	3.68	2.88	4.47	3.38	5.94	4.83
厄瓜多尔	1.73	0.42	-0.22	0.27	-0.34	-0.01	2.14
法国	0.31	1.17	2.10	1.30	0.53	1.96	1.62
菲律宾	1.25	2.85	5.21	2.48	2.64	4.30	2.98
芬兰	0.39	0.84	1.17	1.14	0.38	1.89	1.61
哥伦比亚	7.50	4.31	3.24	3.52	2.52	3.21	3.54
哥斯达黎加	-0.02	1.63	2.22	2.10	0.72	1.34	1.47
哈萨克斯坦	14.56	7.43	6.03	5.24	6.80	7.54	6.54

续表

年份 国家	2016	2017	2018	2019	2020	2021	2022
韩国	0.97	1.94	1.48	0.38	0.54	2.19	1.65
荷兰	0.11	1.29	1.60	2.67	1.12	1.94	1.70
洪都拉斯	2.73	3.93	4.35	4.37	3.47	4.57	3.67
吉尔吉斯斯坦	0.39	3.18	1.54	1.14	6.32	13.00	7.84
几内亚	8.17	8.91	9.83	9.47	10.60	11.60	9.90
加拿大	1.43	1.60	2.27	1.95	0.72	3.15	2.64
加纳	17.46	12.37	9.84	7.14	9.89	9.28	8.77
柬埔寨	3.03	2.91	2.39	2.01	2.94	2.48	3.20
捷克	0.68	2.45	2.15	2.85	3.16	2.73	2.30
喀麦隆	0.87	0.64	1.07	2.45	2.44	2.30	2.05
卡塔尔	2.69	0.40	0.30	-0.70	-2.72	2.53	3.18
科威特	3.48	1.51	0.58	1.10	2.11	3.16	3.00
克罗地亚	-1.13	1.13	1.50	0.77	0.11	1.98	1.95
肯尼亚	6.32	7.99	4.69	5.20	5.17	6.00	5.00
拉脱维亚	0.10	2.89	2.55	2.75	0.08	2.57	3.00
老挝	1.60	0.83	2.04	3.32	5.10	4.90	3.70
黎巴嫩	-0.82	4.48	4.55	2.90	84.86	52.24	57.09
立陶宛	0.68	3.72	2.53	2.24	1.06	3.03	2.79
卢森堡	0.04	2.11	2.01	1.65	0.00	2.65	1.37
罗马尼亚	-1.56	1.34	4.63	3.83	2.65	4.32	3.39
马达加斯加	6.06	8.59	8.60	5.62	4.19	6.00	6.40
马耳他	0.90	1.26	1.74	1.52	0.79	0.71	1.80
马来西亚	2.08	3.80	0.97	0.66	-1.14	2.50	2.00
马里	-1.80	1.76	1.73	-2.89	0.54	3.04	2.05
美国	1.27	2.14	2.43	1.81	1.25	4.28	3.46
蒙古国	0.73	4.32	6.83	7.26	3.72	5.40	7.25
孟加拉国	5.92	5.44	5.78	5.48	5.65	5.56	5.68
秘鲁	3.59	2.80	1.32	2.14	1.83	3.15	2.53
缅甸	9.10	4.62	5.94	8.63	5.73	4.13	6.47
摩尔多瓦	6.36	6.51	3.59	4.29	4.36	2.97	5.85

续表

年份 国家	2016	2017	2018	2019	2020	2021	2022
摩洛哥	1.55	0.74	1.57	0.24	0.62	1.40	1.20
莫桑比克	17.42	15.11	3.91	2.78	3.14	6.18	6.45
墨西哥	2.82	6.04	4.90	3.64	3.40	5.37	3.85
纳米比亚	6.73	6.15	4.29	3.72	2.21	4.04	4.48
南非	6.34	5.27	4.62	4.13	3.27	4.41	4.48
尼加拉瓜	3.52	3.85	4.95	5.38	3.68	4.13	3.61
尼日尔	0.18	0.19	2.75	-2.52	2.90	2.90	2.50
尼日利亚	15.70	16.50	12.09	11.40	13.25	16.91	13.25
挪威	3.55	1.88	2.77	2.17	1.29	2.60	2.00
葡萄牙	0.64	1.56	1.17	0.30	-0.12	1.19	1.28
日本	-0.12	0.49	0.99	0.47	-0.03	-0.17	0.54
瑞典	1.14	1.87	2.04	1.72	0.66	2.04	1.60
瑞士	-0.43	0.53	0.94	0.36	-0.73	0.44	0.60
塞内加尔	1.19	1.14	0.46	1.02	2.53	2.44	2.00
塞浦路斯	-1.21	0.68	0.78	0.55	-1.10	1.67	1.05
沙特阿拉伯	2.05	-0.81	2.45	-2.09	3.44	3.23	2.22
斯里兰卡	3.99	6.58	4.27	4.30	4.56	5.12	6.25
斯洛文尼亚	-0.05	1.43	1.74	1.63	-0.05	1.41	1.81
苏丹	17.75	32.35	63.29	50.99	163.26	194.60	41.81
塔吉克斯坦	5.91	7.31	3.84	7.79	8.59	7.95	6.50
泰国	0.19	0.67	1.07	0.71	-0.85	0.86	1.33
坦桑尼亚	5.17	5.32	3.51	3.45	3.29	3.24	3.40
突尼斯	3.63	5.31	7.31	6.72	5.64	5.73	6.53
土耳其	7.78	11.14	16.33	15.18	12.28	16.98	15.37
土库曼斯坦	3.65	8.04	13.30	5.09	7.58	12.45	13.00
危地马拉	4.45	4.43	3.75	3.70	3.21	4.76	4.47
委内瑞拉	254.95	438.12	65374.1	19906.0	2355.2	2700.0	2000.0
乌干达	5.17	5.64	2.62	2.34	2.76	2.16	5.01
乌克兰	13.91	14.44	10.95	7.89	2.74	9.52	7.15
乌拉圭	9.64	6.22	7.61	7.88	9.76	7.52	6.14

续表

年份 国家	2016	2017	2018	2019	2020	2021	2022
乌兹别克斯坦	8.82	13.88	17.52	14.53	12.86	10.97	10.88
西班牙	-0.20	1.96	1.68	0.70	-0.32	2.24	1.65
希腊	0.01	1.14	0.77	0.52	-1.26	-0.11	0.37
新加坡	-0.53	0.58	0.44	0.57	-0.18	1.56	1.46
新西兰	0.65	1.85	1.60	1.62	1.72	2.96	2.22
匈牙利	0.42	2.41	2.85	3.37	3.32	4.54	3.58
亚美尼亚	-1.41	0.97	2.52	1.44	1.23	6.95	5.78
伊拉克	0.53	0.18	0.37	-0.20	0.57	6.44	4.53
伊朗	9.05	9.64	30.22	34.62	36.44	39.34	27.50
以色列	-0.55	0.25	0.82	0.84	-0.59	1.41	1.82
意大利	-0.05	1.33	1.24	0.63	-0.15	1.66	1.79
印度	4.50	3.60	3.43	4.76	6.18	5.56	4.88
印度尼西亚	3.53	3.81	3.29	2.82	2.03	1.55	2.84
英国	0.66	2.68	2.48	1.79	0.85	2.19	2.62
约旦	-0.62	3.61	4.45	0.68	0.40	1.65	1.99
越南	2.67	3.52	3.54	2.80	3.22	2.03	2.32
赞比亚	17.87	6.58	6.99	9.15	15.73	22.80	19.20
智利	3.79	2.18	2.32	2.25	3.04	4.19	4.43

资料来源：WEO。

表9　　　　　　　　　　　　失业率　　　　　　　　　（单位：%）

年份 国家	2016	2017	2018	2019	2020	2021	2022
阿尔巴尼亚	15.20	13.70	12.30	11.47	11.68	12.00	12.50
阿尔及利亚	10.50	11.71	11.73	11.38	13.96	14.07	14.73
阿根廷	8.47	8.35	9.20	9.83	11.55	9.99	9.21
阿联酋	1.64	2.46	2.23	2.28	5.00	3.91	4.07
阿曼	3.27	2.49	1.80	1.84	4.97	3.71	3.90
阿塞拜疆	5.04	4.96	4.94	4.85	7.16	6.37	6.30
埃及	12.71	12.25	10.93	8.61	8.30	9.31	9.17
埃塞俄比亚	2.17	2.12	2.07	2.04	2.79	2.49	2.54

续表

年份 国家	2016	2017	2018	2019	2020	2021	2022
爱尔兰	8.38	6.74	5.77	4.98	5.83	7.76	6.95
爱沙尼亚	6.76	5.76	5.37	4.45	6.81	6.52	6.01
安哥拉	7.20	7.10	7.00	6.93	7.70	7.40	7.44
奥地利	6.47	5.93	5.21	4.83	5.40	6.40	6.00
澳大利亚	5.72	5.59	5.30	5.16	6.49	5.23	4.81
巴基斯坦	5.96	6.02	5.55	4.08	4.50	5.00	4.80
巴拉圭	6.00	6.09	6.24	6.09	6.51	6.05	5.93
巴林	3.70	3.58	3.94	4.00	4.88	3.88	3.80
巴拿马	5.49	6.13	5.96	7.07	18.55	10.17	9.16
巴西	11.50	12.73	12.25	11.88	13.50	13.79	13.14
白俄罗斯	5.92	5.68	4.83	4.23	4.10	4.33	4.23
保加利亚	7.67	6.23	5.27	4.28	5.21	5.20	4.70
冰岛	3.34	3.28	3.10	3.93	6.43	7.00	5.00
波兰	6.16	4.89	3.85	3.28	3.16	3.45	3.21
玻利维亚	4.00	4.00	4.00	4.00	8.30	7.80	6.00
博茨瓦纳	17.62	17.46	17.32	17.21	17.70	17.52	17.54
布基纳法索	5.60	5.13	4.70	4.62	4.96	4.83	4.85
丹麦	6.02	5.82	5.12	5.04	5.64	5.40	5.30
德国	4.13	3.76	3.40	3.15	3.83	3.70	3.56
多哥	2.95	3.74	3.66	3.60	4.05	3.88	3.90
俄罗斯	5.53	5.20	4.80	4.60	5.78	4.88	4.58
厄瓜多尔	5.21	4.62	3.69	3.84	5.34	4.59	4.20
法国	10.05	9.44	9.00	8.41	7.99	8.13	8.28
菲律宾	5.48	5.73	5.33	5.10	10.40	7.83	6.83
芬兰	8.98	8.83	7.43	6.74	7.76	7.83	6.81
哥伦比亚	9.23	9.38	9.69	10.50	16.07	14.55	13.78
哥斯达黎加	9.54	9.29	11.95	12.42	19.98	16.30	14.00
哈萨克斯坦	4.95	4.90	4.85	4.78	4.93	4.83	4.73
韩国	3.68	3.68	3.83	3.78	3.94	3.84	3.70
荷兰	6.02	4.85	3.84	3.39	3.83	3.60	4.00

续表

年份\国家	2016	2017	2018	2019	2020	2021	2022
洪都拉斯	6.73	5.53	5.65	5.39	6.79	5.88	5.21
吉尔吉斯斯坦	7.21	6.89	6.61	6.61	6.61	6.61	6.61
几内亚	4.33	4.26	4.19	4.14	4.35	4.27	4.28
加拿大	7.05	6.38	5.91	5.73	9.60	7.72	5.67
加纳	5.45	4.22	4.16	4.12	4.53	4.37	4.39
柬埔寨	0.72	0.14	0.13	0.13	0.31	0.24	0.25
捷克	3.95	2.89	2.24	2.00	2.54	3.40	3.20
喀麦隆	3.47	3.41	3.36	3.32	3.62	3.50	3.52
卡塔尔	0.70	0.60	0.30	0.20	0.50	0.30	0.35
科威特	1.25	1.28	1.09	1.18	1.28	1.23	1.24
克罗地亚	14.96	12.43	9.86	7.76	9.00	8.38	7.95
肯尼亚	2.76	2.69	2.64	2.60	2.98	2.83	2.85
拉脱维亚	9.64	8.72	7.42	6.31	8.10	7.70	7.20
老挝	0.67	0.65	0.64	0.62	0.95	0.82	0.84
黎巴嫩	6.30	6.20	6.10	11.40	9.29	9.60	9.69
立陶宛	7.86	7.07	6.15	6.25	8.49	6.50	6.10
卢森堡	6.24	5.83	5.09	5.39	6.33	5.57	5.51
罗马尼亚	5.90	4.93	4.19	3.91	5.04	4.90	4.90
马达加斯加	1.76	1.73	1.80	1.80	1.92	1.87	1.88
马耳他	4.70	4.00	3.66	3.62	4.28	3.60	3.50
马来西亚	3.45	3.43	3.33	3.28	4.53	4.70	4.50
马里	7.60	7.41	7.31	7.24	7.50	7.60	7.53
美国	4.88	4.35	3.89	3.68	8.11	5.43	3.53
蒙古国	10.00	8.80	7.80	10.00	7.50	6.75	6.08
孟加拉国	4.35	4.37	4.29	4.22	5.30	5.20	5.13
秘鲁	6.74	6.88	6.70	6.60	13.00	8.67	6.47
缅甸	3.80	1.60	1.00	3.90	12.00	11.70	11.01
摩尔多瓦	4.23	4.13	3.05	5.13	8.00	5.50	3.00
摩洛哥	9.00	10.60	9.40	10.20	12.20	11.96	11.50
莫桑比克	3.38	3.31	3.24	3.19	3.39	3.32	3.33

续表

年份\国家	2016	2017	2018	2019	2020	2021	2022
墨西哥	3.88	3.42	3.33	3.50	4.42	4.10	3.74
纳米比亚	23.35	21.57	19.88	19.75	20.35	20.12	20.15
南非	26.73	27.45	27.13	28.70	29.18	33.50	34.38
尼加拉瓜	4.48	3.67	5.50	6.12	7.29	11.10	7.52
尼日尔	0.51	0.49	0.47	0.46	0.69	0.60	0.61
尼日利亚	13.38	17.46	22.56	8.53	9.01	10.22	9.69
挪威	4.74	4.22	3.85	3.73	4.60	4.30	4.00
葡萄牙	11.45	9.15	7.19	6.64	6.97	6.88	6.69
日本	3.11	2.83	2.44	2.36	2.79	2.78	2.38
瑞典	6.95	6.68	6.33	6.77	8.29	8.86	7.95
瑞士	3.32	3.09	2.55	2.31	3.14	3.13	3.00
塞内加尔	6.70	6.61	6.53	6.47	7.10	6.85	6.89
塞浦路斯	12.95	11.05	8.35	7.08	7.58	7.50	6.86
沙特阿拉伯	5.60	6.00	6.00	5.70	7.40	6.75	6.84
斯里兰卡	4.40	4.20	4.40	4.80	5.50	5.30	5.10
斯洛文尼亚	8.03	6.60	5.16	4.47	5.00	4.45	4.31
苏丹	20.60	19.60	19.50	22.10	26.83	28.04	27.67
塔吉克斯坦	6.90	6.81	6.72	6.66	7.50	7.17	7.22
泰国	1.00	1.20	1.10	1.00	2.00	1.50	1.00
坦桑尼亚	2.08	2.03	1.99	1.96	2.16	2.08	2.09
突尼斯	15.54	15.51	15.53	14.89	17.40	16.46	16.58
土耳其	10.92	10.92	10.91	13.73	13.15	12.15	10.99
土库曼斯坦	3.90	3.84	3.79	3.74	4.38	4.13	4.17
危地马拉	2.58	2.46	2.41	2.36	4.65	4.00	4.03
委内瑞拉	20.86	27.89	35.54	24.00	49.80	46.10	45.00
乌干达	1.83	1.79	1.75	1.72	2.44	2.16	2.20
乌克兰	9.45	9.65	9.00	8.50	9.15	9.75	8.73
乌拉圭	7.87	7.93	8.37	8.93	10.35	10.43	9.23
乌兹别克斯坦	5.00	5.00	5.00	5.50	7.50	6.60	6.76
西班牙	19.64	17.23	15.26	14.11	15.53	15.37	14.77

续表

年份 国家	2016	2017	2018	2019	2020	2021	2022
希腊	23.55	21.45	19.30	17.33	16.40	15.84	14.65
新加坡	2.08	2.18	2.10	2.25	3.00	2.70	2.50
新西兰	5.18	4.75	4.33	4.15	4.60	4.26	4.39
匈牙利	4.97	4.04	3.60	3.31	4.12	4.10	3.80
亚美尼亚	18.00	17.80	19.00	18.30	18.00	18.50	18.25
伊拉克	10.82	13.02	12.87	12.76	13.74	13.36	13.41
伊朗	12.43	12.08	12.03	10.63	9.60	10.04	10.55
以色列	4.80	4.23	4.00	3.83	4.30	5.10	4.60
意大利	11.73	11.33	10.69	10.00	9.31	10.30	11.60
印度	5.90	5.10	6.00	7.40	10.40	9.10	9.32
印度尼西亚	5.61	5.50	5.24	5.18	7.07	6.60	6.00
英国	4.88	4.43	4.08	3.83	4.53	4.98	5.01
约旦	15.28	18.30	18.60	19.08	22.70	21.20	21.44
越南	2.30	2.24	2.19	2.17	3.30	2.70	2.40
赞比亚	10.88	11.63	12.01	11.91	12.17	12.08	12.09
智利	6.69	6.97	7.38	7.22	10.77	9.05	7.37

资料来源：WEO，CEIC。

表10　　　　　　　　　　　基尼系数

年份 国家	2013	2014	2015	2016	2017	2018	2019
阿尔巴尼亚	29.00	34.60	32.90	33.70	33.20	33.20	33.20
阿尔及利亚	27.60	27.60	27.60	27.60	27.60	27.60	27.60
阿根廷	40.90	41.60	41.60	42.00	41.10	41.30	42.90
阿联酋	32.50	32.50	32.50	32.50	32.50	26.00	26.00
阿曼	37.21	37.21	37.21	37.21	37.21	37.21	37.21
阿塞拜疆	26.60	26.60	26.60	26.60	26.60	26.60	26.60
埃及	28.30	28.30	31.80	31.80	31.50	31.50	31.50
埃塞俄比亚	35.00	35.00	35.00	35.00	35.00	35.00	35.00
爱尔兰	33.50	31.90	31.80	32.80	31.40	31.40	31.40
爱沙尼亚	35.10	34.60	32.70	31.20	30.40	30.30	30.30

续表

年份 国家	2013	2014	2015	2016	2017	2018	2019
安哥拉	51.30	51.30	51.30	51.30	51.30	51.30	51.30
奥地利	30.80	30.50	30.50	30.80	29.70	30.80	30.80
澳大利亚	34.40	34.40	34.40	34.40	34.40	34.40	34.40
巴基斯坦	30.70	30.70	32.60	32.60	32.60	31.60	31.60
巴拉圭	47.90	50.70	47.60	47.90	48.50	46.00	45.70
巴林	36.50	36.50	36.50	36.50	36.50	36.50	36.50
巴拿马	51.50	50.50	50.80	50.40	49.90	49.20	49.80
巴西	52.80	52.10	51.90	53.30	53.30	53.90	53.40
白俄罗斯	26.60	27.20	25.60	25.30	25.40	25.20	25.30
保加利亚	36.60	37.40	38.60	40.60	40.40	41.30	41.30
冰岛	25.40	27.80	26.80	27.20	26.10	26.10	26.10
波兰	33.10	32.80	31.80	31.20	29.70	30.20	30.20
玻利维亚	47.60	47.80	46.70	45.30	44.60	42.60	41.60
博茨瓦纳	53.30	53.30	53.30	53.30	53.30	53.30	53.30
布基纳法索	35.30	35.30	35.30	35.30	35.30	35.30	35.30
丹麦	28.50	28.40	28.20	28.20	28.70	28.20	28.20
德国	31.10	30.90	31.70	31.90	31.90	31.90	31.90
多哥	46.00	46.00	43.10	43.10	43.10	43.10	43.10
俄罗斯	40.90	39.90	37.70	36.80	37.20	37.50	37.50
厄瓜多尔	46.90	45.00	46.00	45.00	44.70	45.40	45.70
法国	32.50	32.30	32.70	31.90	31.60	32.40	32.40
菲律宾	46.50	46.50	44.60	44.60	44.60	42.30	42.30
芬兰	27.20	26.80	27.10	27.10	27.40	27.30	27.30
哥伦比亚	52.60	52.60	51.00	50.60	49.70	50.40	51.30
哥斯达黎加	49.30	48.60	48.40	48.70	48.30	48.00	48.20
哈萨克斯坦	27.10	27.00	26.80	27.20	27.50	27.80	27.80
韩国	31.60	31.20	31.20	31.40	31.40	31.40	31.40
荷兰	28.10	28.60	28.20	28.20	28.50	28.10	28.10
洪都拉斯	50.00	49.90	49.20	49.80	49.40	48.90	48.20
吉尔吉斯斯坦	28.80	26.80	29.00	26.80	27.30	27.70	29.70

续表

年份 国家	2013	2014	2015	2016	2017	2018	2019
几内亚	33.70	33.70	33.70	33.70	33.70	33.70	33.70
加拿大	33.80	33.20	33.70	32.70	33.30	33.30	33.30
加纳	42.40	42.40	42.40	43.50	43.50	43.50	43.50
柬埔寨	30.76	30.76	30.76	30.76	30.76	30.76	30.76
捷克	26.50	25.90	25.90	25.40	24.90	25.00	25.00
喀麦隆	46.60	46.60	46.60	46.60	46.60	46.60	46.60
卡塔尔	46.40	46.40	46.40	46.40	46.40	46.40	46.40
科威特	37.21	37.21	37.21	37.21	37.21	37.21	37.21
克罗地亚	32.00	32.10	31.10	30.90	30.40	29.70	29.70
肯尼亚	40.80	40.80	40.80	40.80	40.80	40.80	40.80
拉脱维亚	35.50	35.10	34.20	34.30	35.60	35.10	35.10
老挝	36.00	36.00	36.00	36.00	36.00	38.80	38.80
黎巴嫩	31.80	31.80	31.80	31.80	31.80	31.80	31.80
立陶宛	35.30	37.70	37.40	38.40	37.30	35.70	35.70
卢森堡	32.00	31.20	32.90	31.70	34.50	35.40	35.40
罗马尼亚	36.90	36.00	35.90	34.40	36.00	35.80	35.80
马达加斯加	42.60	42.60	42.60	42.60	42.60	42.60	42.60
马耳他	28.80	29.00	29.40	29.10	29.20	28.70	28.70
马来西亚	41.30	41.30	41.10	41.10	41.10	41.10	41.10
马里	33.04	33.04	33.04	33.04	33.04	33.04	33.04
美国	40.70	41.50	41.20	41.10	41.20	41.40	41.40
蒙古国	33.80	32.00	32.00	32.30	32.30	32.70	32.70
孟加拉国	32.40	32.40	32.40	32.40	32.40	32.40	32.40
秘鲁	43.90	43.10	43.40	43.60	43.30	42.40	41.50
缅甸	38.10	38.10	38.10	38.10	30.70	30.70	30.70
摩尔多瓦	28.50	26.80	27.00	26.30	25.90	25.70	25.70
摩洛哥	39.50	39.50	39.50	39.50	39.50	39.50	39.50
莫桑比克	54.00	54.00	54.00	54.00	54.00	54.00	54.00
墨西哥	48.70	48.70	48.70	46.30	46.30	45.40	45.40
纳米比亚	59.10	59.10	59.10	59.10	59.10	59.10	59.10

续表

国家＼年份	2013	2014	2015	2016	2017	2018	2019
南非	63.00	63.00	63.00	63.00	63.00	63.00	63.00
尼加拉瓜	46.20	46.20	46.20	46.20	46.20	46.20	46.20
尼日尔	31.50	34.30	34.30	34.30	34.30	34.30	34.30
尼日利亚	35.10	35.10	35.10	35.10	35.10	35.10	35.10
挪威	26.40	26.80	27.50	28.50	27.00	27.60	27.60
葡萄牙	36.20	35.60	35.50	35.20	33.80	33.50	33.50
日本	32.90	32.90	32.90	32.90	32.90	32.90	32.90
瑞典	28.80	28.40	29.20	29.60	28.80	30.00	30.00
瑞士	32.50	32.50	32.30	33.00	32.70	33.10	33.10
塞内加尔	40.30	40.30	40.30	40.30	40.30	40.30	40.30
塞浦路斯	37.00	35.60	34.00	32.90	31.40	32.70	32.70
沙特阿拉伯	37.21	37.21	37.21	37.21	37.21	37.21	37.21
斯里兰卡	38.70	38.70	38.70	39.30	39.30	39.30	39.30
斯洛文尼亚	26.20	25.70	25.40	24.80	24.20	24.60	24.60
苏丹	34.20	34.20	34.20	34.20	34.20	34.20	34.20
塔吉克斯坦	34.00	34.00	34.00	34.00	34.00	34.00	34.00
泰国	37.80	37.00	36.00	36.90	36.50	36.40	34.90
坦桑尼亚	37.80	37.80	37.80	37.80	40.50	40.50	40.50
突尼斯	32.80	32.80	32.80	32.80	32.80	32.80	32.80
土耳其	40.20	41.20	42.90	41.90	41.40	41.90	41.90
土库曼斯坦	40.80	40.80	40.80	40.80	40.80	40.80	40.80
危地马拉	48.30	48.30	48.30	48.30	48.30	48.30	48.30
委内瑞拉	39.00	39.00	39.00	39.00	39.00	39.00	39.00
乌干达	41.00	41.00	41.00	42.80	42.80	42.80	42.80
乌克兰	24.60	24.00	25.50	25.00	26.00	26.10	26.60
乌拉圭	40.50	40.10	40.10	39.70	39.50	39.70	39.70
乌兹别克斯坦	36.80	36.80	36.80	36.80	36.80	36.80	36.80
西班牙	36.20	36.10	36.20	35.80	34.70	34.70	34.70
希腊	36.10	35.80	36.00	35.00	34.40	32.90	32.90
新加坡	46.40	46.40	46.40	46.40	46.40	46.40	46.40

续表

年份 国家	2013	2014	2015	2016	2017	2018	2019
新西兰	36.20	36.20	36.20	36.20	36.20	36.20	36.20
匈牙利	31.50	30.90	30.40	30.30	30.60	29.60	29.60
亚美尼亚	30.60	31.50	32.40	32.50	33.60	34.40	29.90
伊拉克	29.50	29.50	29.50	29.50	29.50	29.50	29.50
伊朗	37.40	38.80	39.50	40.00	40.80	42.00	42.00
以色列	41.30	39.80	39.80	39.00	39.00	39.00	39.00
意大利	34.90	34.70	35.40	35.20	35.90	35.90	35.90
印度	35.70	35.70	35.70	35.70	35.70	35.70	35.70
印度尼西亚	40.00	39.40	39.70	38.60	38.10	37.80	38.20
英国	33.20	34.00	33.20	34.80	35.10	35.10	35.10
约旦	33.70	33.70	33.70	33.70	33.70	33.70	33.70
越南	35.60	34.80	34.80	35.30	35.30	35.70	35.70
赞比亚	57.10	57.10	57.10	57.10	57.10	57.10	57.10
智利	45.80	45.80	44.40	44.40	44.40	44.40	44.40

资料来源：WDI，CEIC，CIA。

表 11　　　　　　　　　　　汇率波动程度　　　　　　　　（单位：变异系数）

年份 国家	2015	2016	2017	2018	2019	2020	2021
阿尔巴尼亚	2.02	1.62	5.33	1.12	0.90	3.79	0.81
阿尔及利亚	4.96	1.15	2.14	1.63	0.44	2.95	0.89
阿根廷	7.99	3.85	5.35	26.02	17.05	9.99	4.13
阿联酋	0.00	0.00	0.00	0.00	0.00	0.00	0.00
阿曼	0.00	0.00	0.00	0.00	0.00	0.00	0.00
阿塞拜疆	10.48	4.39	2.21	0.00	0.00	0.00	0.00
埃及	2.26	32.30	2.15	0.60	3.40	0.91	0.18
埃塞俄比亚	1.37	1.80	7.08	0.90	2.94	6.23	6.48
爱尔兰	0.38	0.00	0.00	0.08	0.00	2.83	0.00
爱沙尼亚	2.24	2.05	4.50	3.00	1.11	3.79	1.25
安哥拉	10.18	2.23	0.00	15.87	15.97	9.95	1.64
奥地利	2.24	2.05	4.50	3.00	1.11	3.79	1.25

续表

年份 国家	2015	2016	2017	2018	2019	2020	2021
澳大利亚	4.23	2.66	2.12	3.61	1.93	5.76	2.39
巴基斯坦	1.47	0.07	1.07	7.41	5.37	2.71	2.94
巴拉圭	6.83	2.03	1.08	2.60	2.42	3.09	2.46
巴林	0.00	0.00	0.00	0.00	0.00	0.00	0.00
巴拿马	0.00	0.00	0.00	0.00	0.00	0.00	0.00
巴西	12.78	7.91	1.93	7.84	3.79	8.82	3.37
白俄罗斯	8.87	3.26	2.29	3.12	1.85	6.06	1.62
保加利亚	2.19	2.06	4.48	3.01	1.11	3.79	1.27
冰岛	2.14	5.02	3.41	7.18	1.65	4.60	1.81
波兰	2.46	2.76	5.18	4.22	1.43	3.86	1.78
玻利维亚	0.00	0.00	0.00	0.00	0.00	0.00	0.00
博茨瓦纳	4.17	2.76	1.35	4.61	1.51	3.66	1.28
布基纳法索	2.24	2.05	4.50	3.00	1.11	3.79	1.25
丹麦	2.29	2.04	4.51	3.09	1.13	3.92	1.24
德国	2.24	2.05	4.50	3.00	1.11	3.79	1.25
多哥	2.24	2.05	4.50	3.00	1.11	3.79	1.25
俄罗斯	9.39	7.11	1.76	6.30	1.76	6.55	1.30
厄瓜多尔	0.00	0.00	0.00	0.00	0.00	0.00	0.00
法国	2.24	2.05	4.50	3.00	1.11	3.79	1.25
菲律宾	2.36	2.22	1.07	1.81	1.14	2.19	1.85
芬兰	2.24	2.05	4.50	3.00	1.11	3.79	1.25
哥伦比亚	10.37	4.40	1.61	4.66	3.61	5.26	3.41
哥斯达黎加	0.29	1.38	1.15	2.63	2.40	2.55	0.73
哈萨克斯坦	22.73	2.93	2.81	5.74	1.06	4.26	0.87
韩国	3.09	2.86	1.96	2.29	2.41	3.48	1.93
荷兰	2.24	2.05	4.50	3.00	1.11	3.79	1.25
洪都拉斯	0.75	1.24	0.30	1.02	0.41	0.84	0.50
吉尔吉斯斯坦	8.05	3.81	0.81	0.82	0.08	5.76	0.28
几内亚	2.61	1.88	1.32	0.21	0.97	1.91	1.85
加拿大	3.81	2.94	3.05	2.00	0.71	2.83	1.54

续表

年份\国家	2015	2016	2017	2018	2019	2020	2021
加纳	6.59	2.07	1.87	3.67	3.18	2.36	0.76
柬埔寨	0.65	0.75	0.69	0.65	0.73	0.40	0.45
捷克	1.90	2.05	6.45	3.73	1.24	4.45	1.29
喀麦隆	2.24	2.05	4.50	3.00	1.11	3.79	1.25
卡塔尔	0.00	0.00	0.00	0.00	0.00	0.00	0.00
科威特	1.00	0.47	0.47	0.49	0.09	0.55	0.26
克罗地亚	2.17	2.38	4.47	2.90	1.14	3.76	1.07
肯尼亚	5.00	0.42	0.27	0.75	1.17	2.78	0.90
拉脱维亚	2.24	2.05	4.50	3.00	1.11	3.79	1.25
老挝	0.45	0.98	0.29	1.69	1.70	1.17	1.16
黎巴嫩	0.00	0.00	0.00	0.00	0.00	0.00	0.00
立陶宛	2.24	2.05	4.50	3.00	1.11	3.79	1.25
卢森堡	2.24	2.05	4.50	3.00	1.11	3.79	1.25
罗马尼亚	2.18	2.38	3.73	3.02	1.37	3.37	1.59
马达加斯加	7.56	2.77	3.26	4.33	1.66	1.89	0.71
马耳他	2.24	2.05	4.50	3.00	1.11	3.79	1.25
马来西亚	7.68	3.72	2.67	2.66	0.93	2.30	1.42
马里	2.24	2.05	4.50	3.00	1.11	3.79	1.25
美国	0.00	0.00	0.00	0.00	0.00	0.00	0.00
蒙古国	1.46	7.93	1.30	3.17	1.05	1.41	0.01
孟加拉国	0.40	0.15	1.17	0.49	0.33	0.08	0.17
秘鲁	3.25	1.74	0.80	1.47	0.83	2.58	3.21
缅甸	9.25	4.52	0.28	6.75	1.09	4.49	8.26
摩尔多瓦	5.04	0.90	5.47	1.34	1.81	2.51	1.21
摩洛哥	1.72	1.27	2.77	1.40	0.49	3.45	0.54
莫桑比克	13.53	18.11	6.23	1.76	1.47	5.14	9.30
墨西哥	4.98	4.52	5.43	3.32	0.94	7.64	1.27
纳米比亚	8.65	5.70	2.40	7.93	2.83	7.47	2.59
南非	8.13	5.65	2.37	7.93	2.84	7.47	2.59
尼加拉瓜	1.41	1.40	1.40	1.41	1.36	0.84	0.71

续表

年份 国家	2015	2016	2017	2018	2019	2020	2021
尼日尔	2.24	2.05	4.50	3.00	1.11	3.79	1.25
尼日利亚	5.29	20.36	0.11	0.13	0.02	7.73	3.79
挪威	4.50	2.29	2.99	3.09	2.64	5.58	2.06
葡萄牙	2.24	2.05	4.50	3.00	1.11	3.79	1.25
日本	1.47	5.06	1.24	1.99	1.36	1.64	2.03
瑞典	1.90	3.74	4.01	4.33	2.30	5.64	1.61
瑞士	2.47	1.58	1.67	2.13	0.92	3.11	1.44
塞内加尔	2.24	2.05	4.50	3.00	1.11	3.79	1.25
塞浦路斯	2.24	2.05	4.50	3.00	1.11	3.79	1.25
沙特阿拉伯	0.00	0.00	0.00	0.00	0.00	0.00	0.00
斯里兰卡	2.96	1.06	0.74	5.22	1.31	1.56	1.35
斯洛文尼亚	2.24	2.05	4.50	3.00	1.11	3.79	1.25
苏丹	0.95	3.02	0.00	51.62	2.41	4.64	38.88
塔吉克斯坦	7.47	1.46	4.16	2.91	1.22	4.61	0.08
泰国	4.10	1.13	2.56	2.08	1.96	2.24	3.56
坦桑尼亚	8.27	0.18	0.36	0.65	0.09	0.16	0.14
突尼斯	1.78	4.93	3.04	7.22	2.87	2.22	1.20
土耳其	7.14	5.89	3.41	17.66	3.69	9.46	6.69
土库曼斯坦	0.00	0.00	0.00	0.00	0.00	0.00	0.00
危地马拉	0.34	1.08	0.81	1.86	0.39	0.60	0.28
委内瑞拉	0.00	14.82	0.00	63.23	0.00	0.00	0.00
乌干达	8.82	2.31	0.46	1.61	0.71	1.14	1.71
乌克兰	9.53	2.60	2.00	3.16	4.78	4.88	1.80
乌拉圭	6.71	4.51	1.22	5.67	4.99	4.67	1.54
乌兹别克斯坦	3.92	3.76	39.63	2.04	5.37	3.33	0.60
西班牙	2.24	2.05	4.50	3.00	1.11	3.79	1.25
希腊	2.24	2.05	4.50	3.00	1.11	3.79	1.25
新加坡	2.16	2.24	1.90	1.81	0.73	2.09	0.80
新西兰	6.43	3.50	2.13	3.85	2.67	4.89	1.30
匈牙利	2.07	2.15	4.61	4.70	2.81	3.02	1.69

续表

年份 国家	2015	2016	2017	2018	2019	2020	2021
亚美尼亚	0.62	1.16	0.60	0.35	0.94	2.16	3.03
伊拉克	3.36	2.28	3.40	5.56	0.00	0.00	0.00
伊朗	2.24	2.05	4.50	3.00	1.11	3.79	1.25
以色列	1.40	1.32	2.59	2.67	1.74	2.68	0.94
意大利	2.24	2.05	4.50	3.00	1.11	3.79	1.25
印度	2.43	0.73	1.86	4.62	1.30	2.00	0.87
印度尼西亚	3.77	1.70	0.69	3.71	0.73	3.99	1.18
英国	1.49	6.13	2.84	3.47	2.44	2.68	0.92
约旦	0.00	0.00	0.00	0.00	0.00	0.00	0.00
越南	0.87	0.39	0.44	0.54	0.43	0.13	0.11
赞比亚	23.10	5.84	3.60	8.55	5.95	11.40	10.02
智利	5.49	2.71	2.25	5.11	5.16	3.87	3.69

资料来源：IFS，CEIC。

表12　　　　　　　　　　　　公共债务/GDP　　　　　　　　　　（单位：%）

年份 国家	2016	2017	2018	2019	2020	2021	2022
阿尔巴尼亚	73.32	71.90	69.51	67.79	77.57	81.48	79.47
阿尔及利亚	20.44	26.81	37.82	45.77	55.61	58.48	63.24
阿根廷	53.06	57.03	85.25	88.73	102.79	96.50	93.80
阿联酋	19.37	21.62	20.91	27.09	39.36	37.32	38.65
阿曼	33.66	45.93	51.25	60.53	81.16	68.20	61.72
阿塞拜疆	20.61	22.51	18.69	17.66	21.37	28.88	28.92
埃及	96.81	103.04	92.48	84.21	89.84	91.36	89.49
埃塞俄比亚	54.87	57.72	61.11	57.92	55.43	57.11	69.40
爱尔兰	74.29	67.78	63.15	57.28	58.52	57.35	58.75
爱沙尼亚	10.00	9.12	8.24	8.56	18.46	19.96	21.36
安哥拉	75.66	69.32	93.00	113.55	136.54	103.71	90.82
奥地利	82.55	78.61	74.04	70.51	83.16	84.20	81.05
澳大利亚	40.51	41.07	41.64	46.61	57.33	62.06	66.41
巴基斯坦	67.65	67.06	72.08	85.30	87.56	83.42	80.94

续表

年份\国家	2016	2017	2018	2019	2020	2021	2022
巴拉圭	19.39	19.85	22.33	25.78	36.65	38.42	39.45
巴林	81.33	88.13	94.98	102.12	129.72	123.35	125.64
巴拿马	35.30	35.26	37.32	42.20	66.28	62.19	61.16
巴西	78.29	83.63	85.64	87.66	98.94	90.55	90.19
白俄罗斯	53.48	53.16	47.52	41.00	48.05	44.86	44.71
保加利亚	27.07	23.00	20.11	18.40	23.57	24.96	26.05
冰岛	82.37	71.64	63.13	66.14	77.08	75.81	75.39
波兰	54.20	50.62	48.82	45.60	57.47	55.51	53.28
玻利维亚	46.49	51.26	53.85	59.14	78.83	82.75	83.86
博茨瓦纳	16.36	14.57	15.67	16.25	19.46	22.77	27.17
布基纳法索	33.25	33.65	37.98	42.02	46.54	48.18	48.92
丹麦	37.19	35.89	34.00	33.57	42.13	38.76	38.51
德国	69.30	64.98	61.59	59.24	69.06	72.50	69.81
多哥	60.15	56.61	57.00	52.35	60.28	62.88	62.56
俄罗斯	14.85	14.31	13.62	13.79	19.28	17.94	17.88
厄瓜多尔	43.17	44.62	49.09	51.41	61.19	60.95	59.92
法国	97.96	98.32	97.95	97.62	115.08	115.83	113.45
菲律宾	37.34	38.11	37.13	36.97	51.68	59.11	62.25
芬兰	63.18	61.17	59.78	59.51	69.55	72.22	72.16
哥伦比亚	49.80	49.44	53.58	52.35	65.38	66.73	67.57
哥斯达黎加	44.06	47.06	51.84	56.73	67.51	71.20	73.25
哈萨克斯坦	19.68	19.87	20.26	19.94	26.33	25.18	26.54
韩国	41.22	40.05	40.02	42.13	47.88	51.30	55.14
荷兰	61.89	56.94	52.43	47.43	52.49	58.06	56.25
洪都拉斯	38.17	38.85	39.72	43.33	51.34	58.85	58.58
吉尔吉斯斯坦	59.07	58.79	54.82	51.60	68.04	67.56	63.05
几内亚	43.01	41.88	39.27	38.37	43.78	47.47	45.77
加拿大	91.73	88.84	88.83	86.82	117.46	109.88	103.95
加纳	55.94	56.98	62.00	62.59	78.92	83.54	84.87
柬埔寨	29.12	29.97	28.46	28.59	34.24	36.96	38.48

续表

年份 国家	2016	2017	2018	2019	2020	2021	2022
捷克	36.58	34.24	32.07	30.05	37.81	45.01	47.89
喀麦隆	33.26	37.68	39.60	42.31	45.79	45.80	43.76
卡塔尔	46.71	51.57	52.18	62.28	72.10	59.01	53.08
科威特	10.02	20.49	15.10	11.64	11.71	7.91	10.84
克罗地亚	80.80	77.53	74.25	72.83	88.74	87.02	83.63
肯尼亚	46.73	54.75	57.34	58.98	67.57	69.73	70.19
拉脱维亚	40.40	39.01	37.11	36.97	43.47	47.55	47.14
老挝	54.47	57.20	59.65	61.12	68.18	70.92	71.59
黎巴嫩	145.72	149.15	154.02	171.11	150.43	198.10	99.30
立陶宛	39.90	39.34	33.68	35.90	47.13	47.43	45.45
卢森堡	20.09	22.34	20.95	22.01	24.82	26.26	26.70
罗马尼亚	38.95	36.84	36.47	36.82	49.80	51.12	52.87
马达加斯加	40.28	40.14	40.39	38.54	46.02	48.82	49.29
马耳他	54.32	47.48	43.45	40.59	53.30	63.02	65.29
马来西亚	55.79	54.40	55.65	57.07	67.43	70.68	69.89
马里	35.93	35.48	36.11	40.55	47.43	50.98	50.57
美国	106.93	105.98	107.06	108.46	133.92	133.28	130.65
蒙古国	87.59	84.37	74.28	68.44	76.95	77.71	70.66
孟加拉国	33.33	33.38	34.57	35.69	38.91	39.94	40.96
秘鲁	24.50	25.42	26.15	27.08	35.07	35.00	36.89
缅甸	38.33	38.47	40.42	38.75	39.30	58.36	63.55
摩尔多瓦	39.23	34.30	31.23	28.29	34.78	38.14	39.46
摩洛哥	64.88	65.12	65.20	65.07	75.37	75.79	76.61
莫桑比克	119.88	99.59	107.15	105.43	128.45	133.57	127.64
墨西哥	56.72	53.96	53.65	53.32	61.03	59.77	60.07
纳米比亚	44.85	43.23	50.37	59.62	65.31	69.92	72.65
南非	47.13	48.59	51.59	56.30	69.45	68.83	72.34
尼加拉瓜	30.92	34.08	37.69	41.69	47.92	49.53	48.10
尼日尔	32.83	36.49	36.91	39.80	44.97	48.56	49.49
尼日利亚	23.41	25.34	27.69	29.17	35.00	35.71	36.88

续表

年份 国家	2016	2017	2018	2019	2020	2021	2022
挪威	38.13	38.64	39.66	40.88	41.40	42.70	42.40
葡萄牙	131.51	126.14	121.48	116.61	135.19	130.79	125.73
日本	232.52	231.42	232.51	235.45	254.13	256.86	252.29
瑞典	42.26	40.73	38.91	34.87	37.35	39.64	39.92
瑞士	40.48	41.21	39.23	39.79	42.38	42.69	41.59
塞内加尔	47.52	61.14	61.52	63.84	68.68	71.87	70.11
塞浦路斯	103.06	93.51	99.18	94.04	119.14	111.04	103.66
沙特阿拉伯	13.09	17.16	18.98	22.79	32.54	29.68	30.84
斯里兰卡	79.02	77.90	84.21	86.80	101.24	109.25	111.42
斯洛文尼亚	78.52	74.15	70.29	65.59	79.78	77.18	74.86
苏丹	109.94	152.88	186.74	200.35	272.92	209.93	176.64
塔吉克斯坦	42.43	50.29	47.82	44.07	51.31	49.34	48.05
泰国	41.75	41.78	41.95	41.04	49.63	58.04	59.50
坦桑尼亚	39.80	40.73	40.54	39.04	39.15	39.69	39.62
突尼斯	64.16	73.56	80.08	74.17	89.74	90.20	92.74
土耳其	28.00	28.03	30.17	32.66	39.77	37.77	37.92
土库曼斯坦	23.65	28.01	31.48	32.20	32.25	27.03	23.56
危地马拉	24.96	25.09	26.47	26.48	31.53	32.06	31.88
委内瑞拉	5.05	26.00	180.79	232.79	304.13	317.00	329.00
乌干达	30.99	33.64	34.75	37.04	44.10	49.08	50.21
乌克兰	79.51	71.62	60.42	50.49	60.78	54.39	51.68
乌拉圭	56.78	56.52	58.57	60.46	68.06	67.47	68.81
乌兹别克斯坦	8.19	19.27	19.47	28.27	36.44	38.88	41.05
西班牙	99.17	98.56	97.51	95.54	119.92	120.22	116.44
希腊	183.41	182.38	189.89	184.91	211.22	206.69	199.44
新加坡	106.54	107.76	109.75	129.01	154.90	137.86	139.03
新西兰	33.36	31.10	28.05	32.03	43.64	51.97	56.95
匈牙利	74.93	72.16	69.12	65.49	80.45	76.58	75.55
亚美尼亚	51.93	53.70	51.23	50.09	63.48	62.15	60.05
伊拉克	67.01	59.06	47.83	45.14	84.21	59.41	55.35

续表

年份 国家	2016	2017	2018	2019	2020	2021	2022
伊朗	44.65	36.92	38.47	47.86	39.53	33.60	33.31
以色列	62.03	60.16	60.36	59.50	71.98	73.25	73.18
意大利	134.78	134.14	134.40	134.56	155.81	154.75	150.41
印度	68.94	69.68	70.44	74.09	89.61	90.60	88.80
印度尼西亚	27.96	29.40	30.42	30.56	36.62	41.40	43.29
英国	86.78	86.31	85.78	85.24	104.47	108.50	107.09
约旦	77.43	76.02	75.06	78.02	87.98	90.89	90.62
越南	47.64	46.31	43.71	43.58	46.30	47.90	47.80
赞比亚	60.95	66.32	80.36	97.38	128.70	101.01	106.84
智利	21.01	23.60	25.62	28.20	32.54	34.40	37.30

资料来源：WEO，WDI。

表 13 　　　　　　　　　　　外债/GDP 　　　　　　　　　（单位：%）

年份 国家	2014	2015	2016	2017	2018	2019	2020
阿尔巴尼亚	64.35	74.18	71.80	75.28	65.15	62.97	70.93
阿尔及利亚	2.58	2.81	3.41	3.36	3.26	3.21	3.58
阿根廷	29.28	29.75	33.87	36.80	54.83	62.70	70.87
阿联酋	47.52	55.45	59.62	59.61	55.50	57.97	72.11
阿曼	16.73	29.38	49.08	71.26	84.38	92.84	119.71
阿塞拜疆	16.08	25.09	38.53	37.44	34.41	32.88	40.35
埃及	13.64	15.15	20.83	35.90	40.00	37.95	35.59
埃塞俄比亚	30.47	31.77	31.59	32.08	32.98	29.49	27.71
爱尔兰	837.85	824.68	741.95	716.20	707.18	714.80	701.32
爱沙尼亚	85.71	90.73	82.87	87.04	74.37	74.07	96.70
安哥拉	38.99	48.51	56.25	41.74	51.17	58.15	104.15
奥地利	167.44	169.26	155.24	164.59	144.09	154.26	178.91
澳大利亚	95.47	104.58	115.96	116.49	104.55	108.82	124.55
巴基斯坦	25.49	24.61	26.18	28.21	29.69	36.33	44.36
巴拉圭	40.78	44.53	44.97	40.85	39.28	43.23	27.27
巴林	128.40	129.07	132.08	177.71	163.58	185.15	234.72

续表

年份 国家	2014	2015	2016	2017	2018	2019	2020
巴拿马	156.97	160.77	154.84	147.59	152.28	156.76	201.88
巴西	22.64	30.17	30.17	26.36	29.06	30.27	44.40
白俄罗斯	50.77	67.77	78.61	72.33	64.58	63.24	69.78
保加利亚	82.73	79.72	74.33	69.51	60.55	59.08	70.37
冰岛	547.38	172.69	121.70	89.55	74.73	77.48	88.91
波兰	65.81	69.27	71.91	72.68	61.70	59.56	63.19
玻利维亚	26.92	29.99	32.39	34.63	32.88	35.08	38.72
博茨瓦纳	15.38	15.51	13.59	10.00	9.55	8.52	10.13
布基纳法索	18.29	22.24	22.02	22.18	20.46	22.90	26.08
丹麦	152.97	156.33	152.03	164.84	138.21	143.57	170.83
德国	140.65	148.24	144.95	156.10	141.23	145.62	177.15
多哥	22.56	26.53	23.21	28.84	26.91	30.54	33.62
俄罗斯	26.70	34.41	41.64	32.99	27.35	29.05	31.58
厄瓜多尔	24.50	28.60	35.40	39.57	41.61	47.89	57.81
法国	192.85	204.09	202.09	223.69	208.93	230.45	284.41
菲律宾	25.98	24.92	23.43	22.38	22.77	22.19	27.28
芬兰	199.54	205.27	191.96	191.85	209.80	224.87	240.73
哥伦比亚	27.56	38.57	42.76	40.38	39.82	43.03	57.01
哥斯达黎加	37.92	41.79	43.44	42.33	45.51	46.63	51.73
哈萨克斯坦	71.49	83.15	118.98	95.21	87.71	85.71	96.56
韩国	28.58	26.94	25.48	25.43	25.65	28.53	33.43
荷兰	512.58	552.48	527.87	549.10	474.50	460.61	477.75
洪都拉斯	37.30	36.35	35.06	37.78	38.09	38.93	46.82
吉尔吉斯斯坦	97.57	115.61	117.06	105.56	98.79	94.00	112.92
几内亚	21.61	23.29	24.38	21.59	20.21	21.21	24.62
加拿大	89.26	103.19	114.37	118.28	114.58	127.69	149.36
加纳	34.51	42.35	38.81	37.94	35.72	40.10	36.74
柬埔寨	49.73	52.21	50.20	51.47	55.03	56.55	69.63
捷克	61.73	66.84	69.62	93.73	78.88	77.20	82.42
喀麦隆	16.48	23.62	23.98	28.59	28.08	32.85	35.95

续表

年份 国家	2014	2015	2016	2017	2018	2019	2020
卡塔尔	69.28	90.43	106.98	106.52	101.03	112.83	139.65
科威特	23.19	34.70	38.79	44.99	41.84	43.90	55.58
克罗地亚	104.20	106.26	91.27	94.14	79.45	74.49	87.89
肯尼亚	27.52	30.90	30.44	33.18	34.96	35.83	35.69
拉脱维亚	132.03	139.72	140.39	150.55	119.64	118.10	134.69
老挝	72.65	80.90	85.63	87.20	85.65	91.53	90.70
黎巴嫩	133.92	136.62	135.76	139.57	145.02	142.30	218.99
立陶宛	64.60	75.33	82.16	87.96	75.95	70.45	82.24
卢森堡	5556.15	6489.59	6528.33	6767.74	5880.53	5752.88	5557.60
罗马尼亚	57.51	55.31	52.09	55.08	47.43	49.33	62.06
马达加斯加	23.66	26.55	25.11	25.67	27.40	28.65	25.61
马耳他	976.19	894.86	794.53	813.74	677.07	646.86	742.19
马来西亚	63.30	64.79	67.72	68.32	62.13	63.29	70.85
马里	24.07	28.17	27.01	27.95	27.39	30.04	34.96
美国	98.62	97.31	96.39	97.54	95.48	96.26	102.48
蒙古国	173.32	186.73	219.88	244.59	226.44	224.64	246.34
孟加拉国	18.88	18.44	17.41	18.72	19.03	18.84	21.53
秘鲁	33.78	35.36	36.26	32.04	29.94	28.16	36.38
缅甸	17.18	17.07	16.45	16.02	15.55	13.92	17.43
摩尔多瓦	61.52	78.84	77.25	72.27	65.04	62.97	70.15
摩洛哥	39.22	43.95	46.24	46.50	42.64	45.81	58.06
莫桑比克	77.06	90.16	120.87	121.18	126.73	133.11	148.34
墨西哥	33.48	36.50	39.07	38.10	37.13	37.01	42.86
纳米比亚	44.86	47.66	61.60	64.38	60.82	65.68	76.50
南非	40.17	38.99	47.97	50.57	46.74	53.56	56.43
尼加拉瓜	85.03	82.42	82.87	83.39	89.46	92.70	95.68
尼日尔	18.52	23.01	24.35	27.21	24.81	27.92	29.65
尼日利亚	5.23	6.66	8.49	11.49	12.71	12.24	15.19
挪威	135.63	157.81	166.16	164.35	145.29	164.95	199.20
葡萄牙	215.55	218.41	204.34	213.88	189.90	192.28	218.08

续表

年份 国家	2014	2015	2016	2017	2018	2019	2020
日本	56.22	67.09	69.52	73.91	81.06	83.87	91.87
瑞典	173.71	177.80	168.51	189.31	167.90	169.68	186.03
瑞士	230.09	247.20	258.45	282.46	252.44	271.54	303.78
塞内加尔	28.45	33.22	35.13	42.38	51.45	58.27	63.56
塞浦路斯	1049.11	1235.16	1089.79	1094.68	874.39	873.70	981.64
沙特阿拉伯	18.83	22.11	25.54	18.17	19.19	23.18	33.99
斯里兰卡	53.26	54.50	56.63	58.07	60.16	66.80	60.98
斯洛文尼亚	114.98	116.60	104.37	106.88	89.04	91.82	110.90
苏丹	35.27	33.20	39.94	48.21	62.36	69.04	233.75
塔吉克斯坦	56.23	62.19	74.10	79.99	76.94	79.88	80.65
泰国	35.87	32.92	33.66	35.53	33.93	33.09	37.99
坦桑尼亚	29.26	32.53	32.91	34.32	32.44	32.03	32.34
突尼斯	56.55	64.25	69.12	85.48	88.30	96.35	104.86
土耳其	43.24	46.30	47.01	53.20	57.33	57.95	60.15
土库曼斯坦	0.94	1.03	1.40	2.07	2.23	1.25	1.44
危地马拉	33.73	32.77	32.52	33.42	31.97	34.52	32.10
委内瑞拉	33.40	49.14	58.70	114.45	170.53	262.78	342.03
乌干达	26.64	29.68	34.69	37.97	37.42	39.72	47.01
乌克兰	94.78	128.53	123.18	109.82	92.37	80.52	80.57
乌拉圭	49.61	53.40	69.97	64.03	64.24	72.81	86.59
乌兹别克斯坦	16.24	17.05	19.20	28.38	34.81	37.67	62.95
西班牙	154.71	165.09	161.07	178.90	163.12	170.54	213.86
希腊	219.29	246.32	235.80	242.12	223.27	245.78	321.07
新加坡	427.56	417.30	418.40	435.81	405.21	422.42	491.79
新西兰	95.27	96.38	97.66	93.60	90.13	92.35	99.30
匈牙利	131.67	127.05	114.75	107.71	96.91	96.54	162.37
亚美尼亚	73.70	83.68	93.45	88.73	86.10	86.94	102.02
伊拉克	29.30	43.31	44.41	41.29	38.70	38.27	50.43
伊朗	1.34	1.68	1.45	1.53	1.96	1.87	2.29
以色列	31.02	29.81	27.31	25.11	25.35	26.58	32.44

续表

年份 国家	2014	2015	2016	2017	2018	2019	2020
意大利	113.47	122.97	116.81	129.78	116.96	125.32	150.45
印度	22.45	22.81	19.91	19.28	19.30	19.51	21.52
印度尼西亚	32.88	35.77	34.23	34.71	36.54	35.89	43.24
英国	298.64	279.41	278.78	325.08	294.57	312.39	359.98
约旦	66.01	66.84	68.41	73.01	74.90	75.69	82.08
越南	38.95	40.33	41.79	46.43	43.67	44.66	39.81
赞比亚	33.87	55.43	72.62	67.18	72.23	117.30	151.14
智利	58.29	65.94	65.93	65.14	61.52	70.69	82.60

资料来源：QEDS，WDI。

表 14　　　　　　　　　　短期外债／总外债　　　　　　　　（单位：%）

年份 国家	2014	2015	2016	2017	2018	2019	2020
阿尔巴尼亚	20.75	18.91	19.80	19.89	6.72	6.57	6.38
阿尔及利亚	36.10	38.95	36.38	36.81	40.62	41.25	34.36
阿根廷	19.79	31.81	19.99	22.89	23.69	23.38	14.87
阿联酋	34.79	31.07	28.45	26.21	23.62	21.57	19.75
阿曼	34.86	22.30	11.18	8.09	5.93	4.87	4.47
阿塞拜疆	16.70	11.62	9.57	4.41	3.51	3.89	5.82
埃及	8.04	9.26	17.74	13.43	10.70	10.02	9.26
埃塞俄比亚	1.72	1.09	3.95	2.42	2.70	1.70	1.73
爱尔兰	21.92	17.04	18.97	21.12	22.03	24.16	24.71
爱沙尼亚	45.60	50.08	46.39	38.45	27.48	32.36	31.55
安哥拉	13.45	14.51	7.71	7.26	4.47	5.43	2.78
奥地利	23.34	23.25	23.27	24.62	26.42	25.26	25.16
澳大利亚	22.97	24.29	24.25	23.37	22.42	21.82	19.56
巴基斯坦	8.55	9.42	9.41	9.74	8.17	8.36	6.17
巴拉圭	29.23	29.61	28.32	29.01	29.37	28.76	23.46
巴林	32.08	22.13	23.24	36.33	29.90	28.98	22.83
巴拿马	49.24	50.39	48.29	41.88	39.35	35.18	33.38
巴西	8.09	7.69	8.32	7.69	10.04	11.72	10.79

续表

年份 国家	2014	2015	2016	2017	2018	2019	2020
白俄罗斯	32.04	29.98	28.30	24.34	24.24	25.03	23.98
保加利亚	24.87	22.60	21.34	22.86	23.71	24.23	15.33
冰岛	27.59	37.73	6.37	6.74	7.26	6.89	7.40
波兰	10.57	11.12	15.30	13.37	14.01	15.86	16.15
玻利维亚	3.29	4.37	4.25	2.13	2.56	2.12	1.38
博茨瓦纳	16.78	17.20	17.82	6.19	14.08	8.89	13.63
布基纳法索	0.00	0.00	0.00	0.00	0.00	0.00	0.00
丹麦	37.42	34.48	33.92	34.47	34.37	30.46	34.18
德国	31.14	32.59	35.34	36.22	37.30	35.64	37.09
多哥	8.65	5.76	4.19	14.56	14.57	14.73	12.58
俄罗斯	10.31	8.10	8.80	9.85	10.57	11.82	12.28
厄瓜多尔	1.18	0.98	2.74	2.23	2.40	1.65	1.68
法国	36.15	37.16	38.47	40.01	41.46	41.42	43.41
菲律宾	20.92	19.49	19.43	19.53	20.35	20.58	14.43
芬兰	39.74	34.34	30.48	33.81	33.29	33.85	31.97
哥伦比亚	12.06	10.80	9.39	10.46	11.31	11.32	9.00
哥斯达黎加	11.72	10.84	10.03	9.66	11.59	10.17	12.50
哈萨克斯坦	6.17	4.22	4.02	4.48	5.13	5.55	6.07
韩国	27.10	26.34	27.42	28.14	28.47	28.78	29.24
荷兰	22.08	22.70	23.85	23.14	23.76	24.06	25.47
洪都拉斯	6.83	6.44	5.77	5.64	7.66	7.95	5.29
吉尔吉斯斯坦	4.26	4.57	4.57	4.38	5.62	6.14	6.01
几内亚	4.54	6.02	4.52	5.51	6.53	7.27	9.54
加拿大	29.88	30.66	30.96	30.69	33.28	36.73	36.84
加纳	17.27	16.43	13.18	14.88	15.57	17.21	7.95
柬埔寨	13.09	14.90	17.16	15.47	17.87	22.19	21.48
捷克	27.58	32.08	36.44	47.35	48.54	47.27	44.42
喀麦隆	3.07	4.09	3.35	3.14	0.44	9.84	2.44
卡塔尔	8.65	9.11	8.06	7.13	7.01	6.01	5.18
科威特	66.93	68.94	63.13	53.64	53.74	48.93	41.32

续表

国家＼年份	2014	2015	2016	2017	2018	2019	2020
克罗地亚	11.64	13.61	14.32	16.36	18.19	16.75	17.32
肯尼亚	11.81	13.64	10.13	10.14	8.30	7.63	5.82
拉脱维亚	45.51	52.05	52.93	53.85	44.86	40.46	44.69
老挝	8.54	6.00	5.33	5.07	2.63	3.50	2.88
黎巴嫩	12.42	12.28	11.30	11.82	6.96	6.71	6.50
立陶宛	32.43	35.49	46.06	44.64	46.91	31.79	28.94
卢森堡	21.97	20.52	19.54	19.75	21.19	21.68	25.54
罗马尼亚	10.68	12.63	12.59	12.80	14.23	13.29	11.50
马达加斯加	9.17	7.30	7.40	5.23	7.26	6.92	11.55
马耳他	44.17	37.26	31.24	30.89	30.32	26.90	24.49
马来西亚	37.10	39.19	40.46	39.25	43.34	40.85	38.15
马里	1.66	2.21	2.11	2.18	2.39	2.12	1.37
美国	31.61	29.43	28.83	28.73	30.90	31.10	33.61
蒙古国	11.20	11.27	10.51	11.50	10.78	9.41	3.95
孟加拉国	10.01	17.33	18.98	21.39	16.27	16.15	15.75
秘鲁	11.39	10.73	11.15	12.88	14.99	13.34	13.99
缅甸	0.87	0.96	0.90	0.90	0.98	0.59	0.47
摩尔多瓦	22.22	19.07	20.81	23.35	26.79	26.18	25.85
摩洛哥	17.29	15.66	18.83	14.15	14.44	15.91	12.46
莫桑比克	3.21	5.55	3.99	6.80	6.54	8.09	6.88
墨西哥	21.48	16.83	12.84	11.99	13.67	13.50	10.74
纳米比亚	9.40	6.02	7.73	8.97	10.24	9.98	8.74
南非	24.15	23.42	20.86	18.98	21.31	18.63	16.31
尼加拉瓜	8.88	6.28	6.85	6.79	5.28	3.67	3.23
尼日尔	3.33	1.03	1.60	2.30	2.13	2.57	2.47
尼日利亚	0.00	0.00	0.00	0.00	0.00	0.00	0.00
挪威	34.19	33.80	35.08	36.56	36.75	35.65	35.89
葡萄牙	33.10	35.29	39.11	37.80	40.65	38.21	38.45
日本	75.13	74.66	74.10	71.89	72.26	69.78	71.08
瑞典	33.07	31.72	31.38	32.97	32.59	32.26	32.45

续表

年份 国家	2014	2015	2016	2017	2018	2019	2020
瑞士	56.69	58.61	58.18	55.13	54.56	51.33	55.45
塞内加尔	0.00	0.00	0.00	0.00	0.00	0.00	0.00
塞浦路斯	24.84	23.80	21.80	20.30	17.96	22.22	20.12
沙特阿拉伯	33.04	30.62	19.75	22.70	18.80	24.29	17.85
斯里兰卡	16.92	16.91	15.82	15.18	15.29	14.75	16.65
斯洛文尼亚	15.35	16.57	20.40	20.98	21.95	24.04	23.80
苏丹	24.10	23.70	23.96	24.61	25.12	24.37	58.13
塔吉克斯坦	22.73	20.19	17.00	13.48	14.75	20.85	16.90
泰国	32.20	32.96	34.62	38.06	33.06	29.56	33.95
坦桑尼亚	14.21	12.06	12.44	11.20	9.74	9.26	9.58
突尼斯	24.75	22.98	23.19	22.06	23.08	28.57	25.84
土耳其	34.22	25.93	22.19	24.30	21.66	23.12	26.32
土库曼斯坦	0.19	0.21	30.32	53.20	33.80	0.14	15.29
危地马拉	4.91	4.16	4.27	4.54	6.45	5.35	4.94
委内瑞拉	19.00	25.85	28.69	28.83	30.27	30.46	27.57
乌干达	5.69	5.38	4.63	3.76	3.67	6.44	6.51
乌克兰	16.05	14.31	14.10	14.84	13.12	13.34	13.73
乌拉圭	21.96	22.27	16.95	15.78	14.72	14.30	13.97
乌兹别克斯坦	1.28	1.17	2.52	4.29	4.78	2.53	6.52
西班牙	33.03	35.29	38.28	39.85	39.53	37.20	39.57
希腊	30.44	35.22	32.41	26.26	19.32	23.97	30.12
新加坡	77.11	75.28	72.09	72.42	72.14	70.09	68.00
新西兰	21.02	20.91	21.16	22.42	23.57	24.58	26.30
匈牙利	10.55	9.99	9.54	9.35	9.27	9.03	8.30
亚美尼亚	10.64	7.44	10.77	8.44	10.39	13.43	12.42
伊拉克	13.02	11.29	8.57	9.94	12.20	14.37	13.22
伊朗	7.42	31.29	54.71	61.58	37.30	33.07	32.46
以色列	36.61	34.34	36.46	37.18	36.42	35.89	33.15
意大利	27.69	28.01	34.37	37.73	41.54	35.59	38.50
印度	18.68	17.02	18.40	19.01	19.94	18.93	18.36

续表

年份 国家	2014	2015	2016	2017	2018	2019	2020
印度尼西亚	15.64	12.39	12.76	13.24	12.62	11.01	9.54
英国	67.31	63.60	64.27	64.62	64.56	64.15	64.47
约旦	49.99	44.42	42.40	40.31	43.11	44.22	44.32
越南	18.78	15.41	14.85	21.06	18.30	20.85	11.11
赞比亚	8.91	6.28	5.01	5.18	3.28	3.06	4.98
智利	10.95	7.79	7.94	9.49	9.60	9.83	7.80

资料来源：QEDS，WDI。

表15　　　　　　　　　　　　　　　财政余额/GDP　　　　　　　　　（单位:%）

年份 国家	2016	2017	2018	2019	2020	2021	2022
阿尔巴尼亚	-0.72	-1.39	-1.35	-1.96	-6.86	-6.69	-5.28
阿尔及利亚	-13.05	-6.54	-4.43	-5.58	-6.25	-9.25	-6.52
阿根廷	-6.66	-6.69	-5.44	-4.40	-8.63	-4.60	-3.30
阿联酋	-2.82	-1.68	1.90	0.59	-5.64	-0.54	-0.22
阿曼	-22.51	-11.98	-7.71	-5.57	-18.67	-2.57	1.11
阿塞拜疆	-1.15	-1.26	5.47	9.08	-6.50	-1.84	0.74
埃及	-12.47	-10.43	-9.44	-7.99	-7.87	-7.33	-6.33
埃塞俄比亚	-2.30	-3.24	-3.03	-2.53	-2.76	-2.98	-4.30
爱尔兰	-0.78	-0.43	0.02	0.30	-5.03	-5.35	-3.39
爱沙尼亚	-0.41	-0.72	-0.51	0.52	-4.86	-2.93	-2.40
安哥拉	-4.52	-6.59	2.29	0.78	-1.89	3.22	2.82
奥地利	-1.53	-0.82	0.17	0.61	-8.77	-5.79	-2.94
澳大利亚	-2.42	-1.71	-1.26	-4.36	-8.73	-8.46	-5.84
巴基斯坦	-4.42	-5.76	-6.42	-8.96	-8.04	-7.07	-6.23
巴拉圭	-0.40	-0.88	-1.65	-3.80	-7.15	-5.21	-3.99
巴林	-17.43	-14.03	-11.85	-9.00	-17.88	-8.00	-8.02
巴拿马	-1.98	-2.16	-3.19	-3.57	-10.05	-7.39	-3.96
巴西	-8.99	-7.86	-7.10	-5.88	-13.37	-6.16	-7.41
白俄罗斯	-1.66	-0.34	1.80	0.91	-2.92	-3.88	-2.36
保加利亚	1.54	0.83	0.12	-0.96	-2.98	-3.68	-2.96

续表

年份 国家	2016	2017	2018	2019	2020	2021	2022
冰岛	12.55	0.96	0.91	−1.52	−8.64	−8.67	−6.43
波兰	−2.39	−1.49	−0.24	−0.69	−6.95	−4.25	−1.90
玻利维亚	−7.24	−7.82	−8.14	−7.22	−12.73	−9.19	−7.29
博茨瓦纳	0.71	−1.15	−5.07	−8.58	−9.93	−5.03	−6.39
布基纳法索	−3.08	−6.92	−4.39	−3.41	−5.70	−5.60	−4.80
丹麦	−0.11	1.79	0.76	4.06	−0.60	−1.88	0.07
德国	1.16	1.34	1.91	1.47	−4.31	−6.84	−1.77
多哥	−7.07	−0.21	−0.58	1.61	−6.88	−6.02	−4.99
俄罗斯	−3.67	−1.47	2.92	1.94	−4.01	−0.56	0.02
厄瓜多尔	−8.23	−4.46	−2.06	−2.74	−6.14	−2.32	0.08
法国	−3.64	−2.96	−2.29	−3.07	−9.21	−8.93	−4.73
菲律宾	−0.35	−0.37	−1.55	−1.66	−5.74	−7.62	−6.20
芬兰	−1.70	−0.65	−0.85	−1.00	−5.47	−4.59	−2.58
哥伦比亚	−2.27	−2.50	−4.67	−3.48	−6.95	−8.44	−6.41
哥斯达黎加	−5.13	−5.97	−5.73	−6.77	−8.62	−6.39	−5.74
哈萨克斯坦	−4.50	−4.27	2.58	−0.57	−7.03	−2.97	−1.47
韩国	1.65	2.19	2.56	0.37	−2.24	−2.93	−2.76
荷兰	0.02	1.26	1.37	2.48	−4.29	−6.14	−2.02
洪都拉斯	−0.40	−0.41	0.20	0.09	−4.65	−4.16	−2.03
吉尔吉斯斯坦	−5.79	−3.73	−0.59	−0.13	−3.27	−3.67	−3.76
几内亚	−0.15	−2.06	−1.09	−0.48	−2.87	−2.35	−3.12
加拿大	−0.45	−0.11	0.28	0.54	−10.88	−7.49	−2.21
加纳	−6.75	−3.97	−6.79	−7.20	−15.70	−14.50	−11.13
柬埔寨	−0.30	−0.78	0.66	2.96	−3.45	−3.75	−3.75
捷克	0.71	1.50	0.91	0.31	−6.11	−8.03	−5.47
喀麦隆	−6.09	−4.87	−2.49	−3.30	−3.26	−2.75	−1.46
卡塔尔	−4.82	−2.49	5.92	4.93	1.32	2.78	5.68
科威特	0.30	6.27	9.19	4.97	−8.34	−1.47	0.99
克罗地亚	−0.82	0.83	0.23	0.30	−7.42	−4.11	−2.68
肯尼亚	−7.83	−7.54	−7.02	−7.35	−8.06	−8.01	−6.67

续表

年份 国家	2016	2017	2018	2019	2020	2021	2022
拉脱维亚	− 0.40	− 0.82	− 0.74	− 0.38	− 3.92	− 8.61	− 3.60
老挝	− 4.85	− 5.49	− 4.66	− 4.39	− 5.52	− 5.49	− 5.21
黎巴嫩	− 8.84	− 8.61	− 11.22	− 10.30	− 3.23	− 2.00	− 2.40
立陶宛	0.26	0.45	0.60	0.27	− 7.35	− 5.23	− 2.73
卢森堡	1.94	1.33	3.02	2.37	− 4.08	− 1.34	− 0.28
罗马尼亚	− 2.40	− 2.83	− 2.82	− 4.57	− 9.64	− 6.70	− 5.59
马达加斯加	− 1.11	− 2.10	− 1.34	− 1.42	− 4.28	− 6.43	− 4.47
马耳他	0.95	3.12	1.86	0.36	− 9.93	− 11.64	− 6.34
马来西亚	− 2.60	− 2.41	− 2.65	− 2.22	− 5.18	− 5.89	− 4.10
马里	− 3.95	− 2.86	− 4.74	− 1.68	− 5.39	− 5.50	− 4.50
美国	− 4.34	− 4.63	− 5.44	− 5.73	− 14.85	− 10.82	− 6.89
蒙古国	− 15.29	− 3.78	2.97	0.81	− 9.76	− 5.60	− 1.71
孟加拉国	− 3.36	− 3.34	− 4.64	− 5.43	− 5.54	− 5.94	− 6.11
秘鲁	− 2.26	− 2.94	− 2.00	− 1.37	− 8.34	− 5.44	− 3.94
缅甸	− 3.87	− 2.86	− 3.40	− 3.91	− 5.61	− 7.79	− 6.97
摩尔多瓦	− 1.55	− 0.64	− 0.84	− 1.44	− 5.15	− 4.33	− 5.95
摩洛哥	− 4.78	− 3.49	− 3.70	− 3.82	− 7.57	− 6.49	− 5.91
莫桑比克	− 5.12	− 1.99	− 5.59	− 0.15	− 5.12	− 7.34	− 8.21
墨西哥	− 2.77	− 1.06	− 2.20	− 2.33	− 4.48	− 4.25	− 3.54
纳米比亚	− 9.10	− 4.93	− 5.09	− 5.52	− 9.42	− 9.79	− 8.02
南非	− 3.73	− 4.02	− 3.75	− 4.77	− 10.81	− 8.44	− 6.99
尼加拉瓜	− 1.84	− 1.78	− 3.02	− 0.30	− 2.22	− 2.95	− 1.77
尼日尔	− 4.46	− 4.12	− 3.00	− 3.56	− 5.34	− 6.60	− 5.30
尼日利亚	− 4.65	− 5.42	− 4.32	− 4.69	− 5.78	− 6.11	− 5.96
挪威	4.06	5.00	7.79	6.40	− 6.13	− 5.95	0.04
葡萄牙	− 1.94	− 2.96	− 0.35	0.08	− 5.75	− 4.81	− 3.00
日本	− 3.84	− 3.32	− 2.70	− 3.11	− 10.28	− 9.00	− 3.86
瑞典	1.01	1.40	0.83	0.51	− 3.07	− 2.63	− 0.84
瑞士	0.24	1.12	1.27	1.32	− 2.82	− 2.08	− 0.30
塞内加尔	− 3.27	− 2.97	− 3.66	− 3.87	− 6.37	− 5.40	− 4.22

续表

年份 国家	2016	2017	2018	2019	2020	2021	2022
塞浦路斯	0.24	2.00	− 3.46	1.46	− 5.73	− 5.12	− 1.44
沙特阿拉伯	− 17.20	− 9.24	− 5.87	− 4.45	− 11.31	− 3.05	− 1.77
斯里兰卡	− 5.34	− 5.50	− 5.32	− 7.97	− 12.76	− 10.51	− 10.03
斯洛文尼亚	− 1.92	− 0.06	0.74	0.43	− 8.30	− 7.01	− 3.85
苏丹	− 3.91	− 6.20	− 7.93	− 10.82	− 5.93	− 2.88	− 1.49
塔吉克斯坦	− 9.03	− 5.97	− 2.78	− 2.10	− 4.41	− 2.70	− 2.50
泰国	0.57	− 0.43	0.06	− 0.82	− 4.70	− 6.91	− 3.36
坦桑尼亚	− 2.08	− 1.16	− 1.93	− 1.72	− 1.80	− 3.27	− 3.40
突尼斯	− 6.23	− 5.97	− 4.54	− 3.85	− 9.81	− 8.25	− 7.65
土耳其	− 2.34	− 2.18	− 3.79	− 5.61	− 5.29	− 4.92	− 5.58
土库曼斯坦	− 2.24	− 2.60	− 0.22	− 0.39	− 0.16	− 0.33	− 0.04
危地马拉	− 1.13	− 1.39	− 1.88	− 2.24	− 4.92	− 2.27	− 2.58
委内瑞拉	− 10.81	− 22.99	− 31.00	− 10.00	− 5.05	− 7.20	− 6.60
乌干达	− 2.61	− 3.55	− 3.02	− 4.83	− 7.57	− 5.94	− 4.42
乌克兰	− 2.23	− 2.29	− 2.15	− 1.97	− 6.02	− 4.50	− 3.50
乌拉圭	− 2.67	− 2.51	− 1.87	− 2.75	− 4.66	− 4.21	− 3.62
乌兹别克斯坦	0.77	1.21	1.67	− 0.25	− 3.14	− 3.52	− 3.39
西班牙	− 4.31	− 3.02	− 2.49	− 2.86	− 10.97	− 8.63	− 5.02
希腊	0.31	0.91	0.81	0.23	− 10.51	− 10.25	− 4.29
新加坡	3.66	5.31	3.69	3.88	− 8.88	− 0.23	1.96
新西兰	1.02	1.27	1.14	− 2.27	− 5.98	− 7.38	− 5.94
匈牙利	− 1.80	− 2.43	− 2.10	− 2.08	− 8.11	− 6.60	− 5.94
亚美尼亚	− 5.63	− 4.79	− 1.75	− 0.98	− 5.40	− 4.04	− 2.64
伊拉克	− 14.51	− 1.50	7.80	0.84	− 12.81	− 1.55	− 2.53
伊朗	− 1.94	− 1.76	− 1.85	− 5.08	− 5.72	− 6.45	− 7.27
以色列	− 1.43	− 1.09	− 3.53	− 3.91	− 11.40	− 6.81	− 4.33
意大利	− 2.40	− 2.42	− 2.18	− 1.56	− 9.50	− 10.24	− 4.68
印度	− 7.12	− 6.23	− 6.38	− 7.39	− 12.78	− 11.27	− 9.71
印度尼西亚	− 2.49	− 2.51	− 1.75	− 2.23	− 5.87	− 6.12	− 4.83
英国	− 3.28	− 2.42	− 2.23	− 2.31	− 12.53	− 11.89	− 5.56

续表

年份 国家	2016	2017	2018	2019	2020	2021	2022
约旦	-3.66	-3.58	-4.66	-6.01	-8.92	-7.69	-5.94
越南	-3.16	-1.96	-1.03	-3.31	-3.91	-4.72	-4.68
赞比亚	-5.69	-7.50	-8.26	-9.41	-12.92	-8.53	-7.76
智利	-2.65	-2.62	-1.47	-2.72	-7.14	-7.90	-1.63

资料来源：WEO。

表16　　　　　　　　　　　　外债/外汇储备　　　　　　　　（单位：%）

年份 国家	2014	2015	2016	2017	2018	2019	2020
阿尔巴尼亚	319.39	269.14	273.96	273.13	253.45	255.76	217.90
阿尔及利亚	2.97	3.09	4.51	5.43	6.53	7.65	8.73
阿根廷	490.28	693.56	492.00	428.46	428.86	621.65	688.88
阿联酋	244.17	211.34	249.24	241.23	235.38	225.99	241.86
阿曼	82.67	114.57	158.52	312.64	387.21	425.33	505.48
阿塞拜疆	76.49	181.97	221.94	229.04	243.19	224.91	225.22
埃及	279.64	314.31	292.54	232.75	239.01	258.03	331.50
埃塞俄比亚	480.68	535.01	774.47	861.36	697.02	945.23	982.42
爱尔兰	124044.90	109301.50	62013.20	55023.70	52266.25	49751.75	58677.77
爱沙尼亚	5253.33	5041.35	5709.00	6782.00	3015.78	1634.11	1502.59
安哥拉	210.61	236.52	240.01	291.70	335.39	318.32	470.84
奥地利	2960.14	2907.25	2643.49	3174.88	2827.02	2906.62	2521.52
澳大利亚	2603.21	3088.51	2620.02	2326.30	2774.90	2593.05	3851.20
巴基斯坦	434.70	332.99	331.59	466.15	790.15	608.95	632.31
巴拉圭	235.70	271.52	235.84	202.21	205.24	212.35	104.62
巴林	688.17	1130.12	1629.97	2233.03	2638.63	1825.31	3230.82
巴拿马	1943.37	2574.39	2330.90	3395.97	4661.00	3058.15	1111.64
巴西	153.02	152.53	148.77	145.19	148.80	159.38	179.58
白俄罗斯	789.58	916.84	764.44	541.12	541.63	433.58	563.02
保加利亚	233.86	182.27	158.86	144.45	139.68	145.16	128.44
冰岛	2341.45	600.13	350.21	337.23	310.04	283.73	300.77
波兰	356.70	348.91	298.35	338.98	309.57	277.33	243.74

年份 国家	2014	2015	2016	2017	2018	2019	2020
玻利维亚	58.72	75.83	109.36	126.78	148.36	222.21	270.72
博茨瓦纳	30.03	29.64	29.58	23.25	26.77	25.37	32.35
布基纳法索	396.79	284.28	283.70	189.72	207.90	213.72	289.62
丹麦	716.23	726.67	741.00	727.33	695.53	751.83	832.74
德国	2827.60	2862.48	2733.58	2864.36	2824.60	2509.27	2518.42
多哥	194.41	144.74	194.29	190.89	257.24	164.18	152.93
俄罗斯	142.49	127.17	141.38	119.63	96.80	88.47	78.28
厄瓜多尔	634.11	1141.88	839.19	1896.67	2081.58	1759.22	869.55
法国	3816.87	3608.52	3418.86	3713.90	3511.49	3316.59	3301.23
菲律宾	96.91	94.57	92.65	90.17	99.75	93.46	89.53
芬兰	5119.68	4795.45	4420.47	4656.16	5616.87	5293.83	4839.53
哥伦比亚	224.31	244.47	262.05	267.34	277.73	263.99	264.11
哥斯达黎加	273.48	301.11	337.51	358.27	378.21	333.70	440.06
哈萨克斯坦	540.17	549.28	550.62	517.13	506.83	538.72	460.62
韩国	116.54	107.92	103.28	105.92	109.47	115.09	123.01
荷兰	10607.75	11060.13	11525.92	11890.25	11284.88	9643.92	8072.92
洪都拉斯	213.09	203.16	199.66	185.67	192.21	170.04	137.07
吉尔吉斯斯坦	372.26	434.23	405.30	373.50	378.82	343.35	310.70
几内亚	192.76	313.09	260.69	236.38	198.87	202.22	257.52
加拿大	2162.77	2018.37	2115.47	2251.68	2348.18	2604.80	2708.71
加纳	320.76	350.29	360.54	318.26	370.65	356.45	337.14
柬埔寨	135.97	127.77	110.25	93.55	92.42	81.60	82.57
捷克	236.74	194.85	159.18	138.69	137.35	129.18	121.15
喀麦隆	181.98	206.57	351.65	313.12	314.05	340.32	356.11
卡塔尔	330.23	393.20	509.93	1142.71	609.00	499.98	497.61
科威特	107.47	128.89	124.59	147.58	143.35	136.71	111.28
克罗地亚	389.40	351.62	330.62	277.57	243.93	217.89	211.52
肯尼亚	214.77	263.17	278.81	357.63	375.88	375.36	425.22
拉脱维亚	1281.39	1104.44	1121.38	991.50	941.57	897.84	853.11
老挝	781.58	1089.12	1477.59	1305.79	1568.41	1564.11	1246.35

续表

国家\年份	2014	2015	2016	2017	2018	2019	2020
黎巴嫩	127.22	140.58	128.96	133.85	152.17	141.70	172.25
立陶宛	359.15	1838.54	1359.39	941.71	706.71	757.02	948.37
卢森堡	425265.50	486200.80	407134.80	493455.80	443974.20	387778.80	342662.70
罗马尼亚	266.36	254.40	245.13	262.81	271.35	293.60	296.08
马达加斯加	382.82	361.38	251.39	211.36	214.43	240.11	177.42
马耳他	18324.17	17360.98	13755.67	12915.73	9822.63	10497.27	11567.23
马来西亚	184.44	204.67	215.74	213.65	220.83	222.13	221.07
马里	331.31	460.05	957.52	662.85	511.38	442.62	355.83
美国	3976.52	4612.08	4439.68	4217.52	4370.98	3984.66	3410.43
蒙古国	1282.90	1658.98	1886.13	926.39	836.22	720.54	711.99
孟加拉国	146.34	130.80	119.18	140.02	162.77	174.60	161.60
秘鲁	108.60	109.08	112.64	105.93	110.67	94.82	98.10
缅甸	227.16	223.82	206.84	206.35	189.23	190.83	173.09
摩尔多瓦	271.30	347.60	282.66	249.28	248.76	246.31	220.89
摩洛哥	212.79	195.13	189.77	195.31	205.69	208.11	182.26
莫桑比克	423.82	557.17	660.85	476.62	577.53	523.52	508.35
墨西哥	225.51	239.89	237.08	252.57	257.39	256.83	232.58
纳米比亚	473.87	319.98	360.20	341.32	387.05	402.77	377.00
南非	287.04	270.23	300.97	348.95	333.06	341.47	309.78
尼加拉瓜	443.79	421.85	449.82	416.86	515.33	487.64	376.00
尼日尔	148.68	199.70	212.59	234.45	295.87	228.06	235.49
尼日利亚	76.35	111.73	122.75	106.65	117.77	143.03	178.68
挪威	1042.33	1060.23	1014.37	992.20	1005.46	1000.33	958.16
葡萄牙	2516.48	2240.07	1684.49	1811.21	1844.15	1845.65	1710.04
日本	216.39	239.44	280.34	285.68	315.95	321.50	346.87
瑞典	1615.51	1545.46	1464.81	1646.82	1538.58	1623.16	1717.86
瑞士	309.31	288.26	264.92	245.19	236.08	232.16	210.40
塞内加尔	275.76	296.96	430.43	465.01	482.32	456.70	499.58
塞浦路斯	27177.95	30337.22	28104.76	28028.96	23945.75	21092.18	18885.32
沙特阿拉伯	19.14	23.06	30.12	24.59	29.67	35.70	50.30

续表

年份 国家	2014	2015	2016	2017	2018	2019	2020
斯里兰卡	514.72	601.54	776.63	637.83	764.50	733.44	868.85
斯洛文尼亚	5648.59	5867.82	6291.89	5821.53	5166.04	4898.52	4472.96
苏丹	11999.47	12333.95	12533.37	12195.88	14154.07	13493.51	311400.40
塔吉克斯坦	999.45	1042.59	803.57	466.64	465.28	452.21	293.66
泰国	92.99	84.62	80.81	79.80	83.50	80.36	73.92
坦桑尼亚	333.04	377.68	376.50	310.83	366.16	351.75	423.31
突尼斯	359.26	366.98	470.80	553.75	620.27	476.83	419.36
土耳其	319.69	363.64	389.52	423.15	479.58	416.04	463.15
土库曼斯坦	2.63	3.40	3.24	8.03	6.13	3.95	4.19
危地马拉	266.16	263.08	234.68	203.52	186.02	179.86	134.90
委内瑞拉	750.41	1017.58	1615.76	1684.69	1832.06	2250.50	2530.92
乌干达	260.87	329.02	325.59	313.71	366.68	438.52	456.39
乌克兰	1684.62	879.64	740.16	653.88	581.23	489.79	431.34
乌拉圭	161.75	181.98	297.28	257.71	266.40	307.37	285.77
乌兹别克斯坦	51.46	57.46	59.75	59.82	64.78	74.24	104.08
西班牙	4204.33	3670.54	3142.72	3376.96	3279.25	3172.04	3367.57
希腊	8263.41	7968.77	6642.50	6205.27	6245.69	5922.35	5086.02
新加坡	514.05	510.03	531.75	524.50	519.99	554.33	451.92
新西兰	1207.27	1167.10	1036.42	936.77	1082.21	1083.47	1532.86
匈牙利	441.84	479.44	568.78	550.03	494.34	497.39	608.64
亚美尼亚	574.42	497.44	447.15	442.00	474.73	417.15	493.25
伊拉克	100.79	133.96	163.71	159.90	126.77	124.89	128.89
伊朗	5.24	5.56	5.80	6.43	5.70	5.60	6.64
以色列	111.68	98.74	91.28	78.45	81.56	83.32	75.38
意大利	1713.90	1727.21	1626.65	1684.62	1608.16	1432.19	1347.65
印度	140.92	135.69	125.97	123.73	130.58	120.95	95.57
印度尼西亚	261.61	290.57	275.00	272.31	314.05	311.63	337.00
英国	7393.65	5531.51	5555.00	5726.56	4869.70	5080.83	5419.64
约旦	151.58	155.64	175.59	194.31	220.92	219.01	211.78
越南	211.92	275.51	234.52	211.92	192.96	149.36	113.76

续表

年份 国家	2014	2015	2016	2017	2018	2019	2020
赞比亚	298.62	396.90	646.94	834.78	1211.10	1887.41	2426.33
智利	376.13	416.41	407.02	462.91	459.98	485.13	533.58

资料来源：WDI，QEDS。

表 17　　　　　　　　　　　　　　经常账户余额/GDP　　　　　　　　　（单位：%）

年份 国家	2016	2017	2018	2019	2020	2021	2022
阿尔巴尼亚	-7.57	-7.49	-6.76	-7.63	-8.89	-8.64	-8.31
阿尔及利亚	-16.54	-13.12	-9.65	-9.91	-12.68	-7.63	-5.47
阿根廷	-2.71	-4.84	-5.17	-0.82	0.85	0.99	0.77
阿联酋	3.70	7.13	9.59	8.48	3.08	9.67	9.37
阿曼	-19.15	-15.55	-5.37	-5.45	-13.67	-5.75	-0.94
阿塞拜疆	-3.60	4.07	12.84	9.06	-0.53	7.82	7.73
埃及	-5.97	-6.09	-2.38	-3.60	-3.07	-3.88	-3.66
埃塞俄比亚	-10.91	-8.46	-6.53	-5.33	-4.60	-2.87	-6.00
爱尔兰	-4.21	0.49	4.91	-19.85	-2.65	11.11	8.83
爱沙尼亚	1.23	2.29	0.92	1.99	-0.59	-1.81	-1.96
安哥拉	-3.05	-0.52	7.30	6.08	1.49	7.34	5.69
奥地利	2.72	1.37	1.26	2.84	2.50	1.61	2.00
澳大利亚	-3.28	-2.58	-2.09	0.71	2.66	3.56	1.32
巴基斯坦	-1.78	-4.03	-6.13	-4.85	-1.70	-0.61	-3.10
巴拉圭	3.62	3.04	0.05	-1.15	2.20	3.49	2.07
巴林	-4.63	-4.09	-6.47	-2.07	-9.34	-2.90	-2.87
巴拿马	-7.78	-5.92	-7.65	-4.99	2.33	-3.69	-3.45
巴西	-1.36	-1.07	-2.68	-3.46	-1.79	-0.52	-1.72
白俄罗斯	-3.38	-1.74	0.04	-1.93	-0.42	0.39	-0.66
保加利亚	3.07	3.32	0.95	1.83	-0.66	0.52	0.35
冰岛	8.10	4.22	3.54	5.83	0.91	1.00	1.23
波兰	-0.79	-0.37	-1.28	0.49	3.45	2.26	1.56
玻利维亚	-5.58	-5.02	-4.49	-3.37	-0.48	-2.22	-2.83
博茨瓦纳	7.97	5.77	0.69	-8.42	-10.58	-4.04	-1.93

续表

年份\国家	2016	2017	2018	2019	2020	2021	2022
布基纳法索	− 6.08	− 5.03	− 4.14	− 3.28	− 0.15	− 2.53	− 4.09
丹麦	7.77	8.01	7.28	8.75	8.24	6.96	6.84
德国	8.51	7.80	7.84	7.45	6.95	6.80	6.95
多哥	− 7.24	− 1.51	− 2.60	− 0.77	− 1.48	− 2.68	− 2.71
俄罗斯	1.91	2.04	7.00	3.87	2.44	5.74	4.41
厄瓜多尔	1.11	− 0.15	− 1.24	− 0.06	2.50	1.71	1.73
法国	− 0.49	− 0.77	− 0.83	− 0.29	− 1.90	− 1.67	− 1.41
菲律宾	− 0.38	− 0.65	− 2.56	− 0.81	3.59	0.39	− 1.85
芬兰	− 2.00	− 0.80	− 1.85	− 0.31	0.76	− 0.10	0.36
哥伦比亚	− 4.52	− 3.45	− 4.09	− 4.49	− 3.43	− 4.38	− 4.03
哥斯达黎加	− 2.14	− 3.62	− 3.22	− 2.15	− 2.18	− 2.96	− 2.69
哈萨克斯坦	− 5.92	− 3.06	− 0.08	− 4.02	− 3.66	− 0.87	− 1.40
韩国	6.53	4.64	4.49	3.61	4.60	4.46	4.18
荷兰	8.07	10.83	10.84	9.37	6.98	7.90	8.67
洪都拉斯	− 3.14	− 1.25	− 5.73	− 1.37	3.00	− 3.03	− 3.21
吉尔吉斯斯坦	− 11.63	− 6.20	− 12.05	− 12.10	4.51	− 7.70	− 7.59
几内亚	− 30.66	− 6.75	− 19.54	− 11.46	− 13.66	− 8.50	− 11.16
加拿大	− 3.09	− 2.80	− 2.34	− 2.05	− 1.82	0.52	0.21
加纳	− 5.11	− 3.32	− 3.04	− 2.74	− 3.11	− 2.23	− 3.50
柬埔寨	− 8.48	− 7.91	− 11.77	− 15.01	− 12.13	− 21.32	− 16.15
捷克	1.78	1.55	0.45	0.33	3.57	1.57	0.82
喀麦隆	− 3.18	− 2.71	− 3.64	− 4.35	− 3.68	− 2.83	− 2.20
卡塔尔	− 5.45	3.99	9.08	2.41	− 2.40	8.20	11.56
科威特	− 4.62	7.96	14.40	16.26	16.72	15.51	13.27
克罗地亚	2.20	3.47	1.82	3.04	− 0.36	− 0.10	− 0.80
肯尼亚	− 5.39	− 6.94	− 5.47	− 5.53	− 4.42	− 5.04	− 5.10
拉脱维亚	1.58	1.26	− 0.29	− 0.65	2.95	− 1.03	− 1.14
老挝	− 11.02	− 11.15	− 12.96	− 9.11	− 4.45	− 6.24	− 6.91
黎巴嫩	− 23.42	− 26.33	− 28.45	− 27.57	− 17.79	− 26.70	− 13.00
立陶宛	− 0.82	0.59	0.30	3.34	8.34	6.69	4.73

续表

年份 国家	2016	2017	2018	2019	2020	2021	2022
卢森堡	4.94	4.90	4.76	4.57	4.29	4.70	4.33
罗马尼亚	-1.59	-3.11	-4.65	-4.89	-5.24	-5.71	-5.53
马达加斯加	0.48	-0.42	0.72	-2.29	-5.32	-5.83	-4.56
马耳他	-0.57	5.59	6.07	5.54	-3.50	-2.39	-0.28
马来西亚	2.39	2.79	2.23	3.50	4.24	3.81	3.75
马里	-7.24	-7.29	-4.90	-7.46	-0.22	-5.28	-5.02
美国	-2.13	-1.86	-2.14	-2.21	-2.95	-3.47	-3.50
蒙古国	-6.27	-10.11	-16.80	-15.44	-5.14	-8.52	-13.25
孟加拉国	1.93	-0.53	-3.50	-1.69	-1.46	-1.07	-1.50
秘鲁	-2.61	-1.30	-1.74	-0.93	0.77	0.40	0.15
缅甸	-4.21	-6.79	-4.71	-2.83	-3.44	-0.81	-0.98
摩尔多瓦	-3.50	-5.73	-10.35	-9.35	-6.68	-8.45	-9.61
摩洛哥	-4.05	-3.42	-5.27	-3.68	-1.47	-3.07	-3.25
莫桑比克	-32.22	-19.56	-30.31	-19.64	-27.18	-33.98	-23.00
墨西哥	-2.26	-1.76	-2.05	-0.31	2.43	0.04	-0.26
纳米比亚	-16.50	-4.41	-3.44	-1.75	2.36	-7.29	-3.87
南非	-2.63	-2.33	-3.23	-2.73	1.96	2.88	-0.86
尼加拉瓜	-8.48	-7.16	-1.80	5.97	7.59	4.15	4.03
尼日尔	-11.42	-11.39	-12.65	-12.57	-13.47	-15.39	-16.11
尼日利亚	1.26	3.38	1.48	-3.26	-3.95	-3.22	-2.25
挪威	4.45	5.48	7.95	2.85	1.97	7.18	6.96
葡萄牙	1.17	1.30	0.55	0.44	-1.11	-1.68	-2.13
日本	3.95	4.13	3.53	3.44	3.26	3.47	3.32
瑞典	2.39	2.95	2.63	5.46	5.71	4.80	4.31
瑞士	9.00	7.20	6.67	6.71	3.79	7.21	7.52
塞内加尔	-4.19	-7.28	-8.81	-8.14	-10.19	-12.19	-11.59
塞浦路斯	-4.20	-5.31	-3.93	-6.31	-11.88	-9.31	-7.43
沙特阿拉伯	-3.70	1.52	9.15	4.82	-2.81	3.87	3.79
斯里兰卡	-2.12	-2.64	-3.18	-2.20	-1.34	-3.17	-2.91
斯洛文尼亚	4.78	6.22	5.96	5.99	7.38	6.38	6.33

续表

年份\国家	2016	2017	2018	2019	2020	2021	2022
苏丹	-6.49	-9.64	-13.99	-15.63	-17.46	-10.07	-9.43
塔吉克斯坦	-4.18	2.23	-5.05	-2.28	4.20	1.94	-1.94
泰国	10.51	9.63	5.61	7.02	3.51	-0.49	2.11
坦桑尼亚	-4.23	-2.64	-3.06	-2.54	-1.78	-3.24	-3.84
突尼斯	-9.31	-10.30	-11.07	-8.39	-6.80	-7.32	-8.40
土耳其	-3.11	-4.75	-2.79	0.89	-5.18	-2.42	-1.61
土库曼斯坦	-24.15	-14.49	4.28	1.07	-2.64	0.56	-1.20
危地马拉	0.97	1.12	0.85	2.33	5.48	4.26	3.05
委内瑞拉	-1.39	6.05	8.75	7.77	-4.29	0.29	-0.68
乌干达	-2.82	-4.78	-5.66	-6.36	-9.61	-8.89	-7.30
乌克兰	-1.49	-2.18	-3.27	-2.73	4.01	-0.69	-2.44
乌拉圭	0.75	-0.03	-0.52	1.34	-0.66	-1.29	-0.27
乌兹别克斯坦	0.25	2.42	-6.83	-5.62	-5.02	-6.05	-5.63
西班牙	3.18	2.77	1.93	2.14	0.69	0.41	1.41
希腊	-2.38	-2.57	-3.57	-2.23	-7.42	-7.41	-5.14
新加坡	17.57	17.27	15.41	14.26	17.59	15.88	15.70
新西兰	-2.12	-2.81	-3.97	-2.92	-0.83	-3.29	-2.53
匈牙利	4.49	2.00	0.30	-0.45	-0.10	0.60	0.88
亚美尼亚	-1.01	-1.52	-7.03	-7.36	-3.79	-2.88	-3.98
伊拉克	-7.48	-4.70	4.29	0.47	-10.79	6.16	4.00
伊朗	3.17	3.35	5.86	0.65	-0.09	1.29	0.99
以色列	3.50	3.61	2.84	3.35	5.44	4.46	3.82
意大利	2.59	2.58	2.51	3.21	3.55	3.72	3.56
印度	-0.63	-1.84	-2.12	-0.86	0.90	-1.03	-1.37
印度尼西亚	-1.82	-1.60	-2.94	-2.70	-0.42	-0.27	-1.02
英国	-5.43	-3.77	-3.68	-3.09	-3.71	-3.37	-3.40
约旦	-9.66	-10.61	-6.90	-2.13	-7.98	-8.93	-4.45
越南	0.25	-0.60	1.90	3.81	3.65	1.82	3.19
赞比亚	-3.27	-1.68	-1.30	0.56	10.38	13.52	14.93
智利	-1.98	-2.32	-3.93	-3.72	1.37	-2.51	-2.16

资料来源：WEO。

表18   贸易条件

年份 国家	2013	2014	2015	2016	2017	2018	2019
阿尔巴尼亚	0.95	0.94	0.93	0.94	0.95	0.94	0.93
阿尔及利亚	2.83	2.70	1.88	1.55	1.77	2.09	1.84
阿根廷	1.56	1.53	1.46	1.55	1.51	1.53	1.51
阿联酋	1.79	1.76	1.49	1.42	1.53	1.65	1.59
阿曼	2.42	2.42	1.48	1.05	1.19	1.38	1.29
阿塞拜疆	2.05	1.91	1.20	1.03	1.24	1.51	1.34
埃及	1.51	1.50	1.45	1.48	1.49	1.53	1.51
埃塞俄比亚	1.33	1.42	1.40	1.47	1.42	1.28	1.26
爱尔兰	0.93	0.92	0.97	0.98	0.95	0.91	0.91
爱沙尼亚	0.95	0.94	0.94	0.96	0.95	0.95	0.95
安哥拉	2.50	2.35	1.37	1.19	1.48	1.84	1.72
奥地利	0.88	0.88	0.88	0.89	0.87	0.86	0.86
澳大利亚	1.77	1.65	1.48	1.48	1.72	1.76	1.93
巴基斯坦	0.46	0.48	0.50	0.53	0.53	0.52	0.54
巴拉圭	1.12	1.25	1.27	1.28	1.26	1.23	1.19
巴林	1.35	1.36	1.30	1.28	1.38	1.42	1.39
巴拿马	1.80	1.77	1.62	1.56	1.70	1.57	1.57
巴西	1.24	1.20	1.06	1.10	1.16	1.14	1.14
白俄罗斯	1.17	1.16	0.99	0.93	0.98	1.01	1.00
保加利亚	1.07	1.08	1.12	1.13	1.11	1.10	1.11
冰岛	0.82	0.86	0.95	0.93	0.92	0.89	0.90
波兰	0.98	0.98	1.00	1.00	0.99	0.98	0.99
玻利维亚	1.54	1.46	1.09	0.92	1.04	1.03	1.05
博茨瓦纳	0.82	0.85	0.91	0.92	0.88	0.85	0.86
布基纳法索	1.28	1.21	1.26	1.41	1.40	1.34	1.42
丹麦	1.02	1.00	1.01	1.01	1.00	1.00	1.04
德国	0.94	0.97	1.00	1.02	1.00	0.99	1.00
多哥	1.10	1.08	1.15	1.22	1.19	1.18	1.19
俄罗斯	1.90	1.82	1.39	1.13	1.28	1.50	1.51
厄瓜多尔	1.68	1.59	1.19	1.13	1.22	1.33	1.30

续表

年份 国家	2013	2014	2015	2016	2017	2018	2019
法国	0.89	0.89	0.91	0.91	0.89	0.88	0.89
菲律宾	0.74	0.77	0.82	0.84	0.83	0.80	0.81
芬兰	0.88	0.89	0.93	0.92	0.91	0.90	0.89
哥伦比亚	1.61	1.47	1.11	1.09	1.28	1.40	1.38
哥斯达黎加	1.00	1.00	1.00	1.00	1.00	1.00	1.01
哈萨克斯坦	2.29	2.15	1.51	1.34	1.60	1.88	1.73
韩国	0.52	0.53	0.59	0.60	0.59	0.56	0.54
荷兰	0.92	0.93	0.94	0.94	0.93	0.94	0.94
洪都拉斯	1.67	1.63	1.27	1.23	1.34	1.65	1.65
吉尔吉斯斯坦	1.20	1.17	1.21	1.31	1.34	1.29	1.34
几内亚	1.03	1.00	0.99	1.03	1.10	1.08	1.09
加拿大	1.16	1.15	1.03	1.02	1.06	1.08	1.07
加纳	1.78	1.81	1.78	1.84	1.84	1.98	2.00
柬埔寨	0.70	0.69	0.75	0.77	0.73	0.69	0.71
捷克	1.02	1.03	1.04	1.05	1.03	1.04	1.05
喀麦隆	1.54	1.56	1.40	1.36	1.42	1.52	1.45
卡塔尔	2.21	2.14	1.53	1.15	1.40	1.71	1.34
科威特	2.25	2.16	1.37	1.18	1.42	1.72	1.59
克罗地亚	0.99	0.99	1.00	0.99	0.98	0.97	0.97
肯尼亚	0.88	0.88	1.03	1.02	1.07	1.01	1.00
拉脱维亚	1.03	1.04	1.05	1.07	1.06	1.08	1.08
老挝	0.99	0.98	0.96	0.96	1.02	0.99	0.96
黎巴嫩	0.98	0.99	1.04	1.11	1.09	1.07	1.08
立陶宛	0.94	0.96	0.99	0.99	0.99	0.98	0.99
卢森堡	0.75	0.73	0.76	0.74	0.73	0.71	0.70
罗马尼亚	1.08	1.07	1.09	1.09	1.07	1.07	1.07
马达加斯加	0.76	0.82	0.85	0.83	0.74	0.65	0.64
马耳他	1.25	1.25	1.38	1.41	1.37	1.38	1.40
马来西亚	1.12	1.12	1.08	1.05	1.06	1.06	1.07
马里	1.66	1.54	1.57	1.75	1.72	1.62	1.74

续表

年份 国家	2013	2014	2015	2016	2017	2018	2019
美国	0.95	0.96	1.00	1.00	1.00	1.00	1.00
蒙古国	1.77	1.62	1.49	1.51	1.86	1.90	1.88
孟加拉国	0.62	0.62	0.69	0.70	0.66	0.63	0.65
秘鲁	1.86	1.76	1.64	1.63	1.75	1.75	1.72
缅甸	1.11	1.08	1.00	0.93	0.97	0.98	0.91
摩尔多瓦	0.71	0.68	0.72	0.74	0.74	0.72	0.71
摩洛哥	1.23	1.21	1.18	1.18	1.11	1.08	1.08
莫桑比克	0.92	0.92	0.90	0.90	1.00	1.02	0.94
墨西哥	1.14	1.08	0.94	0.88	0.92	0.94	0.95
纳米比亚	1.22	1.24	1.27	1.28	1.29	1.30	1.32
南非	1.38	1.36	1.40	1.45	1.51	1.46	1.53
尼加拉瓜	2.53	2.48	2.07	1.82	1.94	2.32	2.39
尼日尔	1.92	1.80	1.71	1.56	1.54	1.70	1.67
尼日利亚	2.23	2.10	1.38	1.19	1.41	1.67	1.53
挪威	1.60	1.47	1.23	1.10	1.19	1.32	1.13
葡萄牙	0.92	0.93	0.96	0.97	0.95	0.95	0.95
日本	0.59	0.58	0.67	0.72	0.69	0.65	0.66
瑞典	0.92	0.92	0.92	0.92	0.90	0.90	0.92
瑞士	1.02	1.02	1.08	1.10	1.10	1.11	1.14
塞内加尔	1.08	1.08	1.09	1.14	1.15	1.15	1.17
塞浦路斯	0.92	0.92	0.92	0.90	0.91	0.93	0.91
沙特阿拉伯	1.44	1.37	0.91	0.82	1.04	1.15	1.09
斯里兰卡	1.03	1.07	1.10	1.15	1.16	1.16	1.14
斯洛文尼亚	0.94	0.95	0.96	0.96	0.95	0.94	0.95
苏丹	2.26	2.32	1.81	1.74	1.95	1.93	2.37
塔吉克斯坦	0.84	0.82	0.83	0.89	0.97	0.96	0.91
泰国	0.94	0.95	1.02	1.05	1.03	1.00	1.01
坦桑尼亚	1.43	1.40	1.58	1.69	1.64	1.59	1.64
突尼斯	1.14	1.13	1.04	1.06	1.02	1.01	1.00
土耳其	0.90	0.92	0.98	1.03	0.97	0.94	0.94

续表

年份 国家	2013	2014	2015	2016	2017	2018	2019
土库曼斯坦	2.38	2.25	1.73	1.20	1.51	1.89	1.29
危地马拉	2.30	2.19	1.72	1.71	1.84	2.18	2.16
委内瑞拉	4.59	3.99	2.19	1.85	2.05	2.17	2.00
乌干达	1.07	1.14	1.18	1.24	1.21	1.11	1.15
乌克兰	0.95	0.91	0.84	0.83	0.85	0.84	0.84
乌拉圭	1.11	1.15	1.17	1.21	1.20	1.14	1.18
乌兹别克斯坦	1.68	1.62	1.53	1.50	1.59	1.70	1.63
西班牙	0.89	0.89	0.92	0.93	0.92	0.90	0.91
希腊	0.88	0.88	0.90	0.89	0.89	0.89	0.87
新加坡	0.83	0.82	0.88	0.86	0.84	0.83	0.83
新西兰	1.33	1.41	1.35	1.35	1.48	1.47	1.49
匈牙利	0.99	1.00	1.01	1.02	1.03	1.02	1.04
亚美尼亚	1.17	1.16	1.19	1.23	1.32	1.31	1.33
伊拉克	2.40	2.23	1.23	1.04	1.34	1.69	1.57
伊朗	1.92	1.88	1.39	1.23	1.45	1.68	1.60
以色列	1.01	1.02	1.12	1.14	1.10	1.06	1.09
意大利	0.97	1.00	1.03	1.05	1.02	1.01	1.03
印度	0.92	0.94	1.04	1.08	1.04	0.99	1.00
印度尼西亚	1.22	1.19	1.16	1.17	1.20	1.18	1.18
英国	1.02	1.00	0.97	0.99	1.00	0.99	1.00
约旦	0.78	0.75	0.79	0.72	0.74	0.78	0.76
越南	1.26	1.29	1.31	1.37	1.37	1.36	1.36
赞比亚	1.76	1.70	1.62	1.59	1.75	1.67	1.63
智利	1.96	1.92	1.87	1.94	2.14	2.09	2.07

资料来源：WDI。

表 19 银行不良贷款/贷款总额 （单位：%）

年份 国家	2014	2015	2016	2017	2018	2019	2020
阿尔巴尼亚	22.80	18.17	18.27	13.23	11.08	8.37	8.11
阿尔及利亚	9.93	9.77	12.09	12.96	12.70	12.71	12.73

续表

年份 国家	2014	2015	2016	2017	2018	2019	2020
阿根廷	1.99	1.74	1.84	1.83	3.11	5.75	3.86
阿联酋	5.64	5.03	5.07	5.30	5.61	6.46	8.15
阿曼	2.10	1.77	2.20	2.40	2.80	3.40	4.20
阿塞拜疆	5.30	5.90	6.90	13.80	12.20	8.30	10.02
埃及	8.50	7.10	6.00	4.90	4.30	4.20	3.90
埃塞俄比亚	7.10	5.10	5.20	3.30	3.20	3.50	3.39
爱尔兰	20.65	14.93	13.61	11.46	5.73	3.36	3.54
爱沙尼亚	1.39	0.98	0.87	0.70	0.45	0.36	0.35
安哥拉	10.19	10.61	11.29	25.84	23.24	22.82	23.25
奥地利	3.47	3.39	2.70	2.37	1.88	1.63	1.78
澳大利亚	1.01	0.89	0.95	0.86	0.90	0.96	1.11
巴基斯坦	12.27	11.36	10.06	8.43	7.97	8.58	9.19
巴拉圭	1.99	2.59	2.94	2.81	2.51	2.56	2.41
巴林	3.50	5.20	5.90	5.50	5.59	5.59	5.58
巴拿马	0.93	1.01	1.26	1.42	1.74	1.96	2.01
巴西	2.85	3.31	3.92	3.59	3.05	3.11	2.24
白俄罗斯	4.37	6.83	12.79	12.85	5.01	4.63	4.83
保加利亚	16.75	14.61	13.17	10.43	7.80	6.62	5.80
冰岛	5.85	5.85	4.12	2.86	2.51	2.93	2.90
波兰	4.82	4.34	4.05	3.94	3.85	3.80	3.71
玻利维亚	1.50	1.50	1.58	1.70	1.73	1.87	1.51
博茨瓦纳	3.55	3.73	4.85	5.28	5.43	4.79	4.32
布基纳法索	6.58	8.58	9.61	11.52	9.93	9.61	8.70
丹麦	4.40	3.69	3.21	2.29	1.71	1.72	1.82
德国	2.34	1.97	1.71	1.50	1.24	1.05	1.15
多哥	6.58	8.58	9.61	11.52	9.93	9.61	8.70
俄罗斯	6.73	8.35	9.44	10.00	10.12	9.29	8.76
厄瓜多尔	3.58	4.40	3.96	3.31	2.95	3.15	3.11
法国	4.16	4.05	3.70	3.12	2.75	2.47	2.71
菲律宾	2.02	1.89	1.72	1.58	1.67	1.97	3.53

年份 国家	2014	2015	2016	2017	2018	2019	2020
芬兰	1.30	1.34	1.52	1.67	1.43	1.39	1.43
哥伦比亚	2.92	2.85	3.12	4.18	4.40	4.17	4.80
哥斯达黎加	1.55	1.66	1.55	2.05	2.12	2.40	2.43
哈萨克斯坦	12.39	7.95	6.72	9.31	7.39	8.14	8.03
韩国	0.49	0.46	0.47	0.35	0.25	0.25	0.26
荷兰	2.98	2.71	2.54	2.31	1.96	1.86	1.89
洪都拉斯	3.27	3.06	2.92	2.36	2.15	2.26	3.07
吉尔吉斯斯坦	4.18	6.74	8.52	7.37	7.30	7.73	10.09
几内亚	6.06	6.07	9.44	10.68	11.56	9.90	9.38
加拿大	0.52	0.52	0.60	0.45	0.51	0.50	0.53
加纳	11.27	14.67	17.29	21.59	18.19	13.94	14.80
柬埔寨	1.62	1.59	2.13	2.07	1.99	1.55	1.82
捷克	5.61	5.48	4.59	3.74	3.14	2.70	2.96
喀麦隆	9.70	9.32	10.65	10.84	12.39	12.81	12.49
卡塔尔	2.00	1.90	1.70	1.70	3.00	2.20	2.30
科威特	2.89	2.37	2.22	1.95	1.62	1.78	1.75
克罗地亚	16.71	16.33	13.61	11.20	9.71	6.99	7.18
肯尼亚	5.46	5.99	11.66	9.95	11.69	12.01	14.14
拉脱维亚	4.60	4.64	6.26	5.51	5.29	5.00	3.09
老挝	2.50	3.00	3.00	3.07	3.12	3.04	3.16
黎巴嫩	4.01	4.20	4.88	5.67	10.26	15.19	12.76
立陶宛	8.19	4.95	3.66	3.18	2.27	1.04	1.63
卢森堡	0.56	0.90	0.90	0.79	0.90	0.74	1.03
罗马尼亚	13.94	13.51	9.62	6.41	4.96	4.09	3.83
马达加斯加	10.12	9.01	8.36	7.67	7.27	7.21	7.63
马耳他	8.83	7.10	5.29	4.07	3.36	3.21	3.66
马来西亚	1.65	1.61	1.61	1.55	1.47	1.52	1.57
马里	6.58	8.58	9.61	11.52	9.93	9.61	8.70
美国	1.85	1.47	1.32	1.13	0.91	0.86	1.07
蒙古国	14.17	13.71	11.78	10.05	8.77	7.41	6.12

续表

年份 国家	2014	2015	2016	2017	2018	2019	2020
孟加拉国	9.37	8.40	8.86	8.90	9.89	8.90	7.74
秘鲁	3.95	3.93	4.29	4.70	3.27	3.37	4.13
缅甸	1.62	1.59	2.13	2.07	1.99	1.55	1.82
摩尔多瓦	11.73	9.95	16.41	18.38	12.49	8.49	7.38
摩洛哥	6.88	7.32	7.50	7.54	7.49	7.62	8.35
莫桑比克	3.24	4.31	5.73	12.64	11.12	10.16	10.69
墨西哥	3.04	2.52	2.09	2.09	2.05	2.09	2.43
纳米比亚	1.45	1.55	1.54	2.59	3.58	4.56	6.39
南非	3.24	3.12	2.86	2.84	3.73	3.89	5.18
尼加拉瓜	1.00	0.89	0.86	1.04	2.43	3.10	3.70
尼日尔	3.24	4.31	5.73	12.64	11.12	10.16	11.30
尼日利亚	2.96	4.86	12.82	14.81	11.67	6.06	6.02
挪威	1.13	1.05	1.18	1.00	0.75	0.80	0.74
葡萄牙	11.91	17.48	17.18	13.27	9.43	6.18	4.86
日本	1.90	1.60	1.50	1.30	1.10	1.10	1.10
瑞典	1.24	1.17	1.06	1.12	0.49	0.58	0.51
瑞士	0.72	0.75	0.74	0.64	0.66	0.65	0.75
塞内加尔	6.10	7.28	9.66	11.98	10.95	8.91	11.63
塞浦路斯	44.97	47.75	36.70	31.39	19.52	17.09	15.02
沙特阿拉伯	1.08	1.24	1.38	1.61	1.95	1.86	2.18
斯里兰卡	4.23	3.24	2.63	2.50	3.42	4.70	4.93
斯洛文尼亚	11.73	9.96	5.07	3.20	6.01	3.36	3.02
苏丹	7.10	5.10	5.20	3.30	3.20	3.50	3.39
塔吉克斯坦	12.39	7.95	6.72	9.31	7.39	8.14	8.03
泰国	2.31	2.68	2.99	3.07	3.08	3.13	3.23
坦桑尼亚	6.58	8.58	9.61	11.52	9.93	9.61	8.70
突尼斯	15.00	15.70	15.40	13.40	13.70	14.50	14.15
土耳其	2.74	2.99	3.11	2.84	3.69	5.02	3.89
土库曼斯坦	12.39	7.95	6.72	9.31	7.39	8.14	8.03
危地马拉	1.29	1.35	2.05	2.32	2.18	2.20	1.83

续表

国家 \ 年份	2014	2015	2016	2017	2018	2019	2020
委内瑞拉	6.75	6.59	7.19	8.42	7.03	8.45	8.02
乌干达	4.01	5.13	10.40	5.51	3.34	4.75	5.22
乌克兰	18.98	28.03	30.47	54.54	52.85	48.36	41.00
乌拉圭	1.28	1.60	2.32	2.37	2.26	1.95	1.63
乌兹别克斯坦	2.10	1.46	0.74	1.20	1.28	1.50	2.06
西班牙	8.45	6.16	5.64	4.46	3.69	3.15	2.85
希腊	33.78	36.65	36.30	45.57	41.99	36.45	26.98
新加坡	0.76	0.92	1.22	1.40	1.31	1.31	1.32
新西兰	1.01	0.89	0.95	0.86	0.90	0.96	1.11
匈牙利	15.62	11.66	7.42	4.17	2.47	1.51	0.93
亚美尼亚	6.97	7.95	6.72	5.43	4.75	5.51	6.55
伊拉克	14.17	9.02	12.69	14.84	17.55	16.18	16.46
伊朗	14.10	12.10	10.20	10.00	10.30	10.00	9.00
以色列	2.15	1.84	1.61	1.29	1.23	1.39	1.48
意大利	18.03	18.06	17.12	14.38	8.39	6.75	4.36
印度	4.35	5.88	9.19	9.98	9.46	9.23	7.94
印度尼西亚	2.07	2.43	2.90	2.56	2.29	2.43	2.75
英国	1.65	1.01	0.94	0.73	1.07	1.08	1.22
约旦	5.64	5.03	5.07	5.30	5.61	6.46	8.15
越南	2.94	2.34	2.28	1.82	1.80	1.50	1.62
赞比亚	6.10	7.28	9.66	11.98	10.95	8.91	11.63
智利	2.06	1.87	1.83	1.92	1.87	2.06	1.55

资料来源：WDI。

表20　　　　　　扮演国际储备货币角色的重要程度

国家 \ 年份	2014	2015	2016	2017	2018	2019	2020
阿尔巴尼亚	0.00	0.00	0.00	0.00	0.00	0.00	0.00
阿尔及利亚	0.00	0.00	0.00	0.00	0.00	0.00	0.00
阿根廷	0.00	0.00	0.00	0.00	0.00	0.00	0.00
阿联酋	0.00	0.00	0.00	0.00	0.00	0.00	0.00

年份 国家	2014	2015	2016	2017	2018	2019	2020
阿曼	0.00	0.00	0.00	0.00	0.00	0.00	0.00
阿塞拜疆	0.00	0.00	0.00	0.00	0.00	0.00	0.00
埃及	0.00	0.00	0.00	0.00	0.00	0.00	0.00
埃塞俄比亚	0.00	0.00	0.00	0.00	0.00	0.00	0.00
爱尔兰	0.40	0.40	0.40	0.40	0.40	0.40	0.40
爱沙尼亚	0.20	0.20	0.20	0.20	0.20	0.20	0.20
安哥拉	0.00	0.00	0.00	0.00	0.00	0.00	0.00
奥地利	0.40	0.40	0.40	0.40	0.40	0.40	0.40
澳大利亚	0.60	0.60	0.60	0.60	0.60	0.60	0.60
巴基斯坦	0.00	0.00	0.00	0.00	0.00	0.00	0.00
巴拉圭	0.00	0.00	0.00	0.00	0.00	0.00	0.00
巴林	0.00	0.00	0.00	0.00	0.00	0.00	0.00
巴拿马	0.00	0.00	0.00	0.00	0.00	0.00	0.00
巴西	0.10	0.10	0.10	0.10	0.10	0.10	0.10
白俄罗斯	0.00	0.00	0.00	0.00	0.00	0.00	0.00
保加利亚	0.20	0.20	0.20	0.20	0.20	0.20	0.20
冰岛	0.40	0.40	0.40	0.40	0.40	0.40	0.40
波兰	0.40	0.40	0.40	0.40	0.40	0.40	0.40
玻利维亚	0.00	0.00	0.00	0.00	0.00	0.00	0.00
博茨瓦纳	0.00	0.00	0.00	0.00	0.00	0.00	0.00
布基纳法索	0.00	0.00	0.00	0.00	0.00	0.00	0.00
丹麦	0.40	0.40	0.40	0.40	0.40	0.40	0.40
德国	0.80	0.80	0.80	0.80	0.80	0.80	0.80
多哥	0.00	0.00	0.00	0.00	0.00	0.00	0.00
俄罗斯	0.10	0.10	0.10	0.10	0.10	0.10	0.10
厄瓜多尔	0.00	0.00	0.00	0.00	0.00	0.00	0.00
法国	0.80	0.80	0.80	0.80	0.80	0.80	0.80
菲律宾	0.00	0.00	0.00	0.00	0.00	0.00	0.00
芬兰	0.40	0.40	0.40	0.40	0.40	0.40	0.40
哥伦比亚	0.00	0.00	0.00	0.00	0.00	0.00	0.00

续表

年份 国家	2014	2015	2016	2017	2018	2019	2020
哥斯达黎加	0.00	0.00	0.00	0.00	0.00	0.00	0.00
哈萨克斯坦	0.00	0.00	0.00	0.00	0.00	0.00	0.00
韩国	0.20	0.20	0.20	0.20	0.20	0.20	0.20
荷兰	0.40	0.40	0.40	0.40	0.40	0.40	0.40
洪都拉斯	0.00	0.00	0.00	0.00	0.00	0.00	0.00
吉尔吉斯斯坦	0.00	0.00	0.00	0.00	0.00	0.00	0.00
几内亚	0.00	0.00	0.00	0.00	0.00	0.00	0.00
加拿大	0.60	0.60	0.60	0.60	0.60	0.60	0.60
加纳	0.00	0.00	0.00	0.00	0.00	0.00	0.00
柬埔寨	0.00	0.00	0.00	0.00	0.00	0.00	0.00
捷克	0.20	0.20	0.20	0.20	0.20	0.20	0.20
喀麦隆	0.00	0.00	0.00	0.00	0.00	0.00	0.00
卡塔尔	0.00	0.00	0.00	0.00	0.00	0.00	0.00
科威特	0.00	0.00	0.00	0.00	0.00	0.00	0.00
克罗地亚	0.20	0.20	0.20	0.20	0.20	0.20	0.20
肯尼亚	0.00	0.00	0.00	0.00	0.00	0.00	0.00
拉脱维亚	0.20	0.20	0.20	0.20	0.20	0.20	0.20
老挝	0.00	0.00	0.00	0.00	0.00	0.00	0.00
黎巴嫩	0.00	0.00	0.00	0.00	0.00	0.00	0.00
立陶宛	0.20	0.20	0.20	0.20	0.20	0.20	0.20
卢森堡	0.40	0.40	0.40	0.40	0.40	0.40	0.40
罗马尼亚	0.20	0.20	0.20	0.20	0.20	0.20	0.20
马达加斯加	0.00	0.00	0.00	0.00	0.00	0.00	0.00
马耳他	0.20	0.20	0.20	0.20	0.20	0.20	0.20
马来西亚	0.00	0.00	0.00	0.00	0.00	0.00	0.00
马里	0.00	0.00	0.00	0.00	0.00	0.00	0.00
美国	1.00	1.00	1.00	1.00	1.00	1.00	1.00
蒙古国	0.00	0.00	0.00	0.00	0.00	0.00	0.00
孟加拉国	0.00	0.00	0.00	0.00	0.00	0.00	0.00
秘鲁	0.00	0.00	0.00	0.00	0.00	0.00	0.00

续表

年份 国家	2014	2015	2016	2017	2018	2019	2020
缅甸	0.00	0.00	0.00	0.00	0.00	0.00	0.00
摩尔多瓦	0.00	0.00	0.00	0.00	0.00	0.00	0.00
摩洛哥	0.00	0.00	0.00	0.00	0.00	0.00	0.00
莫桑比克	0.00	0.00	0.00	0.00	0.00	0.00	0.00
墨西哥	0.00	0.00	0.00	0.00	0.00	0.00	0.00
纳米比亚	0.00	0.00	0.00	0.00	0.00	0.00	0.00
南非	0.10	0.10	0.10	0.10	0.10	0.10	0.10
尼加拉瓜	0.00	0.00	0.00	0.00	0.00	0.00	0.00
尼日尔	0.00	0.00	0.00	0.00	0.00	0.00	0.00
尼日利亚	0.00	0.00	0.00	0.00	0.00	0.00	0.00
挪威	0.40	0.40	0.40	0.40	0.40	0.40	0.40
葡萄牙	0.20	0.20	0.20	0.20	0.20	0.20	0.20
日本	0.60	0.60	0.60	0.60	0.60	0.60	0.60
瑞典	0.40	0.40	0.40	0.40	0.40	0.40	0.40
瑞士	0.60	0.60	0.60	0.60	0.60	0.60	0.60
塞内加尔	0.00	0.00	0.00	0.00	0.00	0.00	0.00
塞浦路斯	0.20	0.20	0.20	0.20	0.20	0.20	0.20
沙特阿拉伯	0.00	0.00	0.00	0.00	0.00	0.00	0.00
斯里兰卡	0.00	0.00	0.00	0.00	0.00	0.00	0.00
斯洛文尼亚	0.20	0.20	0.20	0.20	0.20	0.20	0.20
苏丹	0.00	0.00	0.00	0.00	0.00	0.00	0.00
塔吉克斯坦	0.00	0.00	0.00	0.00	0.00	0.00	0.00
泰国	0.00	0.00	0.00	0.00	0.00	0.00	0.00
坦桑尼亚	0.00	0.00	0.00	0.00	0.00	0.00	0.00
突尼斯	0.00	0.00	0.00	0.00	0.00	0.00	0.00
土耳其	0.10	0.10	0.10	0.10	0.10	0.10	0.10
土库曼斯坦	0.00	0.00	0.00	0.00	0.00	0.00	0.00
危地马拉	0.00	0.00	0.00	0.00	0.00	0.00	0.00
委内瑞拉	0.00	0.00	0.00	0.00	0.00	0.00	0.00
乌干达	0.00	0.00	0.00	0.00	0.00	0.00	0.00

续表

年份 国家	2014	2015	2016	2017	2018	2019	2020
乌克兰	0.00	0.00	0.00	0.00	0.00	0.00	0.00
乌拉圭	0.00	0.00	0.00	0.00	0.00	0.00	0.00
乌兹别克斯坦	0.00	0.00	0.00	0.00	0.00	0.00	0.00
西班牙	0.20	0.20	0.20	0.20	0.20	0.20	0.20
希腊	0.40	0.40	0.40	0.40	0.40	0.40	0.40
新加坡	0.20	0.20	0.20	0.20	0.20	0.20	0.20
新西兰	0.40	0.40	0.40	0.40	0.40	0.40	0.40
匈牙利	0.20	0.20	0.20	0.20	0.20	0.20	0.20
亚美尼亚	0.00	0.00	0.00	0.00	0.00	0.00	0.00
伊拉克	0.00	0.00	0.00	0.00	0.00	0.00	0.00
伊朗	0.00	0.00	0.00	0.00	0.00	0.00	0.00
以色列	0.00	0.00	0.00	0.00	0.00	0.00	0.00
意大利	0.40	0.40	0.40	0.40	0.40	0.40	0.40
印度	0.10	0.10	0.10	0.10	0.10	0.10	0.10
印度尼西亚	0.00	0.00	0.00	0.00	0.00	0.00	0.00
英国	0.80	0.80	0.80	0.80	0.80	0.80	0.80
约旦	0.00	0.00	0.00	0.00	0.00	0.00	0.00
越南	0.00	0.00	0.00	0.00	0.00	0.00	0.00
赞比亚	0.00	0.00	0.00	0.00	0.00	0.00	0.00
智利	0.00	0.00	0.00	0.00	0.00	0.00	0.00

资料来源：德尔菲法。

表 21 内部冲突

年份 国家	2014	2015	2016	2017	2018	2019	2020
阿尔巴尼亚	3	3	3	3	3	3	3
阿尔及利亚	7	7	7	6.5	6	6	6
阿根廷	4	4	4	4	4	4	4
阿联酋	2	1.5	1	1	1	1	1
阿曼	1	1	1	1.5	2	2.5	3
阿塞拜疆	4	4	4	4	4	4	4

续表

年份 国家	2014	2015	2016	2017	2018	2019	2020
埃及	7	7	7	7	7	7	7
埃塞俄比亚	8	8	8	8	8	7	6
爱尔兰	2	2.5	3	3	3	3	3
爱沙尼亚	3	3	3	3	3	3	3
安哥拉	4	4	4	4	4	4	4
奥地利	2	2.5	3	3	3	3	3
澳大利亚	2	2.5	3	3	3	3	3
巴基斯坦	9	9	9	9	9	8.5	8
巴拉圭	5	4.5	4	4	4	4	4
巴林	8	7.5	7	7.5	8	7.5	7
巴拿马	3	3	3	3	3	3	3
巴西	3	3	3	4	5	5	5
白俄罗斯	3	3	3	3	3	3	3
保加利亚	4	4	4	4	4	4	4
冰岛	2	2.5	3	3	3	3	3
波兰	2	2	2	2	2	2.5	3
玻利维亚	6	5.5	5	5	5	5	5
博茨瓦纳	2	2	2	2	2	1.5	1
布基纳法索	4	5	6	6	6	6.5	7
丹麦	2	2.5	3	3	3	3	3
德国	2	2.5	3	3	3	3	3
多哥	5	5	5	4.5	4	4.5	5
俄罗斯	4	4	4	4	4	4	4
厄瓜多尔	4	4	4	4	4	3.5	3
法国	2	2.5	3	3	3	3	3
菲律宾	6	6	6	6	6	6	6
芬兰	2	2.5	3	3	3	3	3
哥伦比亚	7	7	7	6.5	6	6	6
哥斯达黎加	1	1	1	1	1	1	1
哈萨克斯坦	3	3	3	3.5	4	4	4

续表

年份 国家	2014	2015	2016	2017	2018	2019	2020
韩国	2	2	2	2.5	3	3	3
荷兰	2	2.5	3	3	3	3	3
洪都拉斯	4	4.5	5	5	5	5.5	6
吉尔吉斯斯坦	6	6	6	5.5	5	4.5	4
几内亚	7	7	7	6.5	6	6	6
加拿大	2	2.5	3	3	3	3	3
加纳	4	4	4	4	4	4	4
柬埔寨	5	5	5	5	5	5	5
捷克	1	1	1	1	1	1	1
喀麦隆	6	6.5	7	7	7	7.5	8
卡塔尔	2	2	2	2	2	2	2
科威特	4	4	4	4.5	5	4.5	4
克罗地亚	2	2	2	2	2	2	2
肯尼亚	5	6	7	7	7	6.5	6
拉脱维亚	4	4	4	4	4	4	4
老挝	3	3	3	3	3	3	3
黎巴嫩	7	7	7	7	7	6.5	6
立陶宛	2	1.5	1	1	1	1	1
卢森堡	4	4	4	4	4	4	4
罗马尼亚	3	3	3	3	3	3	3
马达加斯加	6	5.5	5	5	5	5	5
马耳他	4	4	4	4.5	5	5	5
马来西亚	5	5	5	5	5	5	5
马里	9	7.5	6	6	6	6.5	7
美国	2	2.5	3	3	3	3	3
蒙古国	3	3	3	3	3	2.5	2
孟加拉国	7	7.5	8	7.5	7	7	7
秘鲁	5	5	5	5	5	5	5
缅甸	8	8	8	8.5	9	9	9
摩尔多瓦	4	4	4	4	4	4	4

续表

年份 国家	2014	2015	2016	2017	2018	2019	2020
摩洛哥	4	4	4	4	4	4	4
莫桑比克	4	4.5	5	6	7	6	5
墨西哥	7	7	7	7	7	7	7
纳米比亚	4	4	4	4	4	4	4
南非	5	5	5	4.5	4	4	4
尼加拉瓜	4	4	4	4	4	5	6
尼日尔	5	5	5	5	5	5	5
尼日利亚	8	8.5	9	9	9	9	9
挪威	2	2.5	3	3	3	3	3
葡萄牙	1	1	1	1	1	1	1
日本	2	2	2	2.5	3	3	3
瑞典	2	2.5	3	3	3	3	3
瑞士	2	2.5	3	3	3	3	3
塞内加尔	5	4.5	4	4	4	4	4
塞浦路斯	4	4	4	4.5	5	5	5
沙特阿拉伯	4	4	4	4	4	4	4
斯里兰卡	6	6.5	7	6	5	5	5
斯洛文尼亚	2	2	2	2	2	2	2
苏丹	10	9.5	9	9	9	9.5	10
塔吉克斯坦	5	5	5	5	5	5	5
泰国	7	7	7	7	7	7	7
坦桑尼亚	5	5	5	5	5	4.5	4
突尼斯	6	6	6	5.5	5	5	5
土耳其	5	4.5	4	5.5	7	7	7
土库曼斯坦	3	3	3	3	3	3	3
危地马拉	7	6.5	6	6	6	6	6
委内瑞拉	5	5.5	6	6	6	7	8
乌干达	6	6	6	6	6	6	6
乌克兰	3	6	9	9	9	9	9
乌拉圭	1	1	1	1	1	1	1

续表

年份 国家	2014	2015	2016	2017	2018	2019	2020
乌兹别克斯坦	5	5	5	4.5	4	3.5	3
西班牙	1	1	1	1	1	1	1
希腊	1	1	1	1	1	1	1
新加坡	2	2.5	3	3	3	3	3
新西兰	2	2.5	3	3	3	3	3
匈牙利	3	3	3	3	3	3.5	4
亚美尼亚	3	3	3	3	3	3	3
伊拉克	9	9.5	10	10	10	9.5	9
伊朗	5	4.5	4	4.5	5	5	5
以色列	2	1.5	1	1	1	1	1
意大利	2	2.5	3	3	3	3	3
印度	5	5.5	6	6	6	6	6
印度尼西亚	5	5	5	5.5	6	5.5	5
英国	2	2.5	3	3	3	3	3
约旦	5	5	5	5	5	5	5
越南	3	3.5	4	3.5	3	3	3
赞比亚	4	4	4	4	4	4	4
智利	3	3	3	3	3	3	3

资料来源：BTI。

表 22   环境政策

年份 国家	2014	2015	2016	2017	2018	2019	2020
阿尔巴尼亚	5	5	5	5	5	5	5
阿尔及利亚	5	4.5	4	4.5	5	5.5	6
阿根廷	5	5	5	5.5	6	5.5	5
阿联酋	5	5.5	6	6	6	6	6
阿曼	5	5	5	5	5	5	5
阿塞拜疆	6	5.5	5	5	5	4.5	4
埃及	4	4	4	4	4	4	4
埃塞俄比亚	4	3.5	3	2.5	2	2.5	3

续表

年份 国家	2014	2015	2016	2017	2018	2019	2020
爱尔兰	8	8	8	8	8	7.5	7
爱沙尼亚	8	8.5	9	9	9	9	9
安哥拉	3	3	3	3	3	3	3
奥地利	8	8	8	8	8	7.5	7
澳大利亚	8	8	8	8	8	7.5	7
巴基斯坦	4	3.5	3	3	3	3	3
巴拉圭	4	4	4	4	4	4	4
巴林	5	4.5	4	4	4	4.5	5
巴拿马	5	5.5	6	6	6	5.5	5
巴西	7	6.5	6	6	6	5.5	5
白俄罗斯	6	6	6	6	6	6	6
保加利亚	8	7.5	7	7	7	7	7
冰岛	8	8	8	8	8	7.5	7
波兰	8	7.5	7	6.5	6	6	6
玻利维亚	5	5	5	5	5	5	5
博茨瓦纳	7	7	7	7	7	7.5	8
布基纳法索	5	5	5	4.5	4	4	4
丹麦	8	8	8	8	8	7.5	7
德国	8	8	8	8	8	7.5	7
多哥	3	3	3	3.5	4	4	4
俄罗斯	3	3.5	4	4	4	4	4
厄瓜多尔	5	5	5	5	5	5	5
法国	8	8	8	8	8	7.5	7
菲律宾	7	6.5	6	6.5	7	7	7
芬兰	8	8	8	8	8	7.5	7
哥伦比亚	5	5	5	5	5	5	5
哥斯达黎加	8	7.5	7	7.5	8	8	8
哈萨克斯坦	5	4.5	4	4	4	4.5	5
韩国	8	7.5	7	7	7	7	7
荷兰	8	8	8	8	8	7.5	7

续表

年份 国家	2014	2015	2016	2017	2018	2019	2020
洪都拉斯	4	4	4	4	4	4	4
吉尔吉斯斯坦	3	3	3	3	3	3	3
几内亚	5	4.5	4	4.5	5	4.5	4
加拿大	8	8	8	8	8	7.5	7
加纳	5	5	5	5	5	4.5	4
柬埔寨	3	2.5	2	2	2	2	2
捷克	9	8.5	8	8.5	9	9	9
喀麦隆	3	3.5	4	4	4	4	4
卡塔尔	5	5	5	5.5	6	6	6
科威特	3	3.5	4	4	4	4	4
克罗地亚	8	7.5	7	7	7	7	7
肯尼亚	4	4	4	4	4	4	4
拉脱维亚	8	8.5	9	9	9	9	9
老挝	4	3.5	3	3	3	3	3
黎巴嫩	4	4	4	3	2	2	2
立陶宛	8	8.5	9	9	9	9	9
卢森堡	3	4	5	5.5	6	6	6
罗马尼亚	8	7.5	7	7	7	7	7
马达加斯加	4	4.5	5	5	5	5	5
马耳他	3	3.5	4	4	4	4	4
马来西亚	6	6	6	5.5	5	5	5
马里	4	4	4	3.5	3	3	3
美国	8	8	8	8	8	7.5	7
蒙古国	5	5	5	5	5	5	5
孟加拉国	6	6	6	5.5	5	5.5	6
秘鲁	7	7	7	6.5	6	6	6
缅甸	3	3	3	3	3	3	3
摩尔多瓦	5	5	5	5	5	5	5
摩洛哥	3	4	5	5.5	6	6	6
莫桑比克	4	4	4	4	4	4.5	5

续表

年份 国家	2014	2015	2016	2017	2018	2019	2020
墨西哥	6	5.5	5	5	5	5	5
纳米比亚	7	6.5	6	6	6	5.5	5
南非	7	7	7	7	7	7	7
尼加拉瓜	5	4.5	4	4	4	4	4
尼日尔	3	3	3	3	3	3	3
尼日利亚	3	3	3	3	3	3	3
挪威	8	8	8	8	8	7.5	7
葡萄牙	9	8.5	8	8.5	9	9	9
日本	8	7.5	7	7	7	7	7
瑞典	8	8	8	8	8	7.5	7
瑞士	8	8	8	8	8	7.5	7
塞内加尔	5	5	5	5	5	5	5
塞浦路斯	3	3.5	4	4	4	4	4
沙特阿拉伯	4	4	4	3.5	3	3	3
斯里兰卡	5	4.5	4	4	4	4	4
斯洛文尼亚	9	9	9	9.5	10	9.5	9
苏丹	2	2	2	2	2	1.5	1
塔吉克斯坦	3	3	3	3	3	3	3
泰国	6	6	6	6	6	6	6
坦桑尼亚	3	3	3	3	3	3.5	4
突尼斯	4	5	6	6	6	6	6
土耳其	5	4.5	4	4	4	4	4
土库曼斯坦	3	3	3	3	3	3	3
危地马拉	3	3	3	3	3	3	3
委内瑞拉	3	3	3	3	3	2.5	2
乌干达	5	5	5	5	5	5	5
乌克兰	5	4.5	4	4.5	5	5	5
乌拉圭	8	8	8	8	8	8	8
乌兹别克斯坦	3	4	5	5	5	5	5
西班牙	9	8.5	8	8.5	9	9	9

续表

年份 国家	2014	2015	2016	2017	2018	2019	2020
希腊	9	8.5	8	8.5	9	9	9
新加坡	8	8	8	8	8	7.5	7
新西兰	8	8	8	8	8	7.5	7
匈牙利	8	7.5	7	6.5	6	5.5	5
亚美尼亚	6	5.5	5	5	5	5	5
伊拉克	2	2	2	2	2	2	2
伊朗	3	3	3	3	3	2.5	2
以色列	5	5.5	6	6	6	6	6
意大利	8	8	8	8	8	7.5	7
印度	5	5	5	5	5	4.5	4
印度尼西亚	4	4	4	3.5	3	3	3
英国	8	8	8	8	8	7.5	7
约旦	4	4.5	5	5	5	5	5
越南	6	6	6	5	4	4.5	5
赞比亚	3	3	3	3	3	3	3
智利	7	7.5	8	8	8	8	8

资料来源：BTI。

表23 **资本和人员流动的限制**

年份 国家	2013	2014	2015	2016	2017	2018	2019
阿尔巴尼亚	2.927	5.692	5.692	5.692	6.022	5.766	5.803
阿尔及利亚	0.921	0.921	0.921	0.921	0.811	0.811	0.808
阿根廷	1.806	2.911	2.911	3.464	3.759	7.789	7.808
阿联酋	6.421	7.048	7.048	7.048	7.193	7.193	7.746
阿曼	7.897	7.562	7.562	7.562	7.636	7.636	5.312
阿塞拜疆	3.093	3.572	3.572	3.572	3.867	3.867	4.011
埃及	2.349	3.824	3.824	3.824	5.424	6.260	6.260
埃塞俄比亚	0.626	0.626	0.626	0.626	0.626	0.626	3.684
爱尔兰	9.068	8.847	8.847	8.847	8.737	8.737	8.811
爱沙尼亚	7.268	7.709	7.709	7.709	8.115	8.115	8.041

续表

年份\国家	2013	2014	2015	2016	2017	2018	2019
安哥拉	0.769	0.806	1.063	1.063	1.063	0.806	1.175
奥地利	6.499	6.940	6.940	6.940	7.309	7.309	7.272
澳大利亚	4.308	4.508	4.708	4.909	4.909	4.909	4.909
巴基斯坦	1.067	1.067	1.067	1.067	0.993	0.993	0.991
巴拉圭	5.026	5.027	5.027	5.027	5.138	5.138	4.916
巴林	5.569	5.643	5.643	5.643	7.855	7.855	7.929
巴拿马	8.438	10.000	10.000	10.000	10.000	10.000	10.000
巴西	4.517	5.143	4.050	4.050	4.530	4.530	4.652
白俄罗斯	0.829	0.885	0.885	1.399	1.731	1.731	2.058
保加利亚	7.781	8.185	8.185	8.185	8.591	8.591	7.716
冰岛	2.949	3.390	3.390	4.333	5.582	5.905	6.015
波兰	4.405	4.846	5.682	5.682	6.198	6.198	6.015
玻利维亚	4.473	6.367	6.367	6.367	6.367	6.367	6.365
博茨瓦纳	7.342	8.462	8.462	8.462	8.462	8.462	8.462
布基纳法索	0.809	3.206	3.206	3.206	3.243	3.243	3.277
丹麦	8.012	8.222	8.222	8.222	8.665	8.665	8.554
德国	6.499	6.940	6.940	6.940	7.309	7.309	7.272
多哥	0.883	1.362	1.362	1.362	1.399	1.399	1.396
俄罗斯	4.884	5.695	5.695	5.240	5.240	4.783	4.254
厄瓜多尔	5.855	5.855	6.690	6.690	6.690	6.690	6.178
法国	7.268	7.709	7.709	7.709	7.894	7.894	8.041
菲律宾	0.883	5.085	5.085	5.085	5.085	5.085	5.083
芬兰	6.499	6.940	6.940	6.940	7.346	7.346	7.272
哥伦比亚	4.520	5.109	5.109	5.109	5.146	5.146	5.220
哥斯达黎加	8.960	7.795	8.995	8.995	8.886	8.117	8.117
哈萨克斯坦	1.322	1.875	1.875	1.875	3.571	3.571	5.476
韩国	7.775	7.775	7.775	8.718	8.718	8.718	8.718
荷兰	8.550	8.735	8.735	8.735	9.214	8.271	9.067
洪都拉斯	3.867	4.198	4.198	4.198	4.272	4.272	4.269
吉尔吉斯斯坦	4.950	5.131	5.131	5.205	5.131	5.131	4.950

续表

年份\国家	2013	2014	2015	2016	2017	2018	2019
几内亚	0. 278	1. 052	1. 052	1. 052	1. 089	1. 089	1. 163
加拿大	7. 496	7. 741	7. 741	7. 741	5. 934	5. 678	5. 678
加纳	1. 799	2. 130	2. 130	2. 130	3. 236	3. 236	3. 310
柬埔寨	4. 809	8. 031	7. 518	8. 462	8. 462	8. 462	8. 462
捷克	6. 499	6. 940	6. 940	6. 940	7. 420	7. 420	7. 272
喀麦隆	1. 065	1. 015	1. 015	1. 015	1. 250	1. 250	1. 284
卡塔尔	6. 015	6. 236	6. 236	6. 236	8. 154	8. 154	8. 205
科威特	5. 235	5. 422	5. 422	5. 422	5. 202	5. 715	5. 716
克罗地亚	6. 083	6. 414	6. 414	6. 414	6. 857	6. 857	6. 784
肯尼亚	4. 794	4. 867	4. 867	4. 867	4. 867	4. 867	4. 905
拉脱维亚	7. 781	8. 222	8. 222	8. 222	8. 480	8. 480	8. 554
老挝	0. 000	4. 441	4. 441	4. 441	4. 399	4. 399	4. 396
黎巴嫩	5. 869	5. 942	5. 106	5. 106	5. 342	5. 342	5. 067
立陶宛	5. 753	6. 195	7. 421	7. 621	7. 953	8. 153	8. 354
卢森堡	5. 133	5. 795	5. 795	5. 795	6. 514	6. 514	5. 908
罗马尼亚	8. 294	8. 735	8. 735	8. 735	8. 919	8. 919	9. 067
马达加斯加	1. 388	4. 978	4. 978	4. 142	4. 142	4. 142	4. 140
马耳他	7. 781	8. 222	8. 222	8. 222	8. 517	8. 774	8. 811
马来西亚	4. 142	4. 978	4. 978	4. 978	4. 978	4. 978	4. 978
马里	1. 584	4. 142	4. 142	4. 142	1. 731	1. 731	1. 728
美国	5. 980	4. 800	4. 800	4. 800	4. 837	4. 580	4. 837
蒙古国	5. 151	5. 680	5. 680	5. 680	5. 350	5. 607	5. 426
孟加拉国	0. 552	3. 097	3. 097	3. 097	3. 886	3. 886	3. 883
秘鲁	9. 364	9. 141	9. 141	9. 141	9. 487	9. 487	9. 487
缅甸	0. 000	0. 000	0. 256	0. 256	0. 293	0. 293	0. 588
摩尔多瓦	2. 102	2. 984	2. 984	2. 984	3. 279	3. 279	4. 140
摩洛哥	3. 207	3. 279	3. 279	3. 279	3. 316	3. 316	3. 351
莫桑比克	0. 848	0. 847	0. 847	0. 847	3. 886	3. 886	3. 883
墨西哥	4. 466	5. 278	5. 278	5. 278	5. 167	5. 167	5. 498
纳米比亚	2. 578	2. 726	2. 726	2. 726	2. 763	2. 763	4. 140

续表

年份 国家	2013	2014	2015	2016	2017	2018	2019
南非	3.465	3.574	3.574	3.574	3.501	3.501	3.683
尼加拉瓜	8.462	8.462	8.462	8.462	8.462	8.462	8.462
尼日尔	0.809	1.509	1.509	1.509	1.473	1.473	1.507
尼日利亚	2.946	3.461	3.610	3.610	3.497	3.497	3.497
挪威	7.048	7.453	7.453	7.453	7.969	7.969	7.785
葡萄牙	7.012	7.453	7.453	7.453	7.822	7.822	8.298
日本	8.404	8.514	8.514	8.514	8.440	8.440	8.440
瑞典	6.499	6.940	6.940	6.940	7.420	7.420	7.272
瑞士	6.609	6.940	6.940	6.940	7.420	7.420	7.272
塞内加尔	2.285	2.394	2.394	2.394	4.142	4.142	4.140
塞浦路斯	4.237	7.822	7.822	7.822	8.117	8.060	8.298
沙特阿拉伯	3.029	3.029	3.029	3.029	2.992	2.992	4.543
斯里兰卡	3.393	0.552	0.552	0.552	0.663	0.663	0.661
斯洛文尼亚	5.497	5.938	5.938	5.938	6.307	6.307	6.271
苏丹	1.202	1.945	1.945	3.348	3.348	4.184	4.186
塔吉克斯坦	1.947	1.654	1.101	1.101	1.101	1.654	3.170
泰国	1.471	3.093	3.093	3.093	3.093	3.093	3.312
坦桑尼亚	2.028	3.886	3.886	3.886	4.399	4.399	4.396
突尼斯	3.133	3.943	3.943	3.943	4.091	4.091	4.088
土耳其	5.598	5.067	5.067	5.067	5.067	5.067	4.122
土库曼斯坦	1.947	1.654	1.101	1.101	1.101	1.654	3.170
危地马拉	8.810	8.811	9.067	9.067	8.591	8.591	8.591
委内瑞拉	2.433	2.397	2.653	2.653	2.360	2.360	2.213
乌干达	7.224	9.487	9.487	9.487	9.487	9.487	9.487
乌克兰	1.439	1.954	1.954	1.954	2.213	2.213	2.397
乌拉圭	8.222	8.479	8.735	8.735	9.178	9.178	9.325
乌兹别克斯坦	1.947	1.654	1.101	1.101	1.101	1.654	3.170
西班牙	6.499	6.940	6.940	6.940	7.235	7.235	7.272
希腊	6.755	6.940	5.335	5.335	5.593	5.593	5.664
新加坡	8.974	9.231	8.974	8.974	8.974	8.974	8.974

续表

年份 国家	2013	2014	2015	2016	2017	2018	2019
新西兰	7.596	8.222	8.222	8.222	7.817	7.817	7.817
匈牙利	6.755	7.197	7.197	7.197	7.529	7.529	7.529
亚美尼亚	5.497	8.462	8.462	7.909	7.909	7.909	8.168
伊拉克	0.000	0.000	0.000	2.308	1.154	1.154	1.814
伊朗	1.200	1.368	1.368	1.368	4.554	3.611	3.611
以色列	7.674	8.667	8.667	8.667	8.718	8.718	8.718
意大利	7.781	8.222	8.222	8.222	8.702	8.702	8.554
印度	0.663	0.663	0.663	0.663	0.700	0.700	0.808
印度尼西亚	2.307	4.667	4.667	4.667	5.234	5.234	5.235
英国	7.860	7.896	7.896	7.896	7.711	7.711	7.564
约旦	8.974	8.718	8.718	8.718	8.718	8.718	8.718
越南	1.829	1.903	1.903	1.903	2.013	2.013	1.940
赞比亚	7.628	9.744	9.744	9.744	9.744	9.744	9.744
智利	5.202	6.381	6.381	6.381	6.565	6.309	6.236

资料来源：EFW。

表24   **劳动力市场管制**

年份 国家	2013	2014	2015	2016	2017	2018	2019
阿尔巴尼亚	6.647	7.203	6.831	6.916	6.938	6.718	6.718
阿尔及利亚	4.629	5.149	5.275	5.363	5.418	5.645	5.645
阿根廷	4.926	5.267	4.966	5.151	5.135	5.120	5.120
阿联酋	8.554	6.826	6.967	6.963	6.697	6.718	6.718
阿曼	7.495	7.334	5.986	6.212	6.261	6.693	6.693
阿塞拜疆	6.346	6.574	6.397	6.077	6.201	6.543	6.543
埃及	5.035	5.069	5.008	4.853	4.971	5.232	5.232
埃塞俄比亚	7.515	7.579	7.222	7.286	7.286	6.933	6.933
爱尔兰	7.856	7.256	8.132	7.925	7.907	7.926	7.926
爱沙尼亚	6.308	5.974	6.294	6.264	6.239	6.262	6.262
安哥拉	2.635	2.451	4.560	4.560	5.373	5.338	5.338
奥地利	6.086	5.649	5.552	5.565	5.615	5.862	5.862

续表

年份 国家	2013	2014	2015	2016	2017	2018	2019
澳大利亚	7.024	8.010	7.657	7.699	7.722	7.803	7.803
巴基斯坦	5.493	5.223	4.927	4.914	4.965	5.092	5.092
巴拉圭	4.395	4.111	4.247	4.513	4.448	4.535	4.535
巴林	8.318	8.092	8.217	6.619	7.791	7.899	7.899
巴拿马	5.472	5.100	5.081	5.055	5.022	4.997	4.997
巴西	4.361	4.487	4.176	4.150	4.210	4.461	4.461
白俄罗斯	0.000	0.000	0.000	7.189	7.189	7.189	7.189
保加利亚	7.393	7.305	7.045	7.036	7.062	7.173	7.173
冰岛	7.669	7.849	7.704	7.671	7.628	7.570	7.570
波兰	7.700	7.727	7.728	7.142	7.116	7.102	7.102
玻利维亚	4.482	4.060	3.948	3.948	3.836	3.832	3.832
博茨瓦纳	7.615	7.366	7.520	7.510	7.487	7.418	7.418
布基纳法索	7.342	7.159	7.158	7.158	6.914	7.013	7.013
丹麦	7.340	7.468	7.389	7.317	7.267	7.273	7.273
德国	6.487	5.906	7.184	7.439	7.528	7.544	7.544
多哥	4.893	4.170	4.168	4.168	4.168	4.168	4.168
俄罗斯	5.909	5.620	5.693	5.514	5.524	5.905	5.905
厄瓜多尔	4.700	3.649	5.053	4.941	4.979	4.977	4.977
法国	5.334	5.682	5.704	5.624	5.612	5.908	5.908
菲律宾	6.784	6.647	6.785	6.795	6.943	7.051	7.051
芬兰	5.224	5.516	5.182	5.201	5.220	5.335	5.335
哥伦比亚	6.093	6.026	5.980	5.837	5.821	5.844	5.844
哥斯达黎加	6.143	6.424	6.194	6.145	6.143	6.020	6.020
哈萨克斯坦	7.634	7.720	7.528	7.213	7.240	7.562	7.562
韩国	4.512	4.844	4.743	4.822	4.838	4.771	4.771
荷兰	7.054	7.357	7.331	7.445	7.513	7.629	7.629
洪都拉斯	5.246	5.184	5.183	5.129	5.132	5.136	5.136
吉尔吉斯斯坦	6.135	6.122	5.913	5.583	5.724	5.913	5.913
几内亚	5.347	4.792	4.791	5.149	5.338	5.091	5.591
加拿大	8.351	8.140	8.142	8.180	8.127	8.083	8.083

续表

年份\国家	2013	2014	2015	2016	2017	2018	2019
加纳	5.916	6.153	6.639	6.636	6.636	6.654	6.654
柬埔寨	6.750	6.690	6.540	6.549	6.513	6.459	6.459
捷克	8.126	8.007	8.362	8.095	8.095	8.121	8.121
喀麦隆	7.290	7.428	7.304	7.335	7.330	7.277	7.277
卡塔尔	8.053	6.522	6.510	6.470	6.284	6.031	6.031
科威特	7.029	6.842	6.685	6.577	5.421	5.524	5.524
克罗地亚	6.614	6.771	6.446	6.372	6.365	6.406	6.406
肯尼亚	7.810	7.811	7.768	7.722	7.153	7.127	7.127
拉脱维亚	6.918	7.683	7.636	7.558	7.541	7.642	7.642
老挝	0.000	4.913	4.924	4.852	4.817	4.777	4.777
黎巴嫩	7.924	7.590	7.120	7.528	7.498	7.471	7.471
立陶宛	7.356	7.870	6.569	6.579	6.693	6.671	6.671
卢森堡	5.893	5.994	6.350	6.327	6.376	6.530	6.530
罗马尼亚	7.471	7.248	7.273	7.370	7.435	7.408	7.408
马达加斯加	4.937	4.741	4.491	4.502	4.358	4.639	4.639
马耳他	7.484	7.710	7.897	8.021	8.016	7.951	7.951
马来西亚	8.043	7.772	8.047	8.011	8.040	8.040	8.040
马里	5.281	5.164	5.037	5.044	5.017	5.245	5.245
美国	9.026	9.199	9.136	9.137	9.157	8.977	8.977
蒙古国	6.974	7.057	6.928	6.651	6.806	6.599	6.599
孟加拉国	7.229	7.275	7.262	7.224	7.174	7.055	7.055
秘鲁	6.905	7.076	6.904	6.932	6.942	6.875	6.875
缅甸	6.482	6.148	5.592	5.592	4.945	5.228	5.228
摩尔多瓦	5.541	5.541	5.427	5.218	5.062	5.609	5.609
摩洛哥	6.043	5.829	5.906	5.734	5.949	6.061	4.894
莫桑比克	3.032	3.083	3.172	3.133	3.069	3.067	3.067
墨西哥	5.814	5.406	5.636	5.580	5.571	5.589	5.589
纳米比亚	7.957	7.863	8.141	8.189	8.188	8.175	8.175
南非	6.071	6.366	6.170	6.515	6.606	6.512	6.512
尼加拉瓜	6.408	6.530	6.461	6.028	5.966	5.905	5.905

续表

年份 国家	2013	2014	2015	2016	2017	2018	2019
尼日尔	4.004	4.260	4.262	4.262	4.262	4.262	4.262
尼日利亚	8.216	8.444	8.924	8.948	8.929	8.964	8.964
挪威	4.401	4.461	5.233	5.135	5.360	5.418	5.418
葡萄牙	6.458	6.112	5.875	5.870	5.860	5.806	5.806
日本	8.328	8.033	8.150	8.099	8.131	8.166	8.166
瑞典	6.852	6.695	6.750	6.866	6.932	6.046	6.046
瑞士	7.791	7.743	7.878	7.845	7.853	7.824	6.990
塞内加尔	4.013	3.695	3.592	3.568	3.580	3.603	3.603
塞浦路斯	6.132	6.051	6.048	6.212	6.248	6.300	6.300
沙特阿拉伯	7.580	7.141	7.329	6.910	6.933	7.102	7.102
斯里兰卡	6.437	6.488	6.394	6.426	6.455	6.494	6.494
斯洛文尼亚	5.944	6.250	6.012	6.082	6.121	6.196	6.196
苏丹	0.000	0.000	0.000	4.713	4.713	4.713	4.713
塔吉克斯坦	4.874	5.412	5.476	5.747	5.734	5.760	5.760
泰国	4.683	4.817	4.701	4.717	4.701	4.690	4.690
坦桑尼亚	6.410	6.339	6.628	6.513	6.512	6.602	6.602
突尼斯	6.059	6.372	5.377	5.316	5.364	5.572	5.572
土耳其	4.859	4.931	4.505	4.694	4.713	5.407	5.407
土库曼斯坦	4.874	5.412	5.476	5.747	5.734	5.760	5.760
危地马拉	4.701	4.247	4.055	3.990	3.944	3.869	5.035
委内瑞拉	2.290	2.524	2.099	2.107	2.110	2.243	2.243
乌干达	8.856	8.955	8.582	8.613	8.658	8.630	8.630
乌克兰	5.372	5.689	5.381	5.090	5.128	5.354	5.354
乌拉圭	5.611	5.577	5.631	6.215	6.128	5.939	5.939
乌兹别克斯坦	4.874	5.412	5.476	5.747	5.734	5.760	5.760
西班牙	5.410	5.519	6.251	6.169	6.143	6.245	6.245
希腊	4.628	4.499	4.853	4.971	4.982	5.043	5.043
新加坡	7.603	7.800	7.205	7.669	7.670	7.682	7.682
新西兰	8.656	8.477	8.823	8.828	8.773	8.634	8.634
匈牙利	6.850	6.567	7.181	6.872	6.826	6.707	6.707

续表

年份 国家	2013	2014	2015	2016	2017	2018	2019
亚美尼亚	6.379	6.297	6.324	6.235	6.412	6.461	6.461
伊拉克	0.000	0.000	0.000	6.470	6.195	6.195	6.195
伊朗	4.603	4.793	4.967	4.841	4.844	4.745	4.745
以色列	5.387	5.322	5.383	5.417	5.385	5.364	5.364
意大利	6.554	6.617	6.766	6.774	6.809	6.786	6.786
印度	6.835	5.983	6.462	6.366	6.742	6.417	6.417
印度尼西亚	4.543	4.641	4.561	4.629	4.688	4.712	4.712
英国	8.211	8.079	8.396	8.398	8.383	8.247	8.247
约旦	8.430	7.777	7.901	7.675	7.683	7.740	7.740
越南	5.340	5.481	5.308	5.254	5.260	5.379	5.379
赞比亚	6.234	6.141	5.653	5.545	5.716	5.604	5.604
智利	5.456	5.309	5.328	5.337	5.317	4.971	4.971

资料来源：EFW。

表 25 商业管制

年份 国家	2013	2014	2015	2016	2017	2018	2019
阿尔巴尼亚	6.708	6.857	7.097	7.092	6.844	6.850	6.850
阿尔及利亚	5.017	5.222	5.682	5.844	5.280	5.968	5.687
阿根廷	5.462	5.456	5.587	6.110	6.296	6.288	6.139
阿联酋	8.768	8.769	8.790	8.203	7.691	8.060	8.134
阿曼	7.745	7.549	7.497	7.457	6.972	7.728	7.654
阿塞拜疆	6.625	6.498	6.676	6.659	6.108	7.190	7.222
埃及	5.140	5.152	5.613	5.378	4.599	5.535	5.535
埃塞俄比亚	5.586	5.615	5.577	5.687	5.335	6.659	6.667
爱尔兰	8.481	8.571	8.662	8.501	8.223	8.262	8.262
爱沙尼亚	8.797	8.733	8.748	8.807	8.969	8.895	8.746
安哥拉	4.669	5.007	4.999	5.061	4.878	5.589	5.586
奥地利	7.851	7.781	7.919	7.860	8.116	7.906	7.758
澳大利亚	8.416	8.563	8.538	8.521	8.645	8.368	8.331
巴基斯坦	4.954	5.047	5.582	5.586	4.790	6.314	6.152

续表

年份 国家	2013	2014	2015	2016	2017	2018	2019
巴拉圭	6.160	6.246	6.156	6.119	6.090	6.162	6.125
巴林	7.201	7.154	7.363	7.321	6.060	7.614	7.614
巴拿马	7.367	7.329	7.313	7.191	7.365	6.940	6.940
巴西	4.098	4.045	4.095	4.144	5.462	4.506	4.563
白俄罗斯	0.000	0.000	0.000	7.603	6.476	7.650	7.650
保加利亚	6.577	6.642	6.558	6.650	6.631	6.641	6.715
冰岛	8.113	8.219	8.271	8.198	8.461	8.214	8.265
波兰	6.989	7.149	6.970	7.128	6.959	7.008	7.008
玻利维亚	4.056	3.939	3.708	3.782	4.779	4.093	4.232
博茨瓦纳	7.403	7.350	7.444	7.515	7.489	7.511	7.659
布基纳法索	6.171	6.280	6.313	6.685	6.323	6.539	6.539
丹麦	8.279	8.270	8.265	8.242	8.467	8.234	8.345
德国	8.340	8.452	8.561	8.655	9.002	8.488	8.414
多哥	5.802	5.908	6.323	6.558	5.877	6.788	6.788
俄罗斯	6.081	5.984	5.860	6.011	5.089	5.918	6.251
厄瓜多尔	5.426	5.105	5.093	5.123	5.399	5.053	5.136
法国	7.881	7.908	7.863	7.820	8.060	7.892	7.855
菲律宾	6.702	6.620	6.537	6.354	5.386	6.206	6.243
芬兰	8.473	8.391	8.572	8.630	8.710	8.753	8.674
哥伦比亚	7.311	7.256	7.212	6.967	6.538	6.696	6.562
哥斯达黎加	7.263	7.191	7.135	7.080	7.469	7.132	7.132
哈萨克斯坦	6.654	6.725	7.184	6.823	6.180	7.021	7.054
韩国	8.194	8.178	8.141	8.138	8.542	8.306	8.063
荷兰	8.212	8.211	8.230	8.329	8.489	8.290	8.388
洪都拉斯	6.503	6.450	6.388	6.177	5.990	6.112	6.024
吉尔吉斯斯坦	6.508	6.502	6.393	6.393	6.131	6.660	6.520
几内亚	4.908	5.115	5.487	5.690	5.188	5.547	5.562
加拿大	8.207	8.224	8.131	8.107	8.441	8.093	7.786
加纳	6.296	6.260	6.335	6.373	5.802	6.308	6.304
柬埔寨	4.634	4.841	4.830	4.911	3.787	5.058	5.058

续表

年份 国家	2013	2014	2015	2016	2017	2018	2019
捷克	6.908	6.734	7.085	7.020	7.142	7.098	7.153
喀麦隆	4.586	4.537	4.588	4.896	4.678	5.112	5.112
卡塔尔	8.188	8.210	8.174	8.108	7.052	8.031	8.031
科威特	5.866	5.650	5.533	5.790	5.154	6.426	6.616
克罗地亚	6.543	6.714	6.709	6.601	6.503	6.643	6.643
肯尼亚	6.535	6.514	6.585	6.717	6.075	6.913	6.860
拉脱维亚	7.998	8.021	8.082	7.789	7.971	7.933	7.875
老挝	0.000	5.232	5.331	5.326	4.699	5.439	5.532
黎巴嫩	5.118	5.252	5.334	5.259	4.470	5.265	5.232
立陶宛	8.006	7.993	8.005	8.095	8.043	8.225	8.151
卢森堡	8.229	8.239	8.301	8.269	8.361	8.308	8.308
罗马尼亚	6.675	6.708	6.720	6.550	5.868	6.500	6.645
马达加斯加	5.785	5.502	5.527	5.538	4.857	5.640	5.886
马耳他	7.019	6.991	6.991	7.037	7.243	7.336	7.336
马来西亚	8.174	8.204	8.019	7.957	7.458	8.187	8.270
马里	5.829	5.905	6.272	6.103	5.874	6.088	6.078
美国	8.116	8.174	8.203	8.389	8.608	8.309	8.084
蒙古国	6.815	6.889	6.933	7.238	6.832	7.078	7.084
孟加拉国	5.214	5.237	5.183	5.021	4.323	4.964	4.798
秘鲁	6.865	6.833	6.813	6.787	6.699	6.855	6.706
缅甸	4.762	5.795	5.830	6.512	7.138	7.549	7.645
摩尔多瓦	6.681	6.633	6.605	6.466	6.272	6.894	7.002
摩洛哥	6.710	6.740	6.759	7.007	6.398	7.200	7.237
莫桑比克	6.054	6.098	6.122	6.036	5.336	5.863	5.982
墨西哥	6.809	6.879	6.742	6.781	6.235	6.696	6.696
纳米比亚	6.754	6.791	6.884	6.808	6.725	6.798	6.846
南非	6.867	6.510	6.465	6.438	5.682	6.142	6.142
尼加拉瓜	5.836	5.685	5.704	5.824	5.054	5.464	5.464
尼日尔	5.913	6.784	6.846	7.587	7.618	7.587	7.503
尼日利亚	4.381	4.346	4.300	5.261	5.242	5.478	5.515

续表

国家＼年份	2013	2014	2015	2016	2017	2018	2019
挪威	8.280	8.396	8.409	8.376	8.539	8.366	8.366
葡萄牙	7.595	7.584	7.662	7.660	7.777	7.582	7.574
日本	7.517	7.527	7.861	7.923	8.125	8.226	8.152
瑞典	8.209	8.260	8.273	8.207	8.399	8.042	8.042
瑞士	8.543	8.624	8.522	8.516	8.614	8.559	8.485
塞内加尔	5.262	5.224	5.740	6.067	6.510	6.393	6.361
塞浦路斯	7.376	7.342	7.385	7.355	7.410	7.441	7.478
沙特阿拉伯	6.947	6.972	7.048	7.026	5.893	6.789	6.867
斯里兰卡	6.391	6.598	6.734	6.951	6.399	7.041	6.914
斯洛文尼亚	7.335	7.373	7.411	7.259	7.537	7.199	7.310
苏丹	0.000	0.000	0.000	5.573	4.932	5.843	6.268
塔吉克斯坦	5.578	5.602	5.646	5.927	5.224	6.094	6.205
泰国	7.201	6.778	6.763	6.819	5.575	6.782	6.708
坦桑尼亚	6.116	6.121	6.157	6.031	5.702	6.081	6.081
突尼斯	7.015	6.951	6.832	6.828	6.963	6.992	6.992
土耳其	6.687	6.780	6.703	6.799	5.527	6.465	6.428
土库曼斯坦	5.578	5.602	5.646	5.927	5.224	6.094	6.205
危地马拉	6.573	6.572	6.517	6.235	5.683	6.157	6.120
委内瑞拉	2.659	2.512	2.449	2.204	2.204	2.078	2.078
乌干达	6.278	6.330	6.475	6.448	6.134	6.601	6.601
乌克兰	6.288	6.219	6.447	6.519	6.097	6.756	6.719
乌拉圭	6.813	6.968	6.929	7.388	7.723	7.372	7.372
乌兹别克斯坦	5.578	5.602	5.646	5.927	5.224	6.094	6.205
西班牙	7.427	7.427	7.458	7.579	7.912	7.756	7.687
希腊	6.934	6.921	6.921	6.935	7.072	6.994	6.816
新加坡	9.262	9.308	9.398	9.409	9.450	9.337	9.337
新西兰	8.737	8.681	8.734	8.826	9.061	8.738	8.627
匈牙利	7.246	7.008	6.953	7.026	7.156	6.868	6.992
亚美尼亚	6.770	6.768	6.821	6.814	6.485	7.211	7.315
伊拉克	0.000	0.000	0.000	5.217	4.302	5.068	5.021

续表

年份 国家	2013	2014	2015	2016	2017	2018	2019
伊朗	5.210	5.862	5.881	6.037	5.415	5.350	5.350
以色列	7.297	7.372	7.502	7.487	7.337	7.424	7.424
意大利	6.579	6.591	6.693	6.712	6.817	6.803	6.803
印度	6.214	6.362	6.457	6.677	6.563	6.737	7.106
印度尼西亚	6.284	6.294	6.660	6.796	6.486	6.740	6.926
英国	8.340	8.366	8.566	8.540	8.427	8.229	8.303
约旦	6.964	6.975	6.919	6.885	6.627	7.123	7.234
越南	5.173	5.340	5.824	6.074	6.259	6.378	6.285
赞比亚	6.407	6.361	6.368	6.254	5.860	6.362	6.251
智利	7.815	7.720	7.587	7.546	7.543	7.410	7.253

资料来源：EFW。

表26　　　　　　　　　　　教育水平

年份 国家	2014	2015	2016	2017	2018	2019	2020
阿尔巴尼亚	5.00	5.00	5.00	5.00	5.00	4.50	4.00
阿尔及利亚	4.00	4.00	4.00	4.00	4.00	4.00	4.00
阿根廷	6.00	6.00	6.00	6.00	6.00	6.00	6.00
阿联酋	8.00	8.50	9.00	9.00	9.00	9.00	9.00
阿曼	5.00	5.00	5.00	5.00	5.00	5.00	5.00
阿塞拜疆	4.00	4.00	4.00	4.00	4.00	4.00	4.00
埃及	4.00	4.00	4.00	4.00	4.00	4.00	4.00
埃塞俄比亚	4.00	4.00	4.00	4.00	4.00	4.50	5.00
爱尔兰	10.00	10.00	10.00	10.00	10.00	10.00	10.00
爱沙尼亚	9.00	9.00	9.00	9.00	9.00	9.00	9.00
安哥拉	4.00	3.50	3.00	3.00	3.00	3.00	3.00
奥地利	10.00	10.00	10.00	10.00	10.00	10.00	10.00
澳大利亚	10.00	10.00	10.00	10.00	10.00	10.00	10.00
巴基斯坦	3.00	3.00	3.00	3.00	3.00	3.00	3.00
巴拉圭	5.00	5.00	5.00	5.00	5.00	5.00	5.00
巴林	7.00	7.00	7.00	7.00	7.00	7.00	7.00

续表

年份 国家	2014	2015	2016	2017	2018	2019	2020
巴拿马	5.00	5.00	5.00	5.00	5.00	5.00	5.00
巴西	7.00	7.00	7.00	7.00	7.00	7.00	7.00
白俄罗斯	5.00	5.00	5.00	5.00	5.00	5.00	5.00
保加利亚	7.00	6.50	6.00	6.00	6.00	6.00	6.00
冰岛	10.00	10.00	10.00	10.00	10.00	10.00	10.00
波兰	8.00	8.00	8.00	8.00	8.00	7.50	7.00
玻利维亚	5.00	5.00	5.00	5.00	5.00	5.00	5.00
博茨瓦纳	7.00	6.50	6.00	6.00	6.00	6.00	6.00
布基纳法索	2.00	2.00	2.00	2.00	2.00	2.00	2.00
丹麦	10.00	10.00	10.00	10.00	10.00	10.00	10.00
德国	10.00	10.00	10.00	10.00	10.00	10.00	10.00
多哥	3.00	3.50	4.00	4.00	4.00	4.00	4.00
俄罗斯	6.00	6.00	6.00	6.00	6.00	6.00	6.00
厄瓜多尔	5.00	5.00	5.00	5.00	5.00	5.00	5.00
法国	10.00	10.00	10.00	10.00	10.00	10.00	10.00
菲律宾	4.00	4.00	4.00	4.00	5.00	5.00	5.00
芬兰	10.00	10.00	10.00	10.00	10.00	10.00	10.00
哥伦比亚	5.00	5.00	5.00	5.00	5.00	5.00	5.00
哥斯达黎加	7.00	7.00	7.00	7.00	7.00	7.00	7.00
哈萨克斯坦	6.00	6.00	6.00	6.00	6.00	6.00	6.00
韩国	10.00	10.00	10.00	10.00	10.00	10.00	10.00
荷兰	10.00	10.00	10.00	10.00	10.00	10.00	10.00
洪都拉斯	3.00	3.00	3.00	3.00	3.00	3.00	3.00
吉尔吉斯斯坦	4.00	4.00	4.00	4.00	4.00	4.00	4.00
几内亚	3.00	2.50	2.00	2.00	2.00	2.00	2.00
加拿大	10.00	10.00	10.00	10.00	10.00	10.00	10.00
加纳	6.00	6.00	6.00	6.00	5.00	5.00	5.00
柬埔寨	3.00	3.00	3.00	3.00	3.00	3.00	3.00
捷克	9.00	9.00	9.00	9.00	9.00	9.00	9.00
喀麦隆	4.00	4.00	4.00	4.00	4.00	4.00	4.00

续表

年份 国家	2014	2015	2016	2017	2018	2019	2020
卡塔尔	9.00	9.00	9.00	9.00	9.00	8.50	8.00
科威特	6.00	6.00	6.00	6.00	6.00	6.00	6.00
克罗地亚	8.00	8.00	8.00	8.00	8.00	7.50	7.00
肯尼亚	5.00	5.00	5.00	5.00	5.00	5.00	5.00
拉脱维亚	8.00	8.00	8.00	8.00	8.00	8.00	8.00
老挝	3.00	3.00	3.00	3.00	3.00	3.00	3.00
黎巴嫩	5.00	5.50	6.00	6.00	5.00	5.00	5.00
立陶宛	9.00	9.00	9.00	9.00	9.00	8.50	8.00
卢森堡	5.00	5.00	5.00	5.00	5.00	5.00	5.00
罗马尼亚	7.00	7.00	7.00	7.00	7.00	6.50	6.00
马达加斯加	3.00	3.00	3.00	3.00	3.00	3.00	3.00
马耳他	6.00	6.00	6.00	6.00	6.00	6.00	6.00
马来西亚	7.00	7.00	7.00	7.00	7.00	7.00	7.00
马里	3.00	3.00	3.00	3.00	3.00	3.00	3.00
美国	10.00	10.00	10.00	10.00	10.00	10.00	10.00
蒙古国	4.00	4.50	5.00	5.00	5.00	5.00	5.00
孟加拉国	4.00	4.00	4.00	4.00	4.00	4.00	4.00
秘鲁	5.00	5.00	5.00	5.00	5.00	5.00	5.00
缅甸	1.00	1.50	2.00	2.00	3.00	3.00	3.00
摩尔多瓦	5.00	5.00	5.00	5.00	5.00	5.00	5.00
摩洛哥	5.00	5.00	5.00	5.00	5.00	5.00	5.00
莫桑比克	3.00	3.00	3.00	3.00	3.00	3.00	3.00
墨西哥	5.00	5.00	5.00	5.00	5.00	5.00	5.00
纳米比亚	5.00	5.00	5.00	5.00	4.00	4.00	4.00
南非	6.00	5.50	5.00	5.00	5.00	5.00	5.00
尼加拉瓜	5.00	5.00	5.00	5.00	4.00	4.00	4.00
尼日尔	2.00	2.00	2.00	2.00	1.00	1.00	1.00
尼日利亚	3.00	3.00	3.00	3.00	3.00	3.00	3.00
挪威	10.00	10.00	10.00	10.00	10.00	10.00	10.00
葡萄牙	9.00	9.00	9.00	9.00	9.00	9.00	9.00

续表

年份 国家	2014	2015	2016	2017	2018	2019	2020
日本	10.00	10.00	10.00	10.00	10.00	10.00	10.00
瑞典	10.00	10.00	10.00	10.00	10.00	10.00	10.00
瑞士	10.00	10.00	10.00	10.00	10.00	10.00	10.00
塞内加尔	3.00	3.00	3.00	3.00	3.00	3.00	3.00
塞浦路斯	6.00	6.00	6.00	6.00	6.00	6.00	6.00
沙特阿拉伯	5.00	5.00	5.00	5.00	5.00	5.50	6.00
斯里兰卡	5.00	5.00	5.00	5.00	6.00	6.00	6.00
斯洛文尼亚	8.00	8.00	8.00	8.00	8.00	8.50	9.00
苏丹	3.00	2.50	2.00	2.00	2.00	2.00	2.00
塔吉克斯坦	3.00	3.00	3.00	3.00	3.00	3.00	3.00
泰国	6.00	6.00	6.00	6.00	6.00	6.00	6.00
坦桑尼亚	3.00	3.00	3.00	3.00	3.00	3.50	4.00
突尼斯	6.00	6.00	6.00	6.00	6.00	6.00	6.00
土耳其	8.00	7.50	7.00	7.00	6.00	5.50	5.00
土库曼斯坦	5.00	4.50	4.00	4.00	4.00	3.50	3.00
危地马拉	4.00	4.00	4.00	4.00	4.00	4.00	4.00
委内瑞拉	6.00	6.00	6.00	6.00	4.00	3.50	3.00
乌干达	5.00	5.00	5.00	5.00	5.00	5.00	5.00
乌克兰	6.00	6.00	6.00	6.00	6.00	6.00	6.00
乌拉圭	7.00	7.00	7.00	7.00	7.00	7.00	7.00
乌兹别克斯坦	4.00	4.50	5.00	5.00	5.00	5.00	5.00
西班牙	9.00	9.00	9.00	9.00	9.00	9.00	9.00
希腊	9.00	9.00	9.00	9.00	9.00	9.00	9.00
新加坡	10.00	10.00	10.00	10.00	10.00	10.00	10.00
新西兰	10.00	10.00	10.00	10.00	10.00	10.00	10.00
匈牙利	8.00	7.50	7.00	7.00	6.00	5.50	5.00
亚美尼亚	5.00	5.00	5.00	5.00	5.00	5.00	5.00
伊拉克	3.00	3.00	3.00	3.00	3.00	3.00	3.00
伊朗	4.00	4.00	4.00	4.00	4.00	4.00	4.00
以色列	8.00	8.50	9.00	9.00	9.00	9.00	9.00

续表

年份 国家	2014	2015	2016	2017	2018	2019	2020
意大利	10.00	10.00	10.00	10.00	10.00	10.00	10.00
印度	6.00	6.00	6.00	6.00	6.00	6.00	6.00
印度尼西亚	5.00	5.00	5.00	5.00	5.00	5.00	5.00
英国	10.00	10.00	10.00	10.00	10.00	10.00	10.00
约旦	6.00	6.00	6.00	6.00	6.00	6.00	6.00
越南	6.00	6.00	6.00	6.00	6.00	6.00	6.00
赞比亚	4.00	4.00	4.00	4.00	4.00	4.00	4.00
智利	6.00	6.00	6.00	6.00	6.00	6.00	6.00

资料来源：BTI。

表27 社会安全（每十万人谋杀死亡人数）

年份 国家	2013	2014	2015	2016	2017	2018	2019
阿尔巴尼亚	4.270	4.040	2.214	2.737	2.011	2.289	2.289
阿尔及利亚	1.259	1.482	1.364	1.364	1.364	1.364	1.364
阿根廷	7.280	7.571	6.586	6.033	5.210	5.324	5.324
阿联酋	0.620	0.662	0.648	0.705	0.464	0.464	0.464
阿曼	2.576	0.298	0.375	0.402	0.514	0.269	0.269
阿塞拜疆	2.355	2.483	2.338	2.136	2.042	2.201	2.201
埃及	3.379	1.649	1.649	1.222	1.744	1.193	1.193
埃塞俄比亚	5.808	5.357	5.372	5.372	5.372	5.372	5.372
爱尔兰	1.105	1.124	0.666	0.788	0.863	0.872	0.872
爱沙尼亚	3.942	3.115	3.421	2.507	2.198	2.117	2.117
安哥拉	3.379	1.649	1.649	1.222	1.744	1.193	1.193
奥地利	0.725	0.522	0.530	0.652	0.794	0.967	0.967
澳大利亚	1.054	1.030	0.986	0.936	0.826	0.892	0.892
巴基斯坦	7.287	6.798	4.757	4.182	3.961	3.883	3.883
巴拉圭	9.278	8.758	9.224	9.870	7.878	7.145	7.145
巴林	0.380	0.524	0.524	0.524	0.524	0.524	0.524
巴拿马	17.286	15.482	11.868	10.032	9.667	9.385	9.385
巴西	26.942	28.850	28.590	29.878	30.831	27.383	27.383

续表

国家＼年份	2013	2014	2015	2016	2017	2018	2019
白俄罗斯	3.534	3.605	3.454	3.250	2.540	2.391	2.391
保加利亚	1.495	1.573	1.750	1.105	1.450	1.305	1.305
冰岛	0.306	0.609	0.908	0.301	0.897	0.891	0.891
波兰	0.799	0.753	0.784	0.684	0.756	0.730	0.730
玻利维亚	3.379	1.649	1.649	1.222	1.744	1.193	1.193
博茨瓦纳	31.708	32.643	33.714	33.832	35.704	36.399	36.399
布基纳法索	0.709	0.739	0.646	1.121	1.250	1.250	1.250
丹麦	0.851	1.306	1.090	0.981	1.239	1.008	1.008
德国	0.840	0.879	0.834	1.172	0.984	0.948	0.948
多哥	3.582	3.655	3.387	3.222	3.125	3.079	3.079
俄罗斯	11.109	11.417	11.481	10.920	9.134	8.209	8.209
厄瓜多尔	10.982	8.218	6.489	5.840	5.791	5.801	5.801
法国	1.216	1.234	1.570	1.352	1.271	1.199	1.199
菲律宾	9.257	9.706	9.446	10.977	8.392	6.465	6.465
芬兰	1.636	1.611	1.496	1.346	1.252	1.630	1.630
哥伦比亚	33.162	28.409	26.898	25.744	25.020	25.344	25.344
哥斯达黎加	8.667	9.947	11.490	11.798	12.182	11.261	11.261
哈萨克斯坦	6.578	5.225	4.854	4.854	5.061	5.061	5.061
韩国	0.699	0.745	0.738	0.708	0.589	0.604	0.604
荷兰	0.742	0.728	0.614	0.554	0.775	0.586	0.586
洪都拉斯	73.092	65.780	56.491	55.551	40.980	38.926	38.926
吉尔吉斯斯坦	5.252	5.475	5.118	4.396	4.136	2.189	2.189
几内亚	4.914	3.841	2.763	3.591	1.149	1.149	1.149
加拿大	1.442	1.464	1.693	1.682	1.797	1.756	1.756
加纳	2.071	1.995	1.885	1.928	2.091	2.091	2.091
柬埔寨	2.388	2.353	2.187	2.258	2.258	2.258	2.258
捷克	0.644	0.690	0.647	0.630	0.658	0.621	0.621
喀麦隆	0.935	0.935	1.155	1.154	1.388	1.388	1.388
卡塔尔	0.385	0.366	0.366	0.366	0.366	0.366	0.366
科威特	1.822	1.822	1.822	1.822	1.822	1.822	1.822

续表

年份\国家	2013	2014	2015	2016	2017	2018	2019
克罗地亚	1.076	0.846	0.874	1.045	1.100	0.577	0.577
肯尼亚	5.382	4.936	4.722	4.817	4.910	4.929	4.929
拉脱维亚	2.445	3.166	3.354	3.495	4.152	4.356	4.356
老挝	3.582	3.655	3.387	3.222	3.125	3.079	3.079
黎巴嫩	3.991	3.833	3.536	3.500	3.607	2.493	2.493
立陶宛	6.580	5.351	5.867	5.295	4.534	4.569	4.569
卢森堡	0.184	0.721	0.882	0.863	0.338	0.338	0.338
罗马尼亚	1.083	1.622	1.701	1.546	1.297	1.282	1.282
马达加斯加	14.871	14.871	14.871	14.871	14.871	14.871	14.871
马耳他	1.643	1.395	0.923	1.147	2.055	1.594	1.594
马来西亚	2.128	2.128	2.128	2.128	2.128	2.128	2.128
马里	14.871	14.871	14.871	14.871	14.871	14.871	14.871
美国	4.526	4.445	4.950	5.391	5.317	4.957	4.957
蒙古国	7.114	7.245	7.137	6.020	6.134	6.183	6.183
孟加拉国	2.876	2.921	2.582	2.273	2.222	2.373	2.373
秘鲁	6.761	6.899	7.374	7.874	7.909	7.909	7.909
缅甸	2.388	2.353	2.187	2.258	2.258	2.258	2.258
摩尔多瓦	4.148	4.296	4.643	4.919	3.473	4.097	4.097
摩洛哥	1.272	1.038	1.243	1.691	2.139	1.416	1.416
莫桑比克	3.510	3.510	3.510	3.510	3.510	3.510	3.510
墨西哥	19.409	16.626	17.038	19.913	25.709	29.071	29.071
纳米比亚	17.678	17.678	17.678	17.678	17.678	17.678	17.678
南非	31.708	32.643	33.714	33.832	35.704	36.399	36.399
尼加拉瓜	9.798	8.547	8.420	7.186	7.186	7.186	7.186
尼日尔	4.428	4.428	4.428	4.428	4.428	4.428	4.428
尼日利亚	34.524	34.524	34.524	34.524	34.524	34.524	34.524
挪威	0.906	0.564	0.462	0.514	0.529	0.468	0.468
葡萄牙	1.375	0.883	0.964	0.639	0.739	0.790	0.790
日本	0.288	0.308	0.284	0.283	0.240	0.263	0.263
瑞典	0.905	0.898	1.147	1.078	1.141	1.083	1.083

续表

年份 国家	2013	2014	2015	2016	2017	2018	2019
瑞士	0.703	0.500	0.687	0.537	0.532	0.586	0.586
塞内加尔	0.268	0.268	0.268	0.268	0.268	0.268	0.268
塞浦路斯	1.049	0.955	1.292	1.111	0.593	1.261	1.261
沙特阿拉伯	1.488	1.488	1.488	1.266	1.266	1.266	1.266
斯里兰卡	2.996	2.660	2.329	2.521	2.300	2.421	2.421
斯洛文尼亚	0.582	0.774	0.966	0.482	0.915	0.481	0.481
苏丹	14.871	14.871	14.871	14.871	14.871	14.871	14.871
塔吉克斯坦	1.637	1.637	1.637	1.637	1.637	1.637	1.637
泰国	4.247	3.871	3.474	3.232	2.582	2.582	2.582
坦桑尼亚	7.625	7.810	7.276	6.483	6.483	6.483	6.483
突尼斯	3.061	3.061	3.061	3.061	3.061	3.061	3.061
土耳其	2.846	2.846	2.846	3.338	3.086	2.590	2.590
土库曼斯坦	1.637	1.637	1.637	1.637	1.637	1.637	1.637
危地马拉	33.682	31.388	29.399	27.257	26.072	22.501	22.501
委内瑞拉	3.379	1.649	1.649	1.222	1.744	1.193	1.193
乌干达	10.806	12.118	11.304	11.304	11.502	10.524	10.524
乌克兰	6.307	6.307	6.184	6.184	6.184	6.184	6.184
乌拉圭	7.671	7.881	8.587	7.827	8.264	12.060	12.060
乌兹别克斯坦	1.479	1.479	1.636	1.412	1.136	1.136	1.136
西班牙	0.644	0.690	0.647	0.630	0.658	0.621	0.621
希腊	1.425	1.000	0.872	0.791	0.814	0.941	0.941
新加坡	0.312	0.253	0.250	0.318	0.193	0.156	0.156
新西兰	1.018	0.941	1.040	1.073	0.744	0.744	0.744
匈牙利	1.566	1.489	2.260	2.071	2.487	2.487	2.487
亚美尼亚	2.174	2.472	2.564	2.963	2.377	1.694	1.694
伊拉克	10.070	10.070	10.070	10.070	10.070	10.070	10.070
伊朗	2.663	2.499	2.499	2.499	2.499	2.499	2.499
以色列	1.642	1.375	1.379	1.283	1.492	1.492	1.492
意大利	0.834	0.786	0.774	0.659	0.611	0.569	0.569
印度	3.582	3.655	3.387	3.222	3.125	3.079	3.079

续表

年份 国家	2013	2014	2015	2016	2017	2018	2019
印度尼西亚	0.550	0.501	0.577	0.494	0.435	0.435	0.435
英国	0.915	0.888	0.985	1.212	1.238	1.238	1.238
约旦	1.690	1.906	1.630	1.371	1.359	1.359	1.359
越南	3.582	3.655	3.387	3.222	3.125	3.079	3.079
赞比亚	5.808	5.357	5.372	5.372	5.372	5.372	5.372
智利	3.164	2.466	3.395	3.361	4.218	4.405	4.405

资料来源：UNODC。

表28　　　　　　　　　　其他投资风险

年份 国家	2015	2016	2017	2018	2019	2020	2021
阿尔巴尼亚	7.08	7.67	8.00	8.00	8.00	8.00	7.50
阿尔及利亚	8.50	7.29	7.00	6.50	6.50	6.50	6.50
阿根廷	6.25	7.79	8.00	8.00	7.50	7.50	6.50
阿联酋	11.50	10.92	10.50	10.50	10.50	10.50	10.00
阿曼	11.00	10.83	9.25	8.50	9.00	9.00	9.00
阿塞拜疆	6.29	6.33	6.42	6.50	7.50	7.50	8.00
埃及	6.88	7.00	7.79	8.00	8.50	8.50	9.00
埃塞俄比亚	7.08	7.33	7.00	7.00	8.00	8.00	7.00
爱尔兰	11.50	12.00	12.00	12.00	12.00	12.00	12.00
爱沙尼亚	9.50	9.50	9.50	9.50	9.50	9.50	9.50
安哥拉	6.75	6.50	6.50	6.00	8.50	8.50	8.00
奥地利	9.50	9.50	9.50	9.50	9.50	9.50	10.50
澳大利亚	12.00	12.00	12.00	12.00	11.50	11.50	12.00
巴基斯坦	7.50	8.00	8.00	8.00	7.50	7.50	8.00
巴拉圭	8.50	8.50	8.50	8.50	9.50	9.50	8.50
巴林	9.50	8.83	8.17	7.50	8.00	8.00	8.00
巴拿马	9.50	8.83	9.00	9.00	9.00	9.00	8.00
巴西	7.25	7.00	7.50	7.50	8.50	8.50	9.00
白俄罗斯	6.50	6.79	6.83	7.50	8.00	8.00	7.50
保加利亚	9.75	10.50	10.50	10.50	10.50	10.50	9.50

续表

年份 国家	2015	2016	2017	2018	2019	2020	2021
冰岛	9.50	9.50	10.17	10.00	10.00	10.00	10.00
波兰	9.50	9.08	9.42	9.50	11.00	11.00	10.50
玻利维亚	6.50	6.46	6.42	6.50	6.50	6.50	6.50
博茨瓦纳	10.50	10.50	10.33	9.50	8.50	8.50	9.00
布基纳法索	7.38	7.50	7.00	7.00	8.00	8.00	7.00
丹麦	8.75	8.04	8.63	9.00	9.00	9.00	10.50
德国	11.00	11.00	11.00	11.00	11.00	11.00	12.00
多哥	7.50	7.50	7.50	7.50	7.50	7.50	8.00
俄罗斯	7.50	8.00	8.00	8.00	8.50	8.50	8.00
厄瓜多尔	6.29	6.25	6.33	6.00	8.50	8.50	7.50
法国	8.75	9.00	8.83	9.00	11.50	11.50	11.50
菲律宾	8.25	9.67	9.63	9.50	9.50	9.50	9.50
芬兰	10.50	10.50	10.50	10.50	10.50	10.50	11.50
哥伦比亚	8.00	8.00	8.00	8.00	8.50	8.50	8.50
哥斯达黎加	8.46	8.21	7.79	7.50	9.00	9.00	8.50
哈萨克斯坦	6.54	6.50	7.33	8.00	8.50	8.50	8.50
韩国	10.00	10.00	10.00	10.00	10.00	10.00	10.00
荷兰	10.63	11.00	11.00	11.00	11.00	11.00	10.50
洪都拉斯	7.04	7.50	7.50	7.50	8.00	8.00	8.00
吉尔吉斯斯坦	4.75	4.50	4.50	4.50	4.50	4.50	4.50
几内亚	5.46	7.00	7.04	7.50	7.50	7.50	7.50
加拿大	12.00	12.00	12.00	12.00	12.00	12.00	12.00
加纳	7.67	8.21	7.71	8.00	8.00	8.00	8.00
柬埔寨	6.58	7.58	8.00	8.00	8.00	8.00	8.00
捷克	8.00	8.46	9.29	10.50	10.50	10.50	11.50
喀麦隆	8.00	8.00	7.50	7.00	7.00	7.00	7.00
卡塔尔	10.00	10.00	9.21	8.50	10.00	10.00	10.00
科威特	9.00	9.00	9.00	9.00	10.00	10.00	9.00
克罗地亚	8.00	7.50	7.00	7.50	9.50	9.50	10.00
肯尼亚	8.42	8.00	8.17	8.50	8.50	8.50	7.50

续表

年份 国家	2015	2016	2017	2018	2019	2020	2021
拉脱维亚	10.00	10.00	10.00	10.00	10.50	10.50	10.50
老挝	8.00	8.00	8.00	8.00	8.50	8.50	8.50
黎巴嫩	7.92	8.04	8.50	8.50	7.50	7.50	6.00
立陶宛	9.00	9.00	9.00	9.00	10.00	10.00	10.50
卢森堡	11.00	11.00	11.00	11.00	11.00	11.00	11.50
罗马尼亚	7.50	7.67	8.00	8.00	8.50	8.50	9.00
马达加斯加	7.00	7.21	7.50	7.50	8.00	8.00	7.00
马耳他	9.63	10.50	10.50	10.50	8.50	8.50	9.50
马来西亚	8.21	8.00	8.00	8.00	8.50	8.50	8.00
马里	7.00	7.00	7.21	7.50	7.50	7.50	7.50
美国	12.00	12.00	12.00	12.00	12.00	12.00	12.00
蒙古国	7.71	6.42	7.33	7.50	8.50	8.50	6.50
孟加拉国	6.58	6.83	7.13	7.00	7.00	7.00	7.50
秘鲁	8.08	8.71	8.25	8.00	8.50	8.50	7.50
缅甸	6.58	7.58	8.00	8.00	8.00	8.00	6.50
摩尔多瓦	6.17	6.00	6.58	7.00	7.50	7.50	8.50
摩洛哥	8.00	8.00	7.75	7.50	7.50	7.50	7.50
莫桑比克	8.21	6.29	6.00	6.00	6.00	6.00	6.50
墨西哥	7.58	7.42	7.21	7.00	7.50	7.50	7.50
纳米比亚	7.00	7.46	7.50	7.50	7.50	7.50	7.50
南非	7.29	7.63	7.96	8.00	8.50	8.50	8.00
尼加拉瓜	8.00	7.88	6.58	7.50	6.50	6.50	7.00
尼日尔	7.21	7.50	7.50	7.50	7.50	7.50	7.00
尼日利亚	6.00	6.00	6.00	6.00	7.50	7.50	6.50
挪威	11.08	11.46	11.58	12.00	12.00	12.00	11.50
葡萄牙	8.17	8.75	9.29	9.50	10.50	10.50	10.00
日本	11.50	11.50	11.04	11.00	11.00	11.00	11.00
瑞典	12.00	11.96	12.00	12.00	12.00	12.00	12.00
瑞士	11.50	11.50	11.50	11.50	11.50	11.50	10.50
塞内加尔	8.00	8.33	8.50	8.50	8.50	8.50	7.50

续表

年份 国家	2015	2016	2017	2018	2019	2020	2021
塞浦路斯	10.50	10.50	9.92	9.50	10.00	10.00	8.50
沙特阿拉伯	10.29	9.38	8.00	8.00	8.00	8.00	10.00
斯里兰卡	7.92	7.17	7.00	7.00	7.00	7.00	6.50
斯洛文尼亚	7.04	7.00	7.00	7.00	9.00	9.00	9.00
苏丹	6.83	6.50	6.00	6.00	6.00	6.00	6.50
塔吉克斯坦	4.75	4.50	4.50	4.50	4.50	4.50	4.50
泰国	7.50	7.71	7.96	8.00	9.00	9.00	9.00
坦桑尼亚	8.00	8.00	7.67	7.00	7.00	7.00	7.00
突尼斯	7.88	7.42	6.58	7.50	7.50	7.50	7.00
土耳其	6.00	6.50	6.33	6.00	7.50	7.50	6.50
土库曼斯坦	4.75	4.50	4.50	4.50	4.50	4.50	4.50
危地马拉	9.50	9.50	9.00	9.00	9.00	9.00	9.00
委内瑞拉	4.00	4.00	5.00	5.00	5.00	5.00	5.50
乌干达	8.21	8.50	8.42	8.00	8.00	8.00	7.50
乌克兰	7.13	7.96	8.00	8.00	8.50	8.50	8.50
乌拉圭	10.00	10.00	10.00	10.00	10.00	10.00	10.00
乌兹别克斯坦	4.75	4.50	4.50	4.50	4.50	4.50	4.50
西班牙	8.88	9.50	10.00	10.00	11.00	11.00	9.00
希腊	7.38	8.63	8.96	9.50	10.50	10.50	10.50
新加坡	12.00	11.58	11.00	11.00	12.00	12.00	12.00
新西兰	12.00	12.00	12.00	12.00	12.00	12.00	12.00
匈牙利	8.92	9.92	9.67	10.50	10.50	10.50	10.50
亚美尼亚	7.50	7.50	7.50	7.50	8.50	8.50	8.00
伊拉克	6.50	7.25	7.50	7.50	8.00	8.00	7.50
伊朗	6.25	7.50	7.79	8.00	7.00	7.00	7.00
以色列	10.00	10.00	10.00	10.00	10.50	10.50	10.00
意大利	9.25	9.75	9.50	9.50	11.50	11.50	9.50
印度	8.08	8.67	8.38	8.50	9.00	9.00	9.00
印度尼西亚	7.42	7.71	9.00	9.00	8.50	8.50	9.00
英国	11.96	11.71	11.50	11.50	11.00	11.00	11.00

续表

年份 国家	2015	2016	2017	2018	2019	2020	2021
约旦	9.00	8.50	8.00	8.00	7.50	7.50	8.00
越南	8.00	8.00	8.00	8.00	8.50	8.50	8.50
赞比亚	6.96	7.00	7.00	7.00	6.00	6.00	7.00
智利	10.50	10.50	10.08	10.00	10.50	10.50	8.50

资料来源：ICRG。

表29   执政时间（剩余任期年限）

年份 国家	2015	2016	2017	2018	2019	2020	2021
阿尔巴尼亚	2	1	0	3	2	1	0
阿尔及利亚	4	3	2	1	0	4	3
阿根廷	0	3	2	1	0	3	2
阿联酋	N/A	N/A	N/A	N/A	N/A	N/A	N/A
阿曼	N/A	N/A	N/A	N/A	N/A	N/A	N/A
阿塞拜疆	3	2	1	0	4	3	2
埃及	4	3	2	1	0	4	3
埃塞俄比亚	0	4	3	2	4	3	2
爱尔兰	1	0	4	3	2	1	0
爱沙尼亚	1	0	4	3	2	1	0
安哥拉	1	0	0	4	3	2	1
奥地利	2	1	0	3	2	1	0
澳大利亚	1	0	2	1	2	1	0
巴基斯坦	3	2	1	0	4	3	2
巴拉圭	3	2	1	0	4	3	2
巴林	N/A	N/A	N/A	N/A	N/A	N/A	N/A
巴拿马	4	3	2	1	0	4	3
巴西	3	2	1	0	3	2	1
白俄罗斯	1	4	3	2	1	4	3
保加利亚	3	2	1	0	3	2	1
冰岛	2	1	0	3	2	1	0
波兰	0	4	3	2	1	0	4

续表

年份 国家	2015	2016	2017	2018	2019	2020	2021
玻利维亚	4	3	2	1	0	N/A	4
博茨瓦纳	4	3	2	1	0	4	3
布基纳法索	N/A	4	3	2	1	0	4
丹麦	0	3	2	1	0	3	2
德国	2	1	0	3	2	1	0
多哥	0	4	3	2	1	0	4
俄罗斯	3	2	1	0	5	4	3
厄瓜多尔	2	1	0	3	2	1	0
法国	2	1	0	4	3	2	1
菲律宾	1	0	5	4	3	2	1
芬兰	0	3	2	1	0	3	2
哥伦比亚	3	2	1	0	3	2	1
哥斯达黎加	3	2	1	0	3	2	1
哈萨克斯坦	1	3	2	1	0	3	2
韩国	2	1	0	4	3	2	1
荷兰	1	0	0	3	2	1	0
洪都拉斯	2	1	0	3	2	1	0
吉尔吉斯斯坦	2	1	0	5	4	3	2
几内亚	2	1	0	4	3	2	1
加拿大	0	3	2	1	0	3	2
加纳	1	0	3	2	1	0	3
柬埔寨	3	2	1	0	4	3	2
捷克	3	2	1	3	2	1	0
喀麦隆	3	2	1	0	6	5	4
卡塔尔	N/A	N/A	N/A	N/A	N/A	N/A	N/A
科威特	N/A	N/A	N/A	N/A	N/A	N/A	N/A
克罗地亚	0	4	3	2	1	0	4
肯尼亚	3	2	1	4	3	2	1
拉脱维亚	3	2	3	2	1	3	2
老挝	1	0	4	3	2	1	0

续表

年份\国家	2015	2016	2017	2018	2019	2020	2021
黎巴嫩	0	0	5	4	3	2	1
立陶宛	4	3	2	1	0	4	3
卢森堡	3	2	1	0	4	3	2
罗马尼亚	4	3	2	1	0	4	3
马达加斯加	3	2	1	0	4	3	2
马耳他	3	2	1	4	3	2	1
马来西亚	3	2	1	0	4	3	2
马里	3	2	1	0	4	3	2
美国	1	0	3	2	1	0	3
蒙古国	2	1	0	3	2	1	0
孟加拉国	3	2	1	0	4	3	2
秘鲁	1	0	4	3	2	1	0
缅甸	1	0	4	3	2	1	N/A
摩尔多瓦	1	0	3	2	1	0	3
摩洛哥	N/A	N/A	N/A	N/A	N/A	N/A	N/A
莫桑比克	4	3	2	1	0	4	3
墨西哥	3	2	1	0	5	4	3
纳米比亚	4	3	2	1	0	4	3
南非	4	3	2	1	0	4	3
尼加拉瓜	1	0	4	3	2	1	0
尼日尔	1	0	4	3	2	1	0
尼日利亚	0	3	2	1	0	3	2
挪威	2	1	0	3	2	1	0
葡萄牙	1	0	3	2	1	0	3
日本	1	0	3	2	1	0	3
瑞典	3	2	1	0	3	2	1
瑞士	0	3	2	1	0	3	2
塞内加尔	4	3	2	1	0	4	3
塞浦路斯	3	2	1	0	4	3	2
沙特阿拉伯	N/A	N/A	N/A	N/A	N/A	N/A	N/A

续表

年份\国家	2015	2016	2017	2018	2019	2020	2021
斯里兰卡	1	4	3	2	1	4	3
斯洛文尼亚	3	2	1	0	3	2	1
苏丹	N/A	N/A	N/A	N/A	N/A	N/A	N/A
塔吉克斯坦	5	4	3	2	1	0	6
泰国	N/A	N/A	N/A	N/A	N/A	1	0
坦桑尼亚	0	4	3	2	1	0	4
突尼斯	4	3	2	1	0	4	3
土耳其	4	3	2	1	4	3	2
土库曼斯坦	2	1	0	4	3	2	1
危地马拉	0	3	2	1	0	3	2
委内瑞拉	3	2	1	0	5	4	3
乌干达	1	0	4	3	2	1	0
乌克兰	4	3	2	1	0	4	3
乌拉圭	4	3	2	1	0	4	3
乌兹别克斯坦	0	4	4	3	2	1	0
西班牙	0	0	3	2	1	0	3
希腊	1	3	2	1	0	3	2
新加坡	1	0	4	3	2	1	0
新西兰	2	1	0	2	1	0	2
匈牙利	3	2	1	0	3	2	1
亚美尼亚	3	2	1	0	4	3	2
伊拉克	3	2	1	0	3	2	1
伊朗	2	1	0	3	2	1	0
以色列	2	3	2	1	3	2	1
意大利	4	3	4	3	4	3	2
印度	4	3	2	1	0	4	3
印度尼西亚	4	3	2	1	0	4	3
英国	0	0	4	3	2	4	3
约旦	N/A	N/A	N/A	N/A	N/A	N/A	N/A
越南	1	0	4	3	2	1	0

续表

年份 国家	2015	2016	2017	2018	2019	2020	2021
赞比亚	1	0	4	3	2	1	4
智利	2	1	0	3	2	1	0

注：N/A 表示该国为君主制国家或独裁国家。

资料来源：DPI。

表 30 政府稳定性

年份 国家	2015	2016	2017	2018	2019	2020	2021
阿尔巴尼亚	7.33	7.29	7.21	7.50	6.00	6.00	7.00
阿尔及利亚	7.33	6.92	6.67	7.00	6.50	6.50	6.50
阿根廷	7.13	7.38	7.33	7.50	6.00	6.00	5.00
阿联酋	10.00	10.00	10.00	10.00	10.00	10.00	10.00
阿曼	9.50	9.67	9.50	9.50	8.50	8.50	8.50
阿塞拜疆	7.75	7.54	7.50	7.50	7.50	7.50	9.50
埃及	8.13	8.42	8.08	8.50	8.50	8.50	8.50
埃塞俄比亚	7.79	8.21	7.50	7.50	7.00	7.00	7.00
爱尔兰	7.04	6.29	6.13	6.50	6.50	6.50	6.50
爱沙尼亚	8.17	8.38	8.00	8.50	6.00	6.00	6.50
安哥拉	6.92	6.54	6.83	7.00	8.00	8.00	7.00
奥地利	6.50	5.88	6.71	8.00	6.50	6.50	5.50
澳大利亚	6.58	6.92	6.00	5.50	7.00	7.00	7.00
巴基斯坦	6.00	6.38	6.29	6.00	6.00	6.00	6.50
巴拉圭	7.58	6.46	6.58	6.50	5.50	5.50	5.50
巴林	7.83	7.50	7.42	7.00	7.50	7.50	8.00
巴拿马	7.71	7.00	6.75	6.50	7.50	7.50	7.50
巴西	5.08	5.54	6.50	6.50	7.00	7.00	4.50
白俄罗斯	7.25	7.17	6.58	7.00	7.00	7.00	6.50
保加利亚	6.83	6.79	6.33	7.00	6.50	6.50	6.00
冰岛	7.50	6.33	6.54	6.00	6.00	6.00	7.50
波兰	6.50	7.63	7.17	7.00	7.00	7.00	6.50
玻利维亚	8.04	6.17	6.17	6.00	6.00	6.00	6.50

续表

年份 国家	2015	2016	2017	2018	2019	2020	2021
博茨瓦纳	8.00	7.17	7.21	7.00	6.00	6.00	7.50
布基纳法索	6.25	7.75	6.79	7.00	7.50	7.50	6.00
丹麦	6.25	6.21	6.21	6.50	7.00	7.00	7.00
德国	8.17	7.58	7.00	5.50	6.50	6.50	7.50
多哥	8.00	8.00	7.75	7.00	7.50	7.50	8.00
俄罗斯	8.58	8.50	8.50	8.50	7.00	7.00	7.50
厄瓜多尔	7.25	5.88	6.71	7.00	7.00	7.00	6.50
法国	5.63	4.79	7.08	8.50	7.00	7.00	6.50
菲律宾	6.75	7.71	6.96	6.50	8.00	8.00	8.50
芬兰	6.50	5.79	6.25	6.50	7.00	7.00	6.50
哥伦比亚	7.71	7.54	7.04	6.50	6.50	6.50	4.50
哥斯达黎加	6.46	5.92	6.04	5.50	6.50	6.50	6.00
哈萨克斯坦	8.00	8.00	8.00	8.00	7.50	7.50	10.00
韩国	6.21	6.92	7.13	8.50	7.50	7.50	7.00
荷兰	6.79	7.00	6.75	7.50	6.50	6.50	7.00
洪都拉斯	7.50	7.25	6.92	6.50	6.00	6.00	6.00
吉尔吉斯斯坦	8.00	8.00	7.75	8.00	8.00	8.00	8.00
几内亚	6.79	8.79	7.54	7.00	6.00	6.00	7.50
加拿大	7.67	8.83	7.71	7.50	6.00	6.00	6.00
加纳	6.04	6.46	6.88	7.00	7.00	7.00	7.00
柬埔寨	8.58	7.63	6.75	6.50	7.50	7.50	7.50
捷克	7.92	7.50	7.21	8.00	6.50	6.50	6.00
喀麦隆	7.00	7.00	6.92	6.50	6.00	6.00	7.00
卡塔尔	10.50	10.50	9.92	9.50	9.50	9.50	8.50
科威特	6.58	6.04	6.04	6.00	6.50	6.50	6.00
克罗地亚	6.04	6.54	6.71	6.50	6.00	6.00	6.50
肯尼亚	8.00	8.33	7.58	7.50	8.00	8.00	8.00
拉脱维亚	7.67	7.67	7.17	6.50	7.00	7.00	7.00
老挝	8.00	8.00	7.75	8.00	8.00	8.00	8.00
黎巴嫩	6.71	6.21	6.46	6.00	7.00	7.00	5.00

续表

年份 国家	2015	2016	2017	2018	2019	2020	2021
立陶宛	8.00	7.75	6.75	6.50	7.00	7.00	7.00
卢森堡	7.54	6.75	6.29	6.00	7.50	7.50	6.50
罗马尼亚	7.08	7.38	6.42	6.00	6.00	6.00	7.00
马达加斯加	6.83	8.17	8.17	7.50	7.50	7.50	7.00
马耳他	6.00	6.25	7.21	7.50	8.00	8.00	8.00
马来西亚	7.54	6.29	6.46	6.50	7.00	7.00	6.50
马里	7.50	6.79	6.71	6.50	6.00	6.00	6.00
美国	7.88	8.17	7.46	8.00	7.00	7.00	7.50
蒙古国	7.25	7.71	7.21	6.50	6.50	6.50	6.50
孟加拉国	8.08	8.50	8.21	8.00	8.50	8.50	7.00
秘鲁	5.13	6.54	6.42	6.00	7.00	7.00	6.00
缅甸	8.58	7.63	6.75	6.50	7.50	7.50	7.00
摩尔多瓦	6.71	7.08	7.13	7.00	6.50	6.50	7.50
摩洛哥	7.08	7.63	7.21	6.50	6.00	6.00	6.50
莫桑比克	8.33	7.79	7.29	7.50	7.00	7.00	6.50
墨西哥	6.21	6.63	6.21	6.00	8.00	8.00	8.00
纳米比亚	9.50	8.58	8.33	8.50	7.00	7.00	6.50
南非	7.50	6.50	6.21	7.50	7.00	7.00	7.50
尼加拉瓜	9.00	8.88	9.00	9.00	7.00	7.00	7.00
尼日尔	7.00	7.42	7.33	6.50	6.50	6.50	6.50
尼日利亚	7.13	7.04	6.67	7.00	7.50	7.50	7.00
挪威	7.83	7.13	7.29	8.00	6.50	6.50	7.00
葡萄牙	6.54	7.00	7.79	7.50	7.00	7.00	7.00
日本	8.50	8.54	9.13	10.00	7.50	7.50	5.00
瑞典	6.50	6.08	6.58	6.50	6.50	6.50	6.50
瑞士	9.00	9.00	9.00	9.00	8.50	8.50	8.50
塞内加尔	6.92	6.38	6.96	8.00	7.00	7.00	7.00
塞浦路斯	6.50	6.71	7.00	7.00	7.50	7.50	7.00
沙特阿拉伯	8.42	8.00	7.75	7.50	8.00	8.00	9.50
斯里兰卡	8.42	7.29	6.04	7.00	6.50	6.50	7.50

续表

年份 国家	2015	2016	2017	2018	2019	2020	2021
斯洛文尼亚	6.63	6.17	6.17	6.00	6.00	6.00	5.50
苏丹	6.04	6.00	6.00	6.00	6.00	6.00	6.50
塔吉克斯坦	8.00	8.00	7.75	8.00	8.00	8.00	8.00
泰国	7.38	7.50	7.46	8.00	7.46	7.46	6.00
坦桑尼亚	7.50	8.04	6.83	6.50	7.50	7.50	7.50
突尼斯	6.25	6.79	7.38	7.00	6.50	6.50	6.50
土耳其	6.88	7.71	8.00	8.00	6.50	6.50	7.00
土库曼斯坦	8.00	8.00	7.75	8.00	8.00	8.00	8.00
危地马拉	5.29	7.63	6.67	6.50	7.50	7.50	5.00
委内瑞拉	5.00	5.00	7.00	7.00	7.00	7.00	7.50
乌干达	7.83	7.00	7.46	7.46	7.46	7.46	7.00
乌克兰	6.92	7.33	7.33	6.50	8.00	8.00	7.00
乌拉圭	7.25	6.46	6.13	6.50	6.00	6.00	8.00
乌兹别克斯坦	8.00	8.00	7.75	8.00	8.00	8.00	8.00
西班牙	6.71	6.04	6.33	6.00	7.00	7.00	6.00
希腊	6.71	5.96	5.92	6.50	7.50	7.50	7.50
新加坡	8.92	9.54	9.50	9.50	9.50	9.50	9.00
新西兰	8.00	7.88	6.46	6.50	6.46	6.46	8.50
匈牙利	7.79	8.13	8.46	9.00	8.50	8.50	8.00
亚美尼亚	5.13	5.92	7.33	7.50	9.50	9.50	7.00
伊拉克	7.00	6.58	6.00	6.00	6.00	6.00	7.00
伊朗	7.17	7.00	7.67	7.50	7.00	7.00	7.00
以色列	7.54	7.88	6.83	6.00	6.50	6.50	6.50
意大利	7.00	6.46	6.46	6.00	6.50	6.50	9.00
印度	7.88	8.21	6.88	7.50	7.50	7.50	8.00
印度尼西亚	6.54	6.92	8.38	8.50	8.00	8.00	7.00
英国	8.46	7.83	6.83	6.00	5.00	5.00	7.00
约旦	8.00	7.88	7.50	7.50	7.50	7.50	7.00
越南	8.00	8.00	7.75	8.00	8.00	8.00	7.50
赞比亚	6.67	7.21	7.25	6.50	6.00	6.00	7.50
智利	6.75	5.54	5.63	7.00	5.00	5.00	5.50

资料来源：ICRG。

表 31　　　　　　　　　　　　军事干预政治

年份 国家	2015	2016	2017	2018	2019	2020	2021
阿尔巴尼亚	5.00	5.00	5.00	5.00	5.00	5.00	5.00
阿尔及利亚	2.50	2.50	2.50	2.50	2.00	2.00	2.00
阿根廷	4.50	4.50	4.50	4.50	4.50	4.50	4.50
阿联酋	5.00	5.00	5.00	5.00	5.00	5.00	5.00
阿曼	5.00	5.00	5.00	5.00	5.00	5.00	5.00
阿塞拜疆	3.00	3.00	3.00	3.00	3.00	3.00	3.00
埃及	1.00	1.00	1.00	1.00	1.00	1.00	1.00
埃塞俄比亚	1.00	1.00	1.00	1.00	2.00	2.00	2.00
爱尔兰	6.00	6.00	6.00	6.00	6.00	6.00	6.00
爱沙尼亚	5.00	5.00	5.00	5.00	5.00	5.00	5.00
安哥拉	2.00	2.00	2.00	2.00	2.00	2.00	2.50
奥地利	6.00	6.00	6.00	6.00	6.00	6.00	6.00
澳大利亚	6.00	6.00	6.00	6.00	6.00	6.00	6.00
巴基斯坦	1.50	1.50	1.50	1.50	1.50	1.50	1.50
巴拉圭	1.50	1.50	1.50	1.50	1.50	1.50	1.50
巴林	3.00	3.00	3.00	3.00	3.00	3.00	3.00
巴拿马	5.00	5.00	5.00	5.00	5.00	5.00	5.00
巴西	4.00	4.00	4.00	4.00	4.00	4.00	3.50
白俄罗斯	3.00	3.00	3.00	3.00	3.00	3.00	3.00
保加利亚	5.00	5.00	5.00	5.00	5.00	5.00	5.00
冰岛	6.00	6.00	6.00	6.00	6.00	6.00	6.00
波兰	6.00	6.00	6.00	6.00	6.00	6.00	6.00
玻利维亚	3.00	3.00	3.00	3.00	3.00	3.00	2.50
博茨瓦纳	5.00	5.00	5.00	5.00	5.00	5.00	5.00
布基纳法索	2.00	2.00	2.00	2.00	2.00	2.00	2.00
丹麦	6.00	6.00	6.00	6.00	6.00	6.00	6.00
德国	6.00	6.00	6.00	6.00	6.00	6.00	6.00
多哥	2.08	2.50	2.50	2.50	2.50	2.50	2.50
俄罗斯	4.00	4.00	4.00	4.00	4.00	4.00	4.00
厄瓜多尔	1.50	1.50	1.50	1.50	1.50	1.50	1.50

续表

年份 国家	2015	2016	2017	2018	2019	2020	2021
法国	5.50	5.25	5.00	5.00	5.00	5.00	5.00
菲律宾	3.00	2.96	2.17	2.00	2.00	2.00	2.50
芬兰	6.00	6.00	6.00	6.00	6.00	6.00	6.00
哥伦比亚	2.00	2.29	2.50	2.50	2.50	2.50	2.50
哥斯达黎加	6.00	6.00	6.00	6.00	6.00	6.00	6.00
哈萨克斯坦	5.00	5.00	5.00	5.00	5.00	5.00	5.00
韩国	4.00	4.00	4.00	4.00	4.00	4.00	4.00
荷兰	6.00	6.00	6.00	6.00	6.00	6.00	6.00
洪都拉斯	2.50	2.50	2.50	2.50	2.50	2.50	2.50
吉尔吉斯斯坦	2.67	2.50	2.50	2.50	2.50	2.50	2.50
几内亚	0.50	0.50	0.50	0.50	0.50	0.50	0.50
加拿大	6.00	6.00	6.00	6.00	6.00	6.00	6.00
加纳	3.00	3.00	3.00	3.00	3.00	3.00	3.00
柬埔寨	1.50	1.54	1.58	1.50	1.50	1.50	1.50
捷克	6.00	6.00	6.00	6.00	6.00	6.00	6.00
喀麦隆	3.00	3.00	3.00	3.00	2.50	2.50	2.50
卡塔尔	4.00	4.00	4.00	4.00	4.00	4.00	4.00
科威特	5.00	5.00	5.00	5.00	5.00	5.00	5.00
克罗地亚	5.00	5.00	5.00	5.00	5.00	5.00	5.00
肯尼亚	4.00	4.00	3.88	3.50	3.50	3.50	3.50
拉脱维亚	5.00	5.00	5.00	5.00	5.00	5.00	5.00
老挝	3.00	3.00	3.00	3.00	3.00	3.00	3.00
黎巴嫩	2.00	2.00	2.00	2.00	2.00	2.00	2.00
立陶宛	5.00	5.00	5.00	5.00	5.00	5.00	5.00
卢森堡	6.00	6.00	6.00	6.00	6.00	6.00	6.00
罗马尼亚	5.00	5.00	5.00	5.00	5.00	5.00	5.00
马达加斯加	1.00	1.00	1.00	1.00	1.00	1.00	1.00
马耳他	6.00	6.00	6.00	6.00	6.00	6.00	6.00
马来西亚	5.00	5.00	5.00	5.00	5.00	5.00	4.50
马里	2.50	2.50	2.50	2.50	2.50	2.50	2.00

续表

年份 国家	2015	2016	2017	2018	2019	2020	2021
美国	4.00	4.00	4.00	4.00	4.00	4.00	4.00
蒙古国	5.00	5.00	5.00	5.00	5.00	5.00	5.00
孟加拉国	2.50	2.50	2.50	2.50	2.50	2.50	2.50
秘鲁	4.50	4.50	4.50	4.50	4.50	4.50	3.50
缅甸	1.50	1.54	1.58	1.50	1.50	1.50	1.50
摩尔多瓦	4.00	4.00	4.00	4.00	4.00	4.00	4.00
摩洛哥	4.00	4.00	4.00	4.00	4.00	4.00	4.00
莫桑比克	4.00	4.00	4.00	4.00	4.50	4.50	4.50
墨西哥	3.00	3.00	3.00	3.00	3.00	3.00	3.00
纳米比亚	6.00	6.00	6.00	6.00	6.00	6.00	6.00
南非	5.00	5.00	5.00	5.00	5.00	5.00	5.00
尼加拉瓜	2.50	2.50	2.50	2.50	2.50	2.50	2.00
尼日尔	2.00	2.00	2.00	2.00	2.00	2.00	2.00
尼日利亚	2.00	2.00	2.00	2.00	2.00	2.00	2.00
挪威	6.00	6.00	6.00	6.00	6.00	6.00	6.00
葡萄牙	6.00	6.00	6.00	6.00	6.00	6.00	6.00
日本	5.00	5.00	5.00	5.00	5.00	5.00	5.00
瑞典	5.50	5.50	5.50	5.50	5.50	5.50	5.50
瑞士	6.00	6.00	6.00	6.00	6.00	6.00	6.00
塞内加尔	2.50	2.50	2.50	2.50	2.50	2.50	2.50
塞浦路斯	5.00	5.00	5.00	5.00	5.00	5.00	5.00
沙特阿拉伯	5.00	5.00	5.00	5.00	5.00	5.00	5.00
斯里兰卡	2.71	3.00	3.00	3.00	3.00	3.00	3.00
斯洛文尼亚	5.50	5.50	5.50	5.50	5.50	5.50	5.50
苏丹	0.00	0.00	0.00	0.00	0.00	0.00	1.00
塔吉克斯坦	2.67	2.50	2.50	2.50	2.50	2.50	2.50
泰国	2.00	2.00	2.00	2.00	2.00	2.00	2.00
坦桑尼亚	4.00	4.00	4.00	4.00	3.50	3.50	3.50
突尼斯	4.00	4.00	4.00	4.00	3.50	3.50	3.50
土耳其	2.00	2.00	2.00	2.00	2.00	2.00	2.00

续表

年份 国家	2015	2016	2017	2018	2019	2020	2021
土库曼斯坦	5.00	5.00	5.00	5.00	5.00	5.00	5.00
危地马拉	4.00	4.00	4.00	4.00	4.00	4.00	4.00
委内瑞拉	1.00	1.00	1.00	1.00	1.00	1.00	1.00
乌干达	2.00	2.00	2.00	2.00	2.00	2.00	2.00
乌克兰	5.00	5.00	5.00	5.00	5.00	5.00	5.00
乌拉圭	3.50	3.50	3.50	3.50	3.50	3.50	3.50
乌兹别克斯坦	2.67	2.50	2.50	2.50	2.50	2.50	2.50
西班牙	5.00	5.00	5.00	5.00	5.00	5.00	5.00
希腊	5.00	5.00	5.00	5.00	5.00	5.00	5.00
新加坡	5.00	5.00	5.00	5.00	5.00	5.00	5.00
新西兰	6.00	6.00	6.00	6.00	6.00	6.00	6.00
匈牙利	6.00	6.00	6.00	6.00	6.00	6.00	6.00
亚美尼亚	3.50	3.50	3.50	3.50	3.50	3.50	3.00
伊拉克	0.00	0.00	0.00	0.00	0.50	0.50	1.50
伊朗	4.50	4.50	4.50	4.50	4.00	4.00	4.00
以色列	2.50	2.50	2.50	2.50	2.50	2.50	2.50
意大利	6.00	6.00	6.00	6.00	6.00	6.00	6.00
印度	4.00	4.00	4.00	4.00	4.00	4.00	4.00
印度尼西亚	2.50	2.50	2.50	2.50	2.50	2.50	2.00
英国	6.00	6.00	6.00	6.00	6.00	6.00	6.00
约旦	4.50	4.50	4.25	4.00	4.00	4.00	3.50
越南	3.00	3.00	3.00	3.00	3.00	3.00	3.00
赞比亚	5.00	5.00	5.00	5.00	5.00	5.00	5.00
智利	4.50	4.50	4.50	4.50	4.50	4.50	4.50

资料来源：ICRG。

表32 腐败

年份 国家	2015	2016	2017	2018	2019	2020	2021
阿尔巴尼亚	2.50	2.50	2.50	2.50	2.50	2.50	2.00
阿尔及利亚	2.00	2.00	2.00	2.00	2.00	2.00	1.50

续表

年份 国家	2015	2016	2017	2018	2019	2020	2021
阿根廷	2.00	2.00	2.00	2.00	2.50	2.50	2.00
阿联酋	4.00	4.00	4.00	4.00	4.00	4.00	4.00
阿曼	3.00	3.00	3.00	3.00	3.00	3.00	3.00
阿塞拜疆	1.50	1.50	1.50	1.50	1.50	1.50	1.50
埃及	2.00	2.00	2.00	2.00	2.00	2.00	2.00
埃塞俄比亚	2.00	2.00	2.00	2.00	2.00	2.00	2.00
爱尔兰	4.50	4.50	4.50	4.50	4.50	4.50	4.50
爱沙尼亚	4.00	4.00	4.00	4.00	4.00	4.00	4.00
安哥拉	1.00	1.00	1.00	1.00	2.00	2.00	2.00
奥地利	4.50	4.50	4.50	4.50	4.50	4.50	4.50
澳大利亚	4.50	4.50	4.50	4.50	4.50	4.50	4.50
巴基斯坦	2.00	2.00	2.00	2.00	2.00	2.00	2.00
巴拉圭	2.00	2.00	2.00	2.00	2.00	2.00	2.00
巴林	2.58	2.50	2.50	2.50	2.50	2.50	3.00
巴拿马	2.00	2.00	2.00	2.00	2.00	2.00	2.00
巴西	2.00	2.00	2.00	2.00	2.00	2.00	2.00
白俄罗斯	2.00	2.00	2.00	2.00	2.00	2.00	1.50
保加利亚	2.50	2.75	3.00	3.00	3.00	3.00	2.50
冰岛	5.00	5.00	5.00	5.00	5.00	5.00	4.50
波兰	3.50	3.50	3.33	3.50	3.00	3.00	2.50
玻利维亚	2.00	2.00	2.00	2.00	2.00	2.00	1.50
博茨瓦纳	4.00	4.00	3.67	3.50	3.00	3.00	3.50
布基纳法索	2.50	2.50	2.50	2.50	2.50	2.50	2.50
丹麦	5.50	5.50	5.42	5.50	5.50	5.50	6.00
德国	5.00	5.00	5.00	5.00	5.00	5.00	5.00
多哥	2.00	2.00	2.00	2.00	2.00	2.00	2.00
俄罗斯	1.50	1.50	1.50	1.50	1.50	1.50	1.50
厄瓜多尔	2.00	2.00	2.00	2.00	2.50	2.50	2.50
法国	4.50	4.50	4.17	4.00	4.00	4.00	4.00
菲律宾	2.50	2.50	2.50	2.50	2.50	2.50	2.50

续表

年份 国家	2015	2016	2017	2018	2019	2020	2021
芬兰	5.50	5.50	5.50	5.50	5.50	5.50	5.50
哥伦比亚	2.50	2.50	2.50	2.50	2.50	2.50	2.00
哥斯达黎加	3.00	3.00	3.17	3.00	2.50	2.50	2.50
哈萨克斯坦	1.50	1.50	1.50	1.50	3.00	3.00	4.00
韩国	3.00	3.00	3.00	3.00	3.50	3.50	4.00
荷兰	5.00	5.00	5.00	5.00	5.00	5.00	5.00
洪都拉斯	2.50	2.50	2.17	2.00	2.50	2.50	1.50
吉尔吉斯斯坦	1.00	1.00	1.00	1.00	1.00	1.00	1.00
几内亚	1.50	1.50	1.50	1.50	1.50	1.50	1.50
加拿大	5.00	5.00	5.00	5.00	5.00	5.00	4.50
加纳	3.00	3.00	2.67	2.50	3.00	3.00	3.00
柬埔寨	1.50	1.63	2.00	2.00	2.00	2.00	2.00
捷克	3.00	3.00	3.00	3.00	2.50	2.50	3.00
喀麦隆	2.00	2.00	1.67	1.50	1.50	1.50	1.50
卡塔尔	4.00	4.00	3.67	3.50	3.50	3.50	3.50
科威特	3.00	3.00	2.67	2.50	2.50	2.50	2.50
克罗地亚	3.00	3.00	3.00	3.00	3.00	3.00	3.00
肯尼亚	1.50	1.63	1.67	1.50	2.50	2.50	2.50
拉脱维亚	3.00	3.00	3.33	3.50	2.50	2.50	2.50
老挝	2.50	2.50	2.17	2.00	2.50	2.50	2.50
黎巴嫩	1.88	2.00	1.67	1.50	1.50	1.50	1.50
立陶宛	3.50	3.50	3.42	3.00	3.00	3.00	3.00
卢森堡	5.00	5.00	5.00	5.00	5.00	5.00	5.00
罗马尼亚	2.50	2.50	2.50	2.50	2.50	2.50	2.50
马达加斯加	2.00	2.00	1.67	1.50	1.50	1.50	1.50
马耳他	3.50	3.50	3.50	3.50	3.00	3.00	2.50
马来西亚	2.50	2.50	2.50	2.50	2.50	2.50	2.50
马里	2.00	2.00	2.00	2.00	2.00	2.00	2.00
美国	4.50	4.50	4.50	4.50	4.50	4.50	4.00
蒙古国	2.00	2.00	2.00	2.00	2.50	2.50	2.00

续表

年份 国家	2015	2016	2017	2018	2019	2020	2021
孟加拉国	3.00	3.00	2.67	2.50	2.50	2.50	2.50
秘鲁	2.00	2.42	2.58	2.50	2.50	2.50	2.50
缅甸	1.50	1.63	2.00	2.00	2.00	2.00	1.50
摩尔多瓦	2.00	2.00	2.00	2.00	2.00	2.00	2.00
摩洛哥	2.50	2.58	3.00	3.00	3.00	3.00	3.00
莫桑比克	2.00	2.00	2.00	2.00	2.00	2.00	2.00
墨西哥	1.50	1.50	1.50	1.50	1.50	1.50	1.50
纳米比亚	3.00	3.00	3.00	3.00	3.00	3.00	3.00
南非	2.50	2.50	2.50	2.50	3.00	3.00	2.50
尼加拉瓜	1.50	1.50	1.50	1.50	1.50	1.50	1.00
尼日尔	1.50	1.50	1.50	1.50	1.50	1.50	1.50
尼日利亚	1.50	1.50	1.50	1.50	1.50	1.50	1.50
挪威	5.50	5.50	5.50	5.50	5.00	5.00	5.00
葡萄牙	4.00	4.00	4.00	4.00	4.00	4.00	4.00
日本	4.50	4.50	4.50	4.50	4.00	4.00	4.00
瑞典	5.50	5.50	5.50	5.50	5.50	5.50	5.50
瑞士	5.00	5.00	5.00	5.00	5.00	5.00	5.00
塞内加尔	2.08	2.00	2.00	2.00	2.00	2.00	2.00
塞浦路斯	4.00	4.00	3.67	3.50	3.50	3.50	3.00
沙特阿拉伯	3.00	3.00	3.04	3.50	3.50	3.50	3.50
斯里兰卡	2.50	2.50	2.17	2.00	2.00	2.00	2.00
斯洛文尼亚	3.50	3.50	3.50	3.50	3.50	3.50	3.00
苏丹	0.50	0.50	0.50	0.50	0.50	0.50	0.50
塔吉克斯坦	1.00	1.00	1.00	1.00	1.00	1.00	1.00
泰国	2.00	2.00	2.00	2.00	2.00	2.00	2.00
坦桑尼亚	2.00	2.00	2.00	2.00	2.00	2.00	2.00
突尼斯	2.50	2.50	2.50	2.50	2.50	2.50	2.50
土耳其	2.50	2.50	2.50	2.50	2.50	2.50	2.00
土库曼斯坦	1.00	1.00	1.00	1.00	1.00	1.00	1.00
危地马拉	2.00	2.00	2.00	2.00	2.00	2.00	1.50

续表

年份 国家	2015	2016	2017	2018	2019	2020	2021
委内瑞拉	1.00	1.00	1.00	1.00	1.00	1.00	1.00
乌干达	1.50	1.50	1.50	1.50	1.50	1.50	1.50
乌克兰	1.50	1.67	2.00	2.00	2.50	2.50	2.50
乌拉圭	4.50	4.50	4.50	4.50	4.50	4.50	4.50
乌兹别克斯坦	1.00	1.00	1.00	1.00	1.00	1.00	1.00
西班牙	3.50	3.50	3.50	3.50	3.50	3.50	3.50
希腊	2.50	2.50	2.50	2.50	2.50	2.50	2.50
新加坡	4.50	4.50	4.83	5.00	5.00	5.00	5.00
新西兰	5.50	5.50	5.50	5.50	5.50	5.50	5.50
匈牙利	3.00	3.00	3.00	3.00	3.00	3.00	2.50
亚美尼亚	2.00	2.00	2.00	2.00	2.00	2.00	2.00
伊拉克	1.00	1.00	1.00	1.00	1.50	1.50	2.00
伊朗	1.50	1.50	1.50	1.50	1.50	1.50	1.50
以色列	3.50	3.50	3.50	3.50	3.50	3.50	3.00
意大利	2.50	2.50	2.83	3.00	3.00	3.00	3.00
印度	2.50	2.50	2.50	2.50	2.50	2.50	2.50
印度尼西亚	3.00	3.00	3.00	3.00	3.00	3.00	2.50
英国	5.00	5.00	5.00	5.00	5.00	5.00	5.00
约旦	3.00	3.00	3.00	3.00	3.00	3.00	2.50
越南	2.50	2.50	2.17	2.00	2.50	2.50	2.50
赞比亚	2.50	2.50	2.17	2.00	2.50	2.50	2.00
智利	4.50	4.50	4.17	4.00	4.00	4.00	3.50

资料来源：ICRG。

表33   民主问责

年份 国家	2015	2016	2017	2018	2019	2020	2021
阿尔巴尼亚	5.00	5.00	5.00	5.00	5.00	5.00	4.00
阿尔及利亚	3.50	3.96	3.50	3.50	3.00	3.00	3.50
阿根廷	4.00	4.00	4.00	4.00	4.00	4.00	4.00
阿联酋	2.50	2.50	2.50	2.50	2.50	2.50	2.50

续表

年份 国家	2015	2016	2017	2018	2019	2020	2021
阿曼	2.00	2.00	2.00	2.00	2.00	2.00	2.50
阿塞拜疆	1.50	1.50	1.50	1.50	1.50	1.50	1.50
埃及	2.00	2.00	2.17	3.00	2.50	2.50	2.00
埃塞俄比亚	2.50	2.50	2.50	2.50	3.00	3.00	3.00
爱尔兰	6.00	6.00	6.00	6.00	6.00	6.00	6.00
爱沙尼亚	5.50	5.50	5.50	5.50	5.50	5.50	5.50
安哥拉	2.50	2.50	2.50	2.50	2.50	2.50	3.00
奥地利	6.00	6.00	6.00	6.00	6.00	6.00	6.00
澳大利亚	6.00	6.00	6.00	6.00	6.00	6.00	6.00
巴基斯坦	4.50	4.50	4.50	4.50	4.00	4.00	3.50
巴拉圭	2.00	2.00	2.00	2.00	2.00	2.00	2.00
巴林	3.50	3.50	3.50	3.50	3.00	3.00	3.00
巴拿马	6.00	6.00	6.00	6.00	6.00	6.00	6.00
巴西	5.00	5.00	5.00	5.00	5.00	5.00	5.00
白俄罗斯	1.00	1.00	1.00	1.00	1.00	1.00	1.00
保加利亚	5.50	5.50	5.50	5.50	5.50	5.50	5.50
冰岛	6.00	6.00	6.00	6.00	6.00	6.00	6.00
波兰	6.00	6.00	5.54	5.50	5.00	5.00	4.50
玻利维亚	3.50	3.50	3.50	3.50	3.50	3.50	3.00
博茨瓦纳	3.50	3.50	3.50	3.50	4.00	4.00	4.00
布基纳法索	3.17	5.00	5.00	5.00	5.00	5.00	5.00
丹麦	6.00	6.00	6.00	6.00	6.00	6.00	6.00
德国	6.00	6.00	6.00	6.00	6.00	6.00	6.00
多哥	2.00	2.00	2.17	2.50	2.50	2.50	2.50
俄罗斯	2.00	2.00	2.00	2.00	2.50	2.50	2.00
厄瓜多尔	3.00	3.00	3.00	3.00	3.50	3.50	4.50
法国	6.00	6.00	6.00	6.00	6.00	6.00	6.00
菲律宾	5.00	5.00	5.00	5.00	5.00	5.00	4.50
芬兰	6.00	6.00	6.00	6.00	6.00	6.00	6.00
哥伦比亚	4.50	4.50	4.50	4.50	4.50	4.50	4.50

续表

年份 国家	2015	2016	2017	2018	2019	2020	2021
哥斯达黎加	5.50	5.50	5.50	5.50	5.50	5.50	5.50
哈萨克斯坦	1.50	1.50	1.50	1.50	2.50	2.50	3.00
韩国	5.50	5.50	5.50	5.50	5.50	5.50	5.50
荷兰	6.00	6.00	6.00	6.00	6.00	6.00	6.00
洪都拉斯	4.50	4.50	4.50	4.50	4.50	4.50	4.00
吉尔吉斯斯坦	2.75	2.50	2.50	2.50	2.50	2.50	2.50
几内亚	2.00	2.04	2.50	3.50	3.50	3.50	3.00
加拿大	6.00	6.00	6.00	6.00	6.00	6.00	6.00
加纳	5.00	5.00	5.00	5.00	5.00	5.00	5.00
柬埔寨	2.50	2.75	3.46	3.00	3.00	3.00	3.00
捷克	5.50	5.50	5.04	5.00	5.00	5.00	5.00
喀麦隆	2.00	2.00	2.00	2.00	2.00	2.00	2.00
卡塔尔	2.00	2.00	2.00	2.00	2.00	2.00	2.00
科威特	3.00	3.00	3.00	3.00	3.00	3.00	3.00
克罗地亚	5.50	5.50	5.50	5.50	5.50	5.50	5.50
肯尼亚	5.00	5.00	5.00	5.00	5.00	5.00	5.00
拉脱维亚	5.00	5.00	5.00	5.00	5.00	5.00	5.00
老挝	1.50	1.50	1.50	1.50	1.50	1.50	1.50
黎巴嫩	5.00	4.79	4.50	4.50	4.50	4.50	4.00
立陶宛	5.50	5.50	5.50	5.50	5.50	5.50	5.50
卢森堡	6.00	6.00	6.00	6.00	6.00	6.00	6.00
罗马尼亚	6.00	6.00	6.00	6.00	6.00	6.00	6.00
马达加斯加	4.00	4.00	4.00	4.00	4.00	4.00	4.00
马耳他	6.00	6.00	6.00	6.00	6.00	6.00	6.00
马来西亚	4.00	4.00	4.00	4.00	4.00	4.00	3.50
马里	3.00	3.00	3.00	3.00	3.00	3.00	2.50
美国	6.00	6.00	6.00	6.00	6.00	6.00	5.50
蒙古国	4.00	4.00	4.00	4.00	4.00	4.00	4.00
孟加拉国	3.50	3.50	3.75	4.00	4.00	4.00	4.00
秘鲁	5.00	5.00	5.00	5.00	5.00	5.00	5.00

续表

年份\国家	2015	2016	2017	2018	2019	2020	2021
缅甸	2.50	2.75	3.46	3.00	3.00	3.00	3.00
摩尔多瓦	4.00	4.00	4.00	4.00	4.00	4.00	4.50
摩洛哥	4.50	4.50	4.50	4.50	4.50	4.50	4.50
莫桑比克	4.00	4.00	4.00	4.00	4.00	4.00	4.00
墨西哥	4.08	4.00	4.00	4.00	4.00	4.00	4.00
纳米比亚	4.00	4.00	4.00	4.00	4.00	4.00	4.00
南非	5.00	5.00	5.00	5.00	5.00	5.00	5.00
尼加拉瓜	3.00	2.83	2.50	2.50	2.50	2.50	2.00
尼日尔	3.00	3.00	3.00	3.00	3.00	3.00	4.50
尼日利亚	4.25	4.50	4.50	4.50	4.50	4.50	4.50
挪威	6.00	6.00	6.00	6.00	6.00	6.00	6.00
葡萄牙	5.50	5.50	5.50	5.50	5.50	5.50	6.00
日本	5.00	5.00	5.00	5.00	5.00	5.00	5.00
瑞典	6.00	6.00	6.00	6.00	6.00	6.00	6.00
瑞士	6.00	6.00	6.00	6.00	6.00	6.00	6.00
塞内加尔	4.00	4.00	4.00	4.00	4.50	4.50	4.50
塞浦路斯	6.00	6.00	6.00	6.00	6.00	6.00	6.00
沙特阿拉伯	1.08	2.00	2.00	2.00	2.00	2.00	2.50
斯里兰卡	3.42	4.00	4.00	4.00	4.00	4.00	4.00
斯洛文尼亚	5.00	5.00	5.00	5.00	5.00	5.00	4.50
苏丹	2.00	2.00	2.00	2.00	2.50	2.50	3.00
塔吉克斯坦	2.75	2.50	2.50	2.50	2.50	2.50	2.50
泰国	3.00	2.79	2.50	2.50	2.50	2.50	2.50
坦桑尼亚	4.00	4.00	4.00	4.00	3.00	3.00	3.00
突尼斯	4.50	4.50	4.50	4.50	4.50	4.50	4.00
土耳其	4.00	3.75	3.13	3.00	3.00	3.00	3.00
土库曼斯坦	1.50	1.50	1.50	1.50	2.50	2.50	2.50
危地马拉	3.50	3.50	3.50	3.50	4.00	4.00	4.00
委内瑞拉	3.00	3.00	3.00	3.00	3.00	3.00	2.00
乌干达	2.50	2.50	2.50	2.50	2.50	2.50	2.50

续表

年份 国家	2015	2016	2017	2018	2019	2020	2021
乌克兰	5.00	5.00	5.00	5.00	5.00	5.00	5.00
乌拉圭	5.00	5.00	5.00	5.00	5.00	5.00	5.00
乌兹别克斯坦	2.75	2.50	2.50	2.50	2.50	2.50	2.50
西班牙	6.00	6.00	6.00	6.00	6.00	6.00	6.00
希腊	6.00	6.00	6.00	6.00	6.00	6.00	6.00
新加坡	2.00	2.00	2.00	2.00	2.00	2.00	2.00
新西兰	6.00	6.00	6.00	6.00	6.00	6.00	6.00
匈牙利	5.50	5.50	5.50	5.50	5.00	5.00	5.00
亚美尼亚	2.50	2.50	2.50	2.50	4.00	4.00	4.50
伊拉克	4.00	4.00	4.00	4.00	4.00	4.00	4.00
伊朗	3.00	3.00	3.00	3.00	3.00	3.00	3.00
以色列	6.00	6.00	6.00	6.00	6.00	6.00	6.00
意大利	5.50	5.50	5.50	5.50	5.50	5.50	5.50
印度	6.00	6.00	6.00	6.00	6.00	6.00	6.00
印度尼西亚	4.00	4.00	4.00	4.00	4.50	4.50	4.50
英国	6.00	6.00	6.00	6.00	6.00	6.00	6.00
约旦	3.00	3.00	3.00	3.00	3.00	3.00	3.00
越南	1.50	1.50	1.50	1.50	1.50	1.50	1.50
赞比亚	4.00	4.38	4.00	4.00	4.00	4.00	4.50
智利	5.00	5.00	5.00	5.00	5.00	5.00	5.50

资料来源：ICRG。

表34　　　　　　　　　　　　政府有效性

年份 国家	2015	2016	2017	2018	2019	2020	2021
阿尔巴尼亚	0.01	0.01	0.08	0.11	−0.06	−0.14	−0.14
阿尔及利亚	−0.50	−0.53	−0.59	−0.44	−0.52	−0.53	−0.53
阿根廷	−0.08	0.16	0.15	0.03	−0.09	−0.22	−0.22
阿联酋	1.51	1.42	1.42	1.43	1.38	1.33	1.33
阿曼	0.08	0.19	0.19	0.19	0.26	0.14	0.14
阿塞拜疆	−0.26	−0.17	−0.17	−0.10	−0.14	−0.17	−0.17

续表

年份 国家	2015	2016	2017	2018	2019	2020	2021
埃及	− 0.77	− 0.66	− 0.62	− 0.58	− 0.42	− 0.55	− 0.55
埃塞俄比亚	− 0.65	− 0.64	− 0.70	− 0.61	− 0.63	− 0.55	− 0.55
爱尔兰	1.53	1.33	1.29	1.42	1.29	1.48	1.48
爱沙尼亚	1.07	1.09	1.11	1.19	1.17	1.34	1.34
安哥拉	− 1.00	− 1.04	− 1.03	− 1.05	− 1.12	− 1.18	− 1.18
奥地利	1.48	1.51	1.46	1.45	1.53	1.66	1.66
澳大利亚	1.56	1.57	1.54	1.60	1.57	1.62	1.62
巴基斯坦	− 0.67	− 0.65	− 0.60	− 0.63	− 0.68	− 0.55	− 0.55
巴拉圭	− 0.95	− 0.79	− 0.82	− 0.52	− 0.53	− 0.47	− 0.47
巴林	0.56	0.33	0.19	0.18	0.30	0.43	0.43
巴拿马	0.29	0.19	0.02	− 0.02	0.06	0.07	0.07
巴西	− 0.18	− 0.17	− 0.29	− 0.45	− 0.19	− 0.45	− 0.45
白俄罗斯	− 0.46	− 0.48	− 0.34	− 0.30	− 0.18	− 0.73	− 0.73
保加利亚	0.21	0.30	0.26	0.27	0.26	− 0.07	− 0.07
冰岛	1.49	1.39	1.45	1.47	1.52	1.52	1.52
波兰	0.80	0.71	0.64	0.66	0.53	0.38	0.38
玻利维亚	− 0.65	− 0.57	− 0.38	− 0.32	− 0.70	− 0.56	− 0.56
博茨瓦纳	0.50	0.53	0.44	0.33	0.43	0.26	0.26
布基纳法索	− 0.62	− 0.56	− 0.58	− 0.58	− 0.76	− 0.67	− 0.67
丹麦	1.85	1.88	1.80	1.87	1.91	1.89	1.89
德国	1.74	1.73	1.72	1.62	1.53	1.36	1.36
多哥	− 1.19	− 1.07	− 1.12	− 1.06	− 0.92	− 0.69	− 0.69
俄罗斯	− 0.20	− 0.20	− 0.08	− 0.06	0.15	0.03	0.03
厄瓜多尔	− 0.44	− 0.43	− 0.32	− 0.26	− 0.40	− 0.44	− 0.44
法国	1.44	1.41	1.35	1.48	1.37	1.25	1.25
菲律宾	0.11	− 0.01	− 0.05	0.05	0.05	0.06	0.06
芬兰	1.81	1.83	1.94	1.98	2.01	1.95	1.95
哥伦比亚	− 0.04	0.02	− 0.07	− 0.09	0.07	0.04	0.04
哥斯达黎加	0.38	0.36	0.25	0.38	0.42	0.36	0.36
哈萨克斯坦	− 0.07	− 0.07	0.01	0.02	0.12	0.16	0.16

续表

年份 国家	2015	2016	2017	2018	2019	2020	2021
韩国	1.01	1.06	1.07	1.18	1.38	1.42	1.42
荷兰	1.83	1.83	1.85	1.85	1.80	1.85	1.85
洪都拉斯	-0.82	-0.73	-0.51	-0.62	-0.61	-0.60	-0.60
吉尔吉斯斯坦	-0.85	-1.03	-1.11	-1.10	-0.68	-0.54	-0.54
几内亚	-1.15	-1.01	-1.04	-0.97	-0.78	-0.89	-0.89
加拿大	1.76	1.78	1.85	1.72	1.73	1.64	1.64
加纳	-0.22	-0.17	-0.11	-0.21	-0.21	-0.15	-0.15
柬埔寨	-0.70	-0.69	-0.66	-0.57	-0.58	-0.42	-0.42
捷克	1.05	1.04	1.01	0.92	0.96	0.96	0.96
喀麦隆	-0.78	-0.76	-0.81	-0.80	-0.81	-0.88	-0.88
卡塔尔	0.95	0.74	0.74	0.63	0.70	0.91	0.91
科威特	-0.03	-0.16	-0.18	-0.09	0.02	-0.16	-0.16
克罗地亚	0.51	0.49	0.57	0.46	0.46	0.44	0.44
肯尼亚	-0.30	-0.32	-0.32	-0.41	-0.38	-0.35	-0.35
拉脱维亚	1.09	1.01	0.90	1.04	1.10	0.88	0.88
老挝	0.07	0.02	0.01	0.00	-0.79	-0.77	-0.77
黎巴嫩	-0.47	-0.54	-0.51	-0.64	-0.83	-1.17	-1.17
立陶宛	1.18	1.07	0.97	1.07	1.04	1.06	1.06
卢森堡	1.72	1.69	1.68	1.78	1.73	1.84	1.84
罗马尼亚	-0.06	-0.17	-0.17	-0.25	-0.16	-0.22	-0.22
马达加斯加	-1.29	-1.17	-1.14	-1.15	-1.14	-1.00	-1.00
马耳他	0.85	0.96	1.00	0.97	0.86	1.04	1.04
马来西亚	0.95	0.87	0.83	1.08	1.00	1.04	1.04
马里	-0.93	-0.99	-0.94	-1.00	-1.06	-1.15	-1.15
美国	1.46	1.48	1.55	1.58	1.49	1.32	1.32
蒙古国	-0.42	-0.10	-0.26	-0.23	-0.20	-0.34	-0.34
孟加拉国	-0.72	-0.68	-0.73	-0.75	-0.74	-0.79	-0.79
秘鲁	-0.28	-0.18	-0.13	-0.25	-0.07	-0.24	-0.24
缅甸	-1.24	-0.98	-1.05	-1.07	-1.15	-1.00	-1.00
摩尔多瓦	-0.65	-0.63	-0.53	-0.47	-0.38	-0.46	-0.46

续表

年份 国家	2015	2016	2017	2018	2019	2020	2021
摩洛哥	- 0.06	- 0.11	- 0.19	- 0.21	- 0.12	- 0.03	- 0.03
莫桑比克	- 0.75	- 0.86	- 0.89	- 0.87	- 0.82	- 0.72	- 0.72
墨西哥	0.21	0.13	- 0.03	- 0.15	- 0.16	- 0.16	- 0.16
纳米比亚	0.25	0.17	0.20	0.11	0.10	0.05	0.05
南非	0.29	0.31	0.29	0.34	0.37	0.30	0.30
尼加拉瓜	- 0.82	- 0.69	- 0.63	- 0.80	- 0.77	- 0.71	- 0.71
尼日尔	- 0.65	- 0.63	- 0.70	- 0.77	- 0.80	- 0.62	- 0.62
尼日利亚	- 0.96	- 1.09	- 1.01	- 1.02	- 1.09	- 1.03	- 1.03
挪威	1.86	1.87	1.98	1.89	1.86	1.94	1.94
葡萄牙	1.22	1.21	1.33	1.21	1.17	1.02	1.02
日本	1.78	1.82	1.62	1.68	1.59	1.60	1.60
瑞典	1.82	1.77	1.84	1.83	1.71	1.72	1.72
瑞士	2.00	2.01	2.06	2.04	1.95	2.02	2.02
塞内加尔	- 0.43	- 0.45	- 0.32	- 0.27	- 0.06	0.01	0.01
塞浦路斯	1.05	0.96	0.92	0.92	0.99	0.88	0.88
沙特阿拉伯	0.20	0.26	0.26	0.32	0.31	0.15	0.15
斯里兰卡	- 0.01	- 0.03	- 0.15	- 0.24	- 0.11	- 0.07	- 0.07
斯洛文尼亚	0.97	1.13	1.17	1.13	1.08	1.17	1.17
苏丹	- 1.48	- 1.52	- 1.43	- 1.62	- 1.62	- 1.49	- 1.49
塔吉克斯坦	- 0.85	- 1.03	- 1.11	- 1.10	- 1.05	- 0.71	- 0.71
泰国	0.35	0.34	0.38	0.35	0.36	0.30	0.30
坦桑尼亚	- 0.60	- 0.55	- 0.63	- 0.76	- 0.88	- 0.77	- 0.77
突尼斯	- 0.12	- 0.23	- 0.08	- 0.11	- 0.10	- 0.20	- 0.20
土耳其	0.22	0.05	0.08	0.01	0.05	- 0.04	- 0.04
土库曼斯坦	- 0.85	- 1.13	- 1.21	- 1.04	- 1.16	- 1.16	- 1.16
危地马拉	- 0.71	- 0.61	- 0.64	- 0.68	- 0.68	- 0.69	- 0.69
委内瑞拉	- 1.22	- 1.29	- 1.40	- 1.58	- 1.66	- 1.78	- 1.78
乌干达	- 0.48	- 0.57	- 0.58	- 0.61	- 0.59	- 0.58	- 0.58
乌克兰	- 0.52	- 0.57	- 0.46	- 0.42	- 0.30	- 0.36	- 0.36
乌拉圭	0.53	0.57	0.43	0.56	0.69	0.78	0.78

续表

年份 国家	2015	2016	2017	2018	2019	2020	2021
乌兹别克斯坦	-0.67	-0.58	-0.56	-0.55	-0.51	-0.51	-0.51
西班牙	1.17	1.12	1.03	1.00	1.00	0.89	0.89
希腊	0.26	0.23	0.31	0.34	0.35	0.44	0.44
新加坡	2.24	2.21	2.22	2.23	2.22	2.34	2.34
新西兰	1.88	1.84	1.77	1.67	1.67	1.59	1.59
匈牙利	0.50	0.46	0.52	0.49	0.50	0.58	0.58
亚美尼亚	-0.16	-0.16	-0.10	-0.02	-0.07	-0.12	-0.12
伊拉克	-1.25	-1.27	-1.26	-1.32	-1.34	-1.33	-1.33
伊朗	-0.21	-0.19	-0.20	-0.43	-0.55	-0.99	-0.99
以色列	1.39	1.35	1.39	1.21	1.33	1.10	1.10
意大利	0.45	0.53	0.50	0.41	0.48	0.40	0.40
印度	0.09	0.08	0.09	0.28	0.17	0.39	0.39
印度尼西亚	-0.24	0.01	0.04	0.18	0.18	0.37	0.37
英国	1.74	1.60	1.41	1.34	1.48	1.38	1.38
约旦	0.12	0.13	0.11	0.11	0.10	0.11	0.11
越南	0.07	0.02	0.01	0.00	0.04	0.20	0.20
赞比亚	-0.56	-0.66	-0.63	-0.56	-0.68	-0.77	-0.77
智利	1.09	1.01	0.84	1.08	1.06	0.99	0.99

资料来源：WGI。

表35　　　　　　　　　　　　　　　法治

年份 国家	2014	2015	2016	2017	2018	2019	2020
阿尔巴尼亚	-0.34	-0.33	-0.33	-0.40	-0.39	-0.41	-0.36
阿尔及利亚	-0.77	-0.86	-0.86	-0.86	-0.78	-0.82	-0.78
阿根廷	-0.89	-0.77	-0.39	-0.25	-0.24	-0.43	-0.47
阿联酋	0.65	0.64	0.85	0.80	0.81	0.84	0.92
阿曼	0.49	0.38	0.41	0.43	0.46	0.55	0.62
阿塞拜疆	-0.67	-0.67	-0.52	-0.56	-0.60	-0.58	-0.69
埃及	-0.66	-0.60	-0.52	-0.54	-0.41	-0.42	-0.36
埃塞俄比亚	-0.47	-0.51	-0.49	-0.45	-0.43	-0.47	-0.40

续表

年份 国家	2014	2015	2016	2017	2018	2019	2020
爱尔兰	1.78	1.77	1.52	1.43	1.46	1.38	1.50
爱沙尼亚	1.37	1.33	1.23	1.28	1.24	1.28	1.38
安哥拉	−1.12	−1.08	−1.09	−1.10	−1.05	−1.05	−0.96
奥地利	1.95	1.86	1.81	1.81	1.88	1.90	1.81
澳大利亚	1.92	1.83	1.76	1.68	1.72	1.73	1.65
巴基斯坦	−0.76	−0.77	−0.80	−0.72	−0.67	−0.67	−0.69
巴拉圭	−0.67	−0.69	−0.73	−0.65	−0.54	−0.56	−0.42
巴林	0.41	0.43	0.46	0.45	0.41	0.49	0.49
巴拿马	−0.06	−0.11	0.05	0.04	−0.06	−0.12	−0.21
巴西	−0.05	−0.15	−0.16	−0.28	−0.28	−0.18	−0.18
白俄罗斯	−0.84	−0.81	−0.72	−0.82	−0.83	−0.79	−1.00
保加利亚	−0.05	−0.10	−0.06	−0.04	−0.03	−0.01	−0.09
冰岛	1.71	1.67	1.52	1.61	1.72	1.77	1.80
波兰	0.84	0.80	0.64	0.47	0.43	0.43	0.54
玻利维亚	−1.06	−1.14	−1.20	−1.21	−1.15	−1.12	−1.15
博茨瓦纳	0.63	0.60	0.53	0.52	0.47	0.50	0.44
布基纳法索	−0.55	−0.52	−0.44	−0.40	−0.45	−0.43	−0.42
丹麦	2.10	2.04	1.91	1.86	1.83	1.88	1.86
德国	1.86	1.79	1.62	1.61	1.63	1.62	1.56
多哥	−0.86	−0.80	−0.63	−0.72	−0.59	−0.59	−0.66
俄罗斯	−0.74	−0.76	−0.79	−0.79	−0.82	−0.72	−0.76
厄瓜多尔	−1.06	−1.03	−0.76	−0.70	−0.63	−0.58	−0.55
法国	1.47	1.41	1.41	1.44	1.44	1.41	1.33
菲律宾	−0.32	−0.34	−0.35	−0.41	−0.48	−0.48	−0.55
芬兰	2.10	2.06	2.02	2.03	2.05	2.06	2.08
哥伦比亚	−0.29	−0.27	−0.28	−0.36	−0.41	−0.42	−0.49
哥斯达黎加	0.56	0.50	0.47	0.45	0.48	0.54	0.57
哈萨克斯坦	−0.60	−0.44	−0.44	−0.41	−0.43	−0.43	−0.40
韩国	−1.62	−1.65	−1.67	−1.72	−1.63	1.19	1.18
荷兰	1.98	1.94	1.89	1.83	1.82	1.78	1.76

续表

年份 国家	2014	2015	2016	2017	2018	2019	2020
洪都拉斯	− 0.94	− 0.93	− 1.12	− 1.05	− 1.02	− 1.01	− 0.96
吉尔吉斯斯坦	− 1.01	− 1.06	− 1.15	− 1.35	− 1.28	− 0.89	− 0.93
几内亚	− 1.36	− 1.16	− 1.22	− 1.23	− 1.21	− 1.21	− 1.26
加拿大	1.89	1.84	1.84	1.80	1.77	1.76	1.66
加纳	0.05	0.14	0.05	0.13	0.07	0.05	− 0.04
柬埔寨	− 0.96	− 0.98	− 1.06	− 1.06	− 1.11	− 0.94	− 0.95
捷克	1.15	1.15	1.04	1.12	1.05	1.05	1.06
喀麦隆	− 0.90	− 0.98	− 1.04	− 1.03	− 1.08	− 1.12	− 1.15
卡塔尔	0.86	0.77	0.79	0.72	0.73	0.73	1.00
科威特	0.02	0.00	0.03	0.10	0.21	0.22	0.33
克罗地亚	0.32	0.20	0.41	0.33	0.32	0.40	0.29
肯尼亚	− 0.42	− 0.49	− 0.44	− 0.41	− 0.41	− 0.45	− 0.56
拉脱维亚	0.87	0.79	0.96	0.93	0.96	1.01	0.96
老挝	− 0.36	− 0.34	0.08	0.07	0.00	− 0.94	− 0.85
黎巴嫩	− 0.77	− 0.83	− 0.83	− 0.82	− 0.76	− 0.86	− 0.90
立陶宛	0.94	1.01	1.03	0.99	0.96	1.02	0.99
卢森堡	1.91	1.87	1.76	1.74	1.81	1.79	1.79
罗马尼亚	0.17	0.16	0.36	0.39	0.33	0.40	0.37
马达加斯加	− 0.74	− 0.69	− 0.81	− 0.86	− 0.81	− 1.01	− 0.88
马耳他	1.19	1.14	1.00	1.14	1.05	0.95	0.92
马来西亚	0.59	0.50	0.50	0.41	0.62	0.59	0.66
马里	− 0.64	− 0.74	− 0.78	− 0.78	− 0.80	− 0.83	− 0.92
美国	1.61	1.60	1.62	1.64	1.45	1.46	1.37
蒙古国	− 0.34	− 0.38	− 0.22	− 0.30	− 0.27	− 0.27	− 0.26
孟加拉国	− 0.78	− 0.75	− 0.66	− 0.67	− 0.64	− 0.64	− 0.57
秘鲁	− 0.52	− 0.49	− 0.48	− 0.50	− 0.52	− 0.49	− 0.34
缅甸	− 1.19	− 1.24	− 0.89	− 0.95	− 1.03	− 1.06	− 1.18
摩尔多瓦	− 0.25	− 0.35	− 0.49	− 0.41	− 0.41	− 0.37	− 0.41
摩洛哥	− 0.07	− 0.09	− 0.16	− 0.16	− 0.14	− 0.14	− 0.09
莫桑比克	− 0.81	− 0.85	− 1.05	− 0.99	− 1.04	− 1.02	− 1.02

续表

年份 国家	2014	2015	2016	2017	2018	2019	2020
墨西哥	-0.42	-0.45	-0.56	-0.57	-0.67	-0.66	-0.67
纳米比亚	0.15	0.19	0.36	0.24	0.24	0.31	0.30
南非	0.18	0.09	0.12	-0.04	-0.10	-0.08	-0.12
尼加拉瓜	-0.71	-0.74	-0.64	-0.64	-1.04	-1.18	-1.22
尼日尔	-0.65	-0.57	-0.66	-0.68	-0.58	-0.53	-0.55
尼日利亚	-1.05	-0.96	-1.02	-0.87	-0.88	-0.90	-0.81
挪威	2.03	2.01	2.04	2.02	1.97	1.99	1.98
葡萄牙	1.14	1.15	1.10	1.13	1.14	1.14	1.18
日本	1.60	1.52	1.42	1.57	1.53	1.54	1.53
瑞典	1.99	2.04	2.02	1.94	1.90	1.83	1.81
瑞士	1.99	1.95	1.95	1.93	1.93	1.91	1.83
塞内加尔	-0.08	-0.14	-0.11	-0.14	-0.21	-0.19	-0.28
塞浦路斯	1.08	1.04	0.72	0.88	0.75	0.76	0.58
沙特阿拉伯	0.13	0.12	0.34	0.10	0.14	0.17	0.24
斯里兰卡	-0.17	0.04	0.11	0.06	0.03	-0.01	-0.05
斯洛文尼亚	1.00	0.97	1.08	1.02	1.06	1.12	1.07
苏丹	-1.17	-1.21	-1.26	-1.11	-1.12	-1.14	-1.07
塔吉克斯坦	-1.01	-1.06	-1.15	-1.35	-1.28	-1.23	-1.22
泰国	-0.19	-0.15	0.00	0.04	0.02	0.10	0.12
坦桑尼亚	-0.40	-0.37	-0.38	-0.45	-0.55	-0.58	-0.60
突尼斯	-0.11	-0.07	0.00	0.06	0.04	0.06	0.14
土耳其	0.01	-0.11	-0.21	-0.25	-0.32	-0.28	-0.36
土库曼斯坦	-1.36	-1.42	-1.49	-1.49	-1.45	-1.42	-1.41
危地马拉	-0.96	-0.95	-1.02	-1.06	-1.05	-1.05	-1.05
委内瑞拉	-1.92	-2.03	-2.24	-2.26	-2.34	-2.32	-2.35
乌干达	-0.39	-0.39	-0.25	-0.30	-0.29	-0.31	-0.33
乌克兰	-0.79	-0.81	-0.77	-0.71	-0.72	-0.70	-0.67
乌拉圭	0.71	0.71	0.63	0.59	0.60	0.62	0.68
乌兹别克斯坦	-1.13	-1.11	-1.11	-1.11	-1.07	-1.05	-1.06
西班牙	0.95	0.90	0.98	1.01	0.97	1.03	0.90

续表

年份 国家	2014	2015	2016	2017	2018	2019	2020
希腊	0.36	0.27	0.11	0.08	0.15	0.18	0.32
新加坡	1.82	1.81	1.83	1.82	1.84	1.88	1.88
新西兰	2.01	2.00	1.95	1.92	1.88	1.89	1.88
匈牙利	0.50	0.40	0.42	0.53	0.56	0.53	0.51
亚美尼亚	−0.37	−0.39	−0.12	−0.16	−0.15	−0.13	−0.08
伊拉克	−1.33	−1.42	−1.63	−1.64	−1.76	−1.72	−1.75
伊朗	−1.06	−0.92	−0.68	−0.68	−0.69	−0.75	−0.87
以色列	1.11	1.16	1.07	1.02	0.99	1.05	1.00
意大利	0.38	0.28	0.33	0.32	0.25	0.30	0.24
印度	−0.06	−0.05	−0.03	0.00	0.03	−0.03	−0.02
印度尼西亚	−0.34	−0.42	−0.34	−0.35	−0.31	−0.34	−0.34
英国	1.89	1.81	1.69	1.68	1.64	1.61	1.50
约旦	0.46	0.44	0.30	0.26	0.23	0.14	0.21
越南	−0.36	−0.34	0.08	0.07	0.00	−0.02	−0.13
赞比亚	−0.24	−0.23	−0.30	−0.33	−0.34	−0.46	−0.62
智利	1.43	1.34	1.13	1.01	1.12	1.07	1.07

资料来源：WGI。

表36　　　　　　　　　　　　　　外部冲突

年份 国家	2015	2016	2017	2018	2019	2020	2021
阿尔巴尼亚	11.00	11.00	11.00	11.00	10.50	10.50	10.00
阿尔及利亚	9.50	9.50	9.50	9.50	9.00	9.00	9.00
阿根廷	9.50	9.50	9.50	9.50	10.00	10.00	10.00
阿联酋	9.08	9.00	9.00	9.00	9.00	9.00	9.50
阿曼	10.00	10.00	10.00	10.00	10.00	10.00	10.00
阿塞拜疆	7.50	7.29	6.63	6.50	7.50	7.50	8.00
埃及	8.46	8.58	9.38	9.50	9.50	9.50	8.00
埃塞俄比亚	7.00	7.00	7.00	7.00	9.50	9.50	8.00
爱尔兰	11.50	11.50	11.50	11.50	11.50	11.50	11.50
爱沙尼亚	10.50	10.50	10.50	10.50	11.00	11.00	10.50

续表

年份 国家	2015	2016	2017	2018	2019	2020	2021
安哥拉	10.50	10.50	10.50	10.50	10.50	10.50	10.50
奥地利	11.50	11.50	11.50	11.50	11.50	11.50	11.50
澳大利亚	11.00	11.00	11.00	11.00	11.00	11.00	10.50
巴基斯坦	9.00	9.00	9.00	8.50	8.50	8.50	8.00
巴拉圭	10.50	10.50	10.50	10.50	10.50	10.50	10.50
巴林	10.00	10.00	9.96	9.50	10.00	10.00	10.00
巴拿马	11.00	11.00	11.00	11.00	11.00	11.00	11.00
巴西	10.50	10.50	10.50	10.50	10.50	10.50	10.50
白俄罗斯	8.67	9.92	10.00	10.00	10.00	10.00	8.00
保加利亚	9.00	9.00	9.00	9.00	9.00	9.00	10.00
冰岛	10.25	10.00	10.00	10.00	10.00	10.00	10.50
波兰	10.50	10.50	10.29	10.50	10.00	10.00	10.00
玻利维亚	9.50	9.50	9.50	9.50	9.50	9.50	9.50
博茨瓦纳	11.00	11.00	11.00	11.00	11.00	11.00	11.00
布基纳法索	8.50	8.71	9.00	9.00	9.00	9.00	9.00
丹麦	8.50	8.50	8.50	8.50	10.50	10.50	10.50
德国	10.50	10.50	10.50	10.50	10.50	10.50	10.00
多哥	9.50	9.50	9.50	9.50	9.50	9.50	9.50
俄罗斯	6.54	6.50	6.50	7.00	7.00	7.00	7.00
厄瓜多尔	9.50	9.50	9.50	9.50	9.50	9.50	9.50
法国	10.00	10.00	10.00	10.00	10.00	10.00	10.00
菲律宾	10.00	10.00	10.00	10.00	10.50	10.50	10.00
芬兰	11.50	11.50	11.50	11.50	11.50	11.50	11.50
哥伦比亚	9.50	9.50	9.50	9.50	9.00	9.00	9.00
哥斯达黎加	9.50	9.50	9.50	9.50	9.50	9.50	9.50
哈萨克斯坦	11.00	11.00	11.00	11.00	11.00	11.00	10.00
韩国	8.50	8.50	8.50	8.50	8.50	8.50	8.50
荷兰	12.00	12.00	12.00	12.00	12.00	12.00	12.00
洪都拉斯	10.50	10.50	10.50	10.50	10.50	10.50	10.00
吉尔吉斯斯坦	11.00	11.00	11.00	11.00	11.00	11.00	11.00

续表

年份 国家	2015	2016	2017	2018	2019	2020	2021
几内亚	8.13	8.00	8.00	8.00	8.00	8.00	9.00
加拿大	11.00	11.00	11.00	11.00	11.00	11.00	11.00
加纳	11.00	11.00	11.00	11.00	10.50	10.50	10.50
柬埔寨	11.00	10.38	9.50	9.50	9.50	9.50	9.50
捷克	10.50	10.50	10.50	10.50	10.50	10.50	10.50
喀麦隆	9.00	9.00	9.00	9.00	9.00	9.00	9.50
卡塔尔	8.50	8.50	7.71	7.00	7.00	7.00	7.50
科威特	9.50	9.50	9.50	9.50	9.50	9.50	10.00
克罗地亚	10.38	10.00	10.00	10.00	10.00	10.00	10.00
肯尼亚	9.50	9.50	9.50	9.50	9.50	9.50	9.50
拉脱维亚	10.50	10.50	10.50	10.50	11.00	11.00	11.00
老挝	11.00	10.38	9.50	9.50	9.50	9.50	9.50
黎巴嫩	7.00	7.00	7.00	7.00	7.00	7.00	7.50
立陶宛	10.50	10.50	10.50	10.50	10.50	10.50	10.50
卢森堡	10.50	10.50	10.50	10.50	11.00	11.00	11.00
罗马尼亚	11.00	11.00	11.00	11.00	11.00	11.00	11.00
马达加斯加	10.50	10.88	11.00	11.00	11.00	11.00	11.00
马耳他	12.00	12.00	12.00	12.00	12.00	12.00	12.00
马来西亚	10.50	10.50	10.50	10.50	10.00	10.00	10.00
马里	9.21	9.00	8.83	8.50	8.00	8.00	8.00
美国	9.88	10.00	10.00	10.00	10.00	10.00	10.50
蒙古国	11.50	11.50	11.50	11.00	11.50	11.50	11.50
孟加拉国	8.33	8.50	8.50	8.50	9.00	9.00	9.00
秘鲁	10.00	10.00	10.00	10.00	10.00	10.00	10.00
缅甸	9.00	9.00	9.00	9.00	8.50	8.50	8.00
摩尔多瓦	9.50	9.50	9.50	9.50	9.50	9.50	10.00
摩洛哥	9.50	9.50	9.50	9.50	9.50	9.50	9.00
莫桑比克	10.88	9.88	9.50	9.50	9.50	9.50	9.00
墨西哥	10.50	10.50	10.50	10.50	11.00	11.00	11.00
纳米比亚	11.50	11.50	11.50	11.50	11.50	11.50	11.50

续表

年份 国家	2015	2016	2017	2018	2019	2020	2021
南非	10.50	10.50	10.50	10.50	10.50	10.50	10.50
尼加拉瓜	9.00	9.00	8.88	8.50	8.50	8.50	9.00
尼日尔	9.71	9.50	9.50	9.50	9.50	9.50	9.50
尼日利亚	9.00	9.00	9.00	9.00	9.50	9.50	9.50
挪威	11.00	11.00	11.00	11.00	11.00	11.00	11.00
葡萄牙	9.50	9.50	9.50	9.50	9.50	9.50	9.50
日本	9.50	9.50	9.50	9.50	9.50	9.50	9.50
瑞典	11.00	11.00	11.00	11.00	11.50	11.50	11.50
瑞士	10.50	10.50	10.50	10.50	10.50	10.50	10.50
塞内加尔	9.50	9.50	9.50	9.50	10.00	10.00	10.00
塞浦路斯	9.00	9.00	9.00	9.00	9.00	9.00	9.00
沙特阿拉伯	8.29	8.00	8.00	8.00	8.00	8.00	8.50
斯里兰卡	11.00	11.00	11.00	11.00	10.50	10.50	11.00
斯洛文尼亚	11.00	11.00	10.83	10.50	10.00	10.00	10.00
苏丹	6.50	6.50	7.08	7.50	7.50	7.50	7.00
塔吉克斯坦	11.00	11.00	11.00	11.00	11.00	11.00	11.00
泰国	9.00	9.00	9.00	9.00	9.00	9.00	10.00
坦桑尼亚	9.50	9.50	9.50	9.50	9.50	9.50	9.50
突尼斯	9.50	9.50	9.50	9.50	9.50	9.50	10.00
土耳其	7.00	7.50	7.50	7.50	8.00	8.00	7.50
土库曼斯坦	11.00	11.00	11.00	11.00	11.00	11.00	11.00
危地马拉	9.50	9.50	9.50	9.50	10.00	10.00	9.50
委内瑞拉	7.58	7.50	8.50	8.50	8.50	8.50	8.00
乌干达	8.00	8.00	8.00	8.00	8.50	8.50	8.50
乌克兰	7.04	7.00	7.00	7.00	7.50	7.50	8.00
乌拉圭	9.50	9.50	9.50	9.50	9.50	9.50	9.50
乌兹别克斯坦	11.00	11.00	11.00	11.00	11.00	11.00	11.00
西班牙	10.00	10.00	10.00	10.00	10.50	10.50	10.50
希腊	10.50	10.50	10.50	10.50	10.50	10.50	10.00
新加坡	10.50	10.50	10.50	10.50	10.50	10.50	10.50

续表

年份 国家	2015	2016	2017	2018	2019	2020	2021
新西兰	10.50	10.50	10.00	10.00	10.00	10.00	10.00
匈牙利	10.00	10.00	10.00	10.00	10.50	10.50	10.00
亚美尼亚	7.00	6.79	6.50	6.50	7.50	7.50	7.50
伊拉克	8.04	8.00	8.00	8.00	10.00	10.00	9.50
伊朗	8.08	8.46	8.04	8.00	6.50	6.50	6.50
以色列	7.50	7.58	8.00	8.00	8.00	8.00	7.00
意大利	11.00	11.00	11.00	11.00	11.00	11.00	11.00
印度	9.00	9.00	9.00	9.00	8.00	8.00	8.50
印度尼西亚	9.50	9.50	9.33	9.00	9.00	9.00	10.00
英国	9.50	9.50	9.50	9.50	9.00	9.00	9.50
约旦	9.50	9.50	9.50	9.50	9.50	9.50	9.00
越南	11.00	10.38	9.50	9.50	9.50	9.50	9.50
赞比亚	10.50	10.50	10.50	10.50	10.50	10.50	10.00
智利	9.00	9.00	9.00	9.00	9.00	9.00	10.00

资料来源：ICRG。

表37 贸易依存度

年份 国家	2015	2016	2017	2018	2019	2020	2021
阿尔巴尼亚	0.066	0.071	0.061	0.054	0.060	0.060	0.081
阿尔及利亚	0.078	0.084	0.070	0.070	0.070	0.070	0.116
阿根廷	0.091	0.076	0.075	0.063	0.098	0.098	0.143
阿联酋	0.059	0.058	0.062	0.061	0.061	0.061	0.091
阿曼	0.218	0.216	0.202	0.246	0.246	0.246	0.356
阿塞拜疆	0.016	0.021	0.024	0.019	0.036	0.036	0.054
埃及	0.088	0.078	0.071	0.081	0.100	0.100	0.168
埃塞俄比亚	0.146	0.140	0.115	0.104	0.104	0.104	0.157
爱尔兰	0.009	0.011	0.012	0.015	0.018	0.018	0.065
爱沙尼亚	0.033	0.031	0.030	0.027	0.027	0.027	0.034
安哥拉	0.251	0.262	0.312	0.364	0.441	0.441	0.542
奥地利	0.018	0.017	0.018	0.019	0.022	0.022	0.029

续表

年份 国家	2015	2016	2017	2018	2019	2020	2021
澳大利亚	0.181	0.186	0.201	0.209	0.263	0.263	0.371
巴基斯坦	0.229	0.232	0.203	0.183	0.207	0.207	0.258
巴拉圭	0.054	0.048	0.057	0.058	0.055	0.055	0.066
巴林	0.022	0.018	0.019	0.021	0.021	0.021	0.047
巴拿马	0.151	0.115	0.112	0.109	0.151	0.151	0.382
巴西	0.142	0.142	0.161	0.183	0.223	0.223	0.320
白俄罗斯	0.026	0.024	0.019	0.020	0.032	0.032	0.049
保加利亚	0.027	0.024	0.026	0.030	0.032	0.032	0.044
冰岛	0.011	0.012	0.010	0.017	0.012	0.012	0.020
波兰	0.035	0.035	0.036	0.037	0.044	0.044	0.059
玻利维亚	0.044	0.047	0.048	0.049	0.053	0.053	0.069
博茨瓦纳	0.023	0.017	0.018	0.019	0.019	0.019	0.030
布基纳法索	0.024	0.020	0.023	0.031	0.031	0.031	0.047
丹麦	0.031	0.029	0.030	0.030	0.032	0.032	0.065
德国	0.051	0.049	0.050	0.050	0.054	0.054	0.075
多哥	0.580	0.490	0.499	0.502	0.502	0.502	0.827
俄罗斯	0.091	0.103	0.102	0.113	0.131	0.131	0.189
厄瓜多尔	0.088	0.077	0.085	0.104	0.140	0.140	0.198
法国	0.031	0.028	0.030	0.032	0.037	0.037	0.062
菲律宾	0.269	0.260	0.242	0.244	0.274	0.274	0.396
芬兰	0.038	0.033	0.033	0.033	0.036	0.036	0.053
哥伦比亚	0.092	0.088	0.095	0.108	0.133	0.133	0.183
哥斯达黎加	0.058	0.056	0.055	0.055	0.055	0.055	0.081
哈萨克斯坦	0.131	0.140	0.156	0.145	0.191	0.191	0.257
韩国	0.231	0.224	0.218	0.222	0.221	0.221	0.291
荷兰	0.000	0.000	0.000	0.000	0.061	0.061	0.072
洪都拉斯	0.048	0.041	0.044	0.049	0.051	0.051	0.054
吉尔吉斯斯坦	0.423	0.436	0.323	0.324	0.324	0.324	0.509
几内亚	0.276	0.236	0.312	0.424	0.424	0.424	0.485
加拿大	0.043	0.043	0.045	0.051	0.058	0.058	0.080

续表

年份 国家	2015	2016	2017	2018	2019	2020	2021
加纳	0.168	0.156	0.147	0.144	0.144	0.144	0.317
柬埔寨	0.147	0.150	0.163	0.176	0.203	0.203	0.263
捷克	0.036	0.035	0.035	0.042	0.049	0.049	0.052
喀麦隆	0.173	0.142	0.133	0.168	0.168	0.168	0.318
卡塔尔	0.042	0.039	0.052	0.064	0.070	0.070	0.141
科威特	0.098	0.089	0.100	0.120	0.120	0.120	0.210
克罗地亚	0.023	0.024	0.024	0.024	0.025	0.025	0.039
肯尼亚	0.204	0.216	0.170	0.170	0.170	0.170	0.259
拉脱维亚	0.034	0.035	0.034	0.031	0.031	0.031	0.036
老挝	0.253	0.257	0.263	0.284	0.284	0.284	0.312
黎巴嫩	0.043	0.042	0.038	0.037	0.037	0.037	0.063
立陶宛	0.023	0.022	0.024	0.024	0.026	0.026	0.035
卢森堡	0.006	0.004	0.002	0.002	0.008	0.008	0.035
罗马尼亚	0.029	0.029	0.029	0.030	0.033	0.033	0.048
马达加斯加	0.148	0.156	0.139	0.128	0.128	0.128	0.218
马耳他	0.064	0.044	0.053	0.035	0.039	0.039	0.222
马来西亚	0.234	0.220	0.216	0.222	0.222	0.222	0.310
马里	0.042	0.050	0.042	0.040	0.040	0.040	0.072
美国	0.099	0.094	0.099	0.099	0.097	0.097	0.153
蒙古国	0.465	0.371	0.424	0.445	0.458	0.458	0.524
孟加拉国	0.177	0.175	0.164	0.167	0.168	0.168	0.184
秘鲁	0.154	0.160	0.178	0.193	0.193	0.193	0.301
缅甸	0.444	0.404	0.385	0.407	0.407	0.407	0.545
摩尔多瓦	0.017	0.014	0.015	0.014	0.016	0.016	0.026
摩洛哥	0.045	0.045	0.042	0.044	0.047	0.047	0.067
莫桑比克	0.158	0.155	0.131	0.147	0.147	0.147	0.256
墨西哥	0.050	0.050	0.051	0.057	0.062	0.062	0.075
纳米比亚	0.062	0.041	0.051	0.068	0.069	0.069	0.063
南非	0.147	0.183	0.174	0.184	0.204	0.204	0.212
尼加拉瓜	0.055	0.050	0.048	0.046	0.046	0.046	0.043

年份 国家	2015	2016	2017	2018	2019	2020	2021
尼日尔	0.070	0.056	0.042	0.056	0.056	0.056	0.156
尼日利亚	0.111	0.118	0.121	0.099	0.099	0.099	0.212
挪威	0.024	0.021	0.018	0.018	0.025	0.025	0.066
葡萄牙	0.025	0.032	0.028	0.027	0.032	0.032	0.050
日本	0.167	0.165	0.168	0.167	0.174	0.174	0.249
瑞典	0.029	0.027	0.030	0.032	0.037	0.037	0.059
瑞士	0.014	0.046	0.032	0.041	0.038	0.038	0.037
塞内加尔	0.210	0.220	0.169	0.149	0.149	0.149	0.245
塞浦路斯	0.011	0.012	0.010	0.013	0.018	0.018	0.079
沙特阿拉伯	0.109	0.106	0.111	0.119	0.159	0.159	0.215
斯里兰卡	0.109	0.108	0.094	0.093	0.093	0.093	0.159
斯洛文尼亚	0.004	0.006	0.006	0.007	0.046	0.046	0.046
苏丹	0.193	0.189	0.162	0.169	0.169	0.169	0.240
塔吉克斯坦	0.423	0.436	0.323	0.324	0.365	0.365	0.233
泰国	0.143	0.147	0.139	0.136	0.153	0.153	0.225
坦桑尼亚	0.212	0.199	0.183	0.207	0.207	0.207	0.329
突尼斯	0.035	0.037	0.037	0.035	0.035	0.035	0.051
土耳其	0.048	0.046	0.044	0.043	0.044	0.044	0.062
土库曼斯坦	0.423	0.436	0.323	0.324	0.324	0.324	0.685
危地马拉	0.068	0.060	0.059	0.066	0.074	0.074	0.092
委内瑞拉	0.129	0.129	0.129	0.129	0.129	0.129	0.177
乌干达	0.051	0.072	0.062	0.049	0.050	0.050	0.067
乌克兰	0.068	0.065	0.060	0.070	0.085	0.085	0.144
乌拉圭	0.134	0.124	0.144	0.134	0.171	0.171	0.282
乌兹别克斯坦	0.139	0.139	0.140	0.160	0.166	0.166	0.200
西班牙	0.033	0.033	0.033	0.033	0.038	0.038	0.060
希腊	0.029	0.035	0.035	0.040	0.052	0.052	0.086
新加坡	0.071	0.069	0.066	0.061	0.076	0.076	0.129
新西兰	0.106	0.111	0.119	0.131	0.161	0.161	0.238
匈牙利	0.036	0.039	0.039	0.039	0.039	0.039	0.050

续表

年份 国家	2015	2016	2017	2018	2019	2020	2021
亚美尼亚	0.042	0.045	0.041	0.044	0.061	0.061	0.143
伊拉克	0.177	0.198	0.194	0.201	0.206	0.206	0.351
伊朗	0.177	0.198	0.194	0.201	0.201	0.201	0.162
以色列	0.059	0.058	0.062	0.061	0.066	0.066	0.146
意大利	0.040	0.039	0.041	0.041	0.046	0.046	0.060
印度	0.075	0.075	0.077	0.078	0.080	0.080	0.135
印度尼西亚	0.147	0.150	0.153	0.165	0.197	0.197	0.257
英国	0.041	0.041	0.041	0.038	0.047	0.047	0.089
约旦	0.098	0.090	0.081	0.082	0.082	0.082	0.145
越南	0.253	0.257	0.263	0.284	0.284	0.284	0.353
赞比亚	0.136	0.167	0.199	0.249	0.262	0.262	0.319
智利	0.202	0.204	0.203	0.224	0.224	0.224	0.341

资料来源：根据 WDI、IMF 数据计算。

表38   投资依存度

年份 国家	2015	2016	2017	2018	2019	2020	2021
阿尔巴尼亚	0.001	0.001	0.001	0.001	0.001	0.001	0.000
阿尔及利亚	-0.438	-0.059	-0.114	0.075	0.051	0.051	0.017
阿根廷	0.014	0.031	0.015	0.010	0.016	0.016	0.075
阿联酋	0.153	-0.036	0.064	0.106	0.025	0.025	0.041
阿曼	-0.005	0.002	0.004	0.012	0.003	0.003	0.017
阿塞拜疆	0.000	-0.005	0.000	0.000	0.000	0.000	0.013
埃及	0.012	0.010	0.006	0.032	0.008	0.008	0.005
埃塞俄比亚	0.067	0.071	0.045	0.103	0.103	0.103	0.130
爱尔兰	0.002	0.009	-0.314	-0.004	0.001	0.001	-0.009
爱沙尼亚	0.002	0.000	0.000	0.000	0.002	0.002	0.001
安哥拉	0.006	1.798	-0.106	-0.047	-0.047	-0.047	-0.071
奥地利	-0.021	-0.030	0.035	0.025	0.002	0.002	-0.013
澳大利亚	0.127	0.094	0.104	0.036	0.030	0.030	0.053
巴基斯坦	0.004	0.012	0.006	-0.002	0.131	0.131	0.443

续表

年份\国家	2015	2016	2017	2018	2019	2020	2021
巴拉圭	0.000	0.000	0.000	0.002	0.002	0.002	0.001
巴林	0.000	0.061	0.024	-0.001	-0.001	-0.001	0.000
巴拿马	0.000	0.001	0.001	0.003	0.007	0.007	0.188
巴西	0.000	0.003	0.007	0.007	0.005	0.005	-0.332
白俄罗斯	0.032	0.130	0.118	0.058	0.041	0.041	-0.005
保加利亚	0.001	0.000	0.002	0.000	0.003	0.003	0.001
冰岛	0.000	0.000	0.000	0.000	0.000	0.000	-0.018
波兰	0.007	-0.001	0.000	0.010	0.002	0.002	0.012
玻利维亚	0.062	0.132	-0.033	0.225	0.225	0.225	-0.031
博茨瓦纳	0.191	0.676	-0.088	-0.020	-0.020	-0.020	0.472
布基纳法索	0.000	0.000	0.000	0.000	0.000	0.000	0.002
丹麦	0.022	-0.963	0.202	0.042	0.001	0.001	0.018
德国	0.048	0.216	0.116	0.201	0.006	0.006	0.039
多哥	-0.006	0.000	0.002	-0.063	-0.063	-0.063	0.006
俄罗斯	0.000	0.001	0.000	0.001	0.015	0.015	0.036
厄瓜多尔	0.089	0.101	-0.212	0.023	0.033	0.033	-0.002
法国	0.004	0.005	0.003	0.002	0.003	0.003	0.011
菲律宾	0.003	0.015	0.010	0.011	0.005	0.005	0.015
芬兰	0.064	0.032	-0.126	0.184	0.002	0.002	0.008
哥伦比亚	0.000	0.000	0.000	-0.001	0.001	0.001	0.000
哥斯达黎加	0.001	0.000	0.002	0.002	0.002	0.002	0.016
哈萨克斯坦	-0.400	0.030	0.125	0.010	0.044	0.044	-0.062
韩国	0.225	0.197	0.127	0.146	0.018	0.018	0.090
荷兰	0.077	0.027	0.033	0.033	0.006	0.006	-0.027
洪都拉斯	0.000	0.003	0.000	0.452	0.452	0.452	-0.023
吉尔吉斯斯坦	0.157	0.169	4.139	0.466	0.466	0.466	-0.769
几内亚	-0.206	0.021	0.486	0.283	0.283	0.283	-0.907
加拿大	0.026	0.067	0.010	0.040	0.005	0.005	0.006
加纳	0.083	0.140	0.016	0.056	0.048	0.048	-0.003
柬埔寨	0.003	0.004	0.004	0.005	0.186	0.186	0.265

续表

年份 国家	2015	2016	2017	2018	2019	2020	2021
捷克	0.000	0.001	0.005	0.008	0.001	0.001	0.006
喀麦隆	0.000	0.000	0.000	0.000	0.000	0.000	0.078
卡塔尔	0.004	0.046	-0.012	0.457	0.006	0.006	0.320
科威特	0.330	0.010	0.024	0.039	0.018	0.018	0.058
克罗地亚	0.000	0.000	0.015	0.024	0.003	0.003	0.100
肯尼亚	1.678	0.026	0.252	0.119	0.091	0.091	0.887
拉脱维亚	0.001	0.000	0.000	0.009	0.001	0.001	0.005
老挝	0.001	0.000	0.001	0.001	0.823	0.823	1.503
黎巴嫩	0.004	0.000	0.000	0.000	0.000	0.000	0.000
立陶宛	0.000	0.058	0.036	0.000	0.000	0.000	0.002
卢森堡	-0.299	0.093	-0.298	-0.595	0.041	0.041	0.005
罗马尼亚	0.016	0.002	0.007	0.001	0.004	0.004	0.008
马达加斯加	0.078	-0.001	0.008	0.014	0.014	0.014	0.295
马耳他	0.001	0.048	0.001	0.002	0.001	0.001	0.000
马来西亚	0.090	0.181	0.195	0.232	0.028	0.028	0.230
马里	-0.099	0.010	0.008	-0.059	0.058	0.058	0.054
美国	0.014	0.025	0.016	0.054	0.005	0.005	0.033
蒙古国	0.039	0.003	-0.001	-0.129	0.148	0.148	0.005
孟加拉国	0.006	0.028	0.042	0.146	0.069	0.069	0.175
秘鲁	0.084	0.010	0.015	0.014	0.011	0.011	0.217
缅甸	0.117	0.096	0.099	-0.053	0.121	0.121	0.137
摩尔多瓦	0.000	0.000	0.000	0.000	0.001	0.001	0.000
摩洛哥	0.002	0.005	0.022	0.025	0.025	0.025	0.057
莫桑比克	0.017	0.004	0.015	0.068	0.068	0.068	0.017
墨西哥	0.000	0.007	0.006	0.012	0.001	0.001	0.007
纳米比亚	0.019	0.023	0.014	-0.029	-0.029	-0.029	-0.070
南非	0.008	0.378	0.011	0.128	0.017	0.017	0.359
尼加拉瓜	0.000	0.000	0.000	0.000	0.000	0.000	-0.001
尼日尔	0.000	-0.060	0.121	0.213	0.130	0.130	0.597
尼日利亚	0.002	0.000	0.000	0.000	0.020	0.020	0.151

续表

年份 国家	2015	2016	2017	2018	2019	2020	2021
挪威	− 0.011	− 0.030	− 0.011	0.001	0.003	0.003	0.022
葡萄牙	0.000	0.002	0.002	0.000	0.000	0.000	0.000
日本	0.107	0.003	0.004	0.007	0.004	0.004	0.031
瑞典	0.115	0.050	0.148	0.110	0.012	0.012	0.037
瑞士	0.003	0.004	1.953	0.043	0.002	0.002	− 0.057
塞内加尔	− 0.002	0.012	0.060	0.293	0.032	0.032	0.129
塞浦路斯	0.000	0.001	0.085	0.035	0.001	0.001	− 0.010
沙特阿拉伯	0.082	0.005	− 0.233	0.140	0.007	0.007	0.038
斯里兰卡	0.026	− 0.068	− 0.018	0.005	0.005	0.005	0.219
斯洛文尼亚	0.000	0.000	0.001	0.001	0.008	0.008	0.038
苏丹	0.018	− 0.648	0.239	0.050	0.050	0.050	0.004
塔吉克斯坦	0.719	0.719	0.222	1.039	0.603	0.603	− 1.493
泰国	0.041	0.648	0.180	0.075	0.019	0.019	0.188
坦桑尼亚	0.253	0.253	0.310	0.502	0.061	0.061	0.106
突尼斯	0.000	− 0.004	− 0.001	0.004	0.004	0.004	− 0.010
土耳其	0.034	− 0.001	0.004	0.027	0.009	0.009	0.035
土库曼斯坦	− 0.103	− 0.011	0.022	− 0.019	− 0.019	− 0.019	0.180
危地马拉	0.000	0.000	0.000	0.000	0.000	0.000	0.004
委内瑞拉	0.247	− 0.047	0.127	0.126	0.065	0.065	− 0.507
乌干达	0.112	0.168	0.069	0.006	0.047	0.047	0.119
乌克兰	0.000	0.001	0.010	0.011	0.003	0.003	− 0.028
乌拉圭	0.003	− 0.042	− 0.032	0.001	0.007	0.007	0.001
乌兹别克斯坦	1.923	1.333	− 0.776	0.240	0.335	0.335	− 0.021
西班牙	0.029	0.012	0.010	0.016	0.001	0.001	0.007
希腊	− 0.001	0.011	0.008	0.014	0.004	0.004	0.002
新加坡	0.291	0.120	0.151	0.148	0.021	0.021	0.111
新西兰	0.007	0.305	0.243	0.206	0.025	0.025	0.094
匈牙利	− 0.002	− 0.011	0.007	0.009	0.003	0.003	0.000
亚美尼亚	0.000	0.000	0.000	0.000	0.002	0.002	0.017
伊拉克	− 0.002	0.003	0.002	− 0.003	0.480	0.480	− 0.151

续表

年份\国家	2015	2016	2017	2018	2019	2020	2021
伊朗	−0.252	0.113	−0.072	−0.160	0.050	0.050	0.237
以色列	0.012	0.174	0.009	0.019	0.014	0.014	0.010
意大利	0.013	0.026	0.019	0.015	0.003	0.003	0.045
印度	0.001	0.000	0.001	0.001	0.006	0.006	0.003
印度尼西亚	0.002	0.003	0.004	0.005	0.049	0.049	0.096
英国	0.060	0.014	0.026	0.054	0.004	0.004	−0.139
约旦	0.001	0.002	0.004	0.027	0.008	0.008	−0.158
越南	0.001	0.000	0.001	0.001	0.041	0.041	0.116
赞比亚	0.061	0.313	0.241	0.019	0.135	0.135	0.583
智利	0.000	0.007	0.003	0.004	0.003	0.003	0.001

资料来源：根据 UNCTAD、Wind 数据计算。

表39　　是否签订 BIT

年份\国家	2015	2016	2017	2018	2019	2020	2021
阿尔巴尼亚	1	1	1	1	1	1	1
阿尔及利亚	1	1	1	1	1	1	1
阿根廷	1	1	1	1	1	1	1
阿联酋	1	1	1	1	1	1	1
阿曼	1	1	1	1	1	1	1
阿塞拜疆	1	1	1	1	1	1	1
埃及	1	1	1	1	1	1	1
埃塞俄比亚	1	1	1	1	1	1	1
爱尔兰	0	0	0	0	0	0	0
爱沙尼亚	1	1	1	1	1	1	1
安哥拉	0	0	0	0	0	0	0
奥地利	1	1	1	1	1	1	1
澳大利亚	1	1	1	1	1	1	1
巴基斯坦	1	1	1	1	1	1	1
巴拉圭	0	0	0	0	0	0	0
巴林	1	1	1	1	1	1	1

续表

年份 国家	2015	2016	2017	2018	2019	2020	2021
巴拿马	0	0	0	0	0	0	0
巴西	0	0	0	0	0	0	0
白俄罗斯	1	1	1	1	1	1	1
保加利亚	1	1	1	1	1	1	1
冰岛	1	1	1	1	1	1	1
波兰	1	1	1	1	1	1	1
玻利维亚	1	1	1	1	1	1	1
博茨瓦纳	0	0	0	0	0	0	0
布基纳法索	0	0	0	0	0	0	0
丹麦	1	1	1	1	1	1	1
德国	1	1	1	1	1	1	1
多哥	0	0	0	0	0	0	0
俄罗斯	1	1	1	1	1	1	1
厄瓜多尔	1	1	1	1	1	1	1
法国	1	1	1	1	1	1	1
菲律宾	1	1	1	1	1	1	1
芬兰	1	1	1	1	1	1	1
哥伦比亚	0	0	0	0	0	0	0
哥斯达黎加	0	0	0	0	0	0	0
哈萨克斯坦	1	1	1	1	1	1	1
韩国	1	1	1	1	1	1	1
荷兰	1	1	1	1	1	1	1
洪都拉斯	0	0	0	0	0	0	0
吉尔吉斯斯坦	1	1	1	1	1	1	1
几内亚	1	1	1	1	1	1	1
加拿大	1	1	1	1	1	1	1
加纳	1	1	1	1	1	1	1
柬埔寨	1	1	1	1	1	1	1
捷克	1	1	1	1	1	1	1
喀麦隆	0	0	0	0	0	0	0

续表

年份\国家	2015	2016	2017	2018	2019	2020	2021
卡塔尔	1	1	1	1	1	1	1
科威特	1	1	1	1	1	1	1
克罗地亚	1	1	1	1	1	1	1
肯尼亚	0	0	0	0	0	0	0
拉脱维亚	0	0	0	0	0	0	0
老挝	1	1	1	1	1	1	1
黎巴嫩	1	1	1	1	1	1	1
立陶宛	1	1	1	1	1	1	1
卢森堡	1	1	1	1	1	1	1
罗马尼亚	1	1	1	1	1	1	1
马达加斯加	1	1	1	1	1	1	1
马耳他	1	1	1	1	1	1	1
马来西亚	1	1	1	1	1	1	1
马里	1	1	1	1	1	1	1
美国	0	0	0	0	0	0	0
蒙古国	1	1	1	1	1	1	1
孟加拉国	1	1	1	1	1	1	1
秘鲁	1	1	1	1	1	1	1
缅甸	1	1	1	1	1	1	1
摩尔多瓦	1	1	1	1	1	1	1
摩洛哥	1	1	1	1	1	1	1
莫桑比克	0	0	0	0	0	0	0
墨西哥	0	0	0	0	0	0	0
纳米比亚	0	0	0	0	0	0	0
南非	1	1	1	1	1	1	1
尼加拉瓜	0	0	0	0	0	0	0
尼日尔	0	0	0	0	0	0	0
尼日利亚	1	1	1	1	1	1	1
挪威	1	1	1	1	1	1	1
葡萄牙	1	1	1	1	1	1	1

续表

年份 国家	2015	2016	2017	2018	2019	2020	2021
日本	1	1	1	1	1	1	1
瑞典	1	1	1	1	1	1	1
瑞士	1	1	1	1	1	1	1
塞内加尔	0	0	0	0	0	0	0
塞浦路斯	1	1	1	1	1	1	1
沙特阿拉伯	1	1	1	1	1	1	1
斯里兰卡	1	1	1	1	1	1	1
斯洛文尼亚	1	1	1	1	1	1	1
苏丹	1	1	1	1	1	1	1
塔吉克斯坦	1	1	1	1	1	1	1
泰国	1	1	1	1	1	1	1
坦桑尼亚	1	1	1	1	1	1	1
突尼斯	1	1	1	1	1	1	1
土耳其	1	1	1	1	1	1	1
土库曼斯坦	1	1	1	1	1	1	1
危地马拉	0	0	0	0	0	0	0
委内瑞拉	0	0	0	0	0	0	0
乌干达	0	0	0	0	0	0	0
乌克兰	1	1	1	1	1	1	1
乌拉圭	1	1	1	1	1	1	1
乌兹别克斯坦	1	1	1	1	1	1	1
西班牙	1	1	1	1	1	1	1
希腊	1	1	1	1	1	1	1
新加坡	1	1	1	1	1	1	1
新西兰	1	1	1	1	1	1	1
匈牙利	1	1	1	1	1	1	1
亚美尼亚	1	1	1	1	1	1	1
伊拉克	0	0	0	0	0	0	0
伊朗	1	1	1	1	1	1	1
以色列	1	1	1	1	1	1	1

续表

国家 \ 年份	2015	2016	2017	2018	2019	2020	2021
意大利	1	1	1	1	1	1	1
印度	1	1	1	1	1	1	1
印度尼西亚	1	1	1	1	1	1	1
英国	1	1	1	1	1	1	1
约旦	0	0	0	0	0	0	0
越南	1	1	1	1	1	1	1
赞比亚	0	0	0	0	0	0	0
智利	1	1	1	1	1	1	1

资料来源：中华人民共和国商务部，UNCTAD。

表40　　　　　　　　　　　签证情况

国家 \ 年份	2015	2016	2017	2018	2019	2020	2021
阿尔巴尼亚	0.00	0.00	0.00	0.00	0.00	0.70	0.70
阿尔及利亚	0.00	0.00	0.00	0.00	0.00	0.00	0.00
阿根廷	0.30	0.30	0.30	0.30	0.30	0.30	0.30
阿联酋	0.50	0.50	0.50	0.50	1.00	1.00	1.00
阿曼	0.00	0.00	0.00	0.00	0.00	0.00	0.70
阿塞拜疆	0.00	0.00	0.00	0.00	0.50	0.50	0.50
埃及	0.50	0.50	0.50	0.50	0.50	0.50	0.50
埃塞俄比亚	0.50	0.50	0.50	0.50	0.50	0.50	0.50
爱尔兰	0.00	0.00	0.00	0.00	0.00	0.00	0.00
爱沙尼亚	0.00	0.00	0.00	0.00	0.00	0.00	0.00
安哥拉	0.00	0.00	0.00	0.00	0.00	0.00	0.00
奥地利	0.00	0.00	0.00	0.00	0.00	0.00	0.00
澳大利亚	0.30	0.30	0.30	0.30	0.30	0.30	0.30
巴基斯坦	0.00	0.00	0.00	1.00	1.00	1.00	1.00
巴拉圭	0.00	0.00	0.00	0.00	0.00	0.00	0.00
巴林	0.00	0.00	0.00	0.00	0.50	0.50	0.50
巴拿马	0.00	0.00	0.00	0.00	0.00	0.00	0.00
巴西	0.00	0.00	0.00	0.00	0.00	0.00	0.00

续表

年份 国家	2015	2016	2017	2018	2019	2020	2021
白俄罗斯	0.80	0.80	0.80	0.80	0.80	0.80	0.80
保加利亚	0.00	0.00	0.00	0.00	0.00	0.00	0.00
冰岛	0.00	0.00	0.00	0.00	0.00	0.00	0.00
波兰	0.00	0.00	0.00	0.00	0.00	0.00	0.00
玻利维亚	0.00	0.00	0.00	0.00	0.50	0.50	0.50
博茨瓦纳	0.00	0.00	0.00	0.00	0.00	0.00	0.00
布基纳法索	0.00	0.00	0.00	0.00	0.00	0.00	0.00
丹麦	0.00	0.00	0.00	0.00	0.00	0.00	0.00
德国	0.00	0.00	0.00	0.00	0.00	0.00	0.00
多哥	0.00	0.00	0.00	0.00	0.00	0.50	0.50
俄罗斯	0.80	0.80	0.80	0.80	0.80	0.80	0.80
厄瓜多尔	0.00	0.00	0.00	0.00	0.00	1.00	1.00
法国	0.00	0.00	0.00	0.00	0.00	0.00	0.00
菲律宾	0.00	0.00	0.00	0.00	0.00	0.00	0.00
芬兰	0.00	0.00	0.00	0.00	0.00	0.00	0.00
哥伦比亚	0.00	0.00	0.00	0.00	0.00	0.00	0.00
哥斯达黎加	0.00	0.00	0.00	0.00	0.00	0.00	0.00
哈萨克斯坦	0.00	0.00	0.00	0.00	0.00	0.00	0.00
韩国	0.50	0.50	0.50	0.50	0.50	0.50	0.50
荷兰	0.00	0.00	0.00	0.00	0.00	0.00	0.00
洪都拉斯	0.00	0.00	0.00	0.00	0.00	0.00	0.00
吉尔吉斯斯坦	0.00	0.00	0.00	0.00	0.00	0.00	0.00
几内亚	0.00	0.00	0.00	0.00	0.00	0.00	0.00
加拿大	0.00	0.00	0.00	0.00	0.00	0.00	0.00
加纳	0.00	0.00	0.00	0.00	0.00	0.00	0.00
柬埔寨	0.50	0.50	0.50	0.50	0.50	0.50	0.50
捷克	0.00	0.00	0.00	0.00	0.00	0.00	0.00
喀麦隆	0.00	0.00	0.00	0.00	0.00	0.00	0.00
卡塔尔	0.00	0.00	0.00	1.00	1.00	1.00	1.00
科威特	0.00	0.00	0.00	0.00	0.00	0.00	0.00

续表

年份\国家	2015	2016	2017	2018	2019	2020	2021
克罗地亚	0.00	0.00	0.00	0.00	0.00	0.00	0.00
肯尼亚	0.30	0.30	0.30	0.30	0.30	0.30	0.30
拉脱维亚	0.00	0.00	0.00	0.00	0.00	0.00	0.00
老挝	0.50	0.50	0.50	0.50	0.50	0.50	0.50
黎巴嫩	0.00	0.00	0.50	0.50	0.50	0.50	0.50
立陶宛	0.00	0.00	0.00	0.00	0.00	0.00	0.00
卢森堡	0.00	0.00	0.00	0.00	0.00	0.00	0.00
罗马尼亚	0.00	0.00	0.00	0.00	0.00	0.00	0.00
马达加斯加	0.50	0.50	0.50	0.50	0.50	0.50	0.50
马耳他	0.00	0.00	0.00	0.00	0.00	0.00	0.00
马来西亚	0.30	0.30	0.30	0.30	0.30	0.50	0.50
马里	0.00	0.00	0.00	0.00	0.00	0.00	0.00
美国	0.30	0.30	0.30	0.30	0.00	0.00	0.00
蒙古国	0.00	0.00	0.00	0.00	0.00	0.00	0.00
孟加拉国	0.50	0.50	0.50	0.50	0.50	0.50	0.50
秘鲁	0.00	0.00	0.00	0.00	0.00	0.00	0.00
缅甸	0.50	0.50	0.50	0.50	0.50	0.50	0.50
摩尔多瓦	0.00	0.00	0.00	0.00	0.00	0.00	0.00
摩洛哥	0.00	0.70	0.70	0.70	0.70	0.70	0.70
莫桑比克	0.00	0.00	0.00	0.00	0.00	0.00	0.00
墨西哥	0.00	0.00	0.00	0.00	0.00	0.00	0.00
纳米比亚	0.00	0.00	0.00	0.00	0.00	0.00	0.00
南非	0.00	0.00	0.00	0.00	0.00	0.00	0.00
尼加拉瓜	0.00	0.00	0.00	0.00	0.00	0.00	0.00
尼日尔	0.00	0.00	0.00	0.00	0.00	0.00	0.00
尼日利亚	0.00	0.00	0.00	0.50	0.50	0.50	0.50
挪威	0.00	0.00	0.00	0.00	0.00	0.00	0.00
葡萄牙	0.00	0.00	0.00	0.00	0.00	0.00	0.00
日本	0.00	0.00	0.00	0.00	0.00	0.00	0.00
瑞典	0.00	0.00	0.00	0.00	0.00	0.00	0.00

续表

年份 国家	2015	2016	2017	2018	2019	2020	2021
瑞士	0.00	0.00	0.00	0.00	0.00	0.00	0.00
塞内加尔	0.00	0.00	0.00	0.00	0.00	0.00	0.00
塞浦路斯	0.00	0.00	0.00	0.00	0.00	0.00	0.00
沙特阿拉伯	0.00	0.00	0.00	0.00	0.00	0.00	0.00
斯里兰卡	0.30	0.30	0.30	0.50	0.50	0.50	0.50
斯洛文尼亚	0.00	0.00	0.00	0.00	0.00	0.00	0.00
苏丹	0.00	0.00	0.00	0.00	0.00	0.00	0.00
塔吉克斯坦	0.00	0.00	0.00	0.30	0.30	0.30	0.30
泰国	0.50	0.50	0.50	0.50	0.50	0.50	0.50
坦桑尼亚	0.00	0.00	0.00	0.50	0.50	0.50	0.50
突尼斯	0.00	0.70	0.70	0.70	0.70	0.70	0.70
土耳其	0.30	0.30	0.30	0.30	0.30	0.30	0.30
土库曼斯坦	0.50	0.50	0.50	0.50	0.50	0.50	0.50
危地马拉	0.00	0.00	0.00	0.00	0.00	0.00	0.00
委内瑞拉	0.70	0.70	0.70	0.70	0.70	0.70	0.70
乌干达	0.00	0.00	0.00	0.00	0.50	0.50	0.50
乌克兰	0.50	0.50	0.50	0.50	0.50	0.50	0.50
乌拉圭	0.00	0.00	0.00	0.00	0.00	0.00	0.00
乌兹别克斯坦	0.00	0.00	0.00	0.00	0.00	0.70	0.70
西班牙	0.00	0.00	0.00	0.00	0.00	0.00	0.00
希腊	0.00	0.00	0.00	0.00	0.00	0.00	0.00
新加坡	0.30	0.30	0.30	0.30	0.30	0.30	0.30
新西兰	0.00	0.00	0.00	0.00	0.00	0.00	0.00
匈牙利	0.00	0.00	0.00	0.00	0.00	0.00	0.00
亚美尼亚	0.30	0.30	0.30	0.30	1.00	1.00	1.00
伊拉克	0.00	0.00	0.00	0.00	0.00	0.00	0.00
伊朗	0.50	0.50	0.50	0.50	0.50	0.50	0.50
以色列	0.00	0.00	0.00	0.00	0.00	0.00	0.00
意大利	0.00	0.00	0.00	0.00	0.00	0.00	0.00
印度	0.00	0.00	0.00	0.00	0.00	0.00	0.00

续表

年份 国家	2015	2016	2017	2018	2019	2020	2021
印度尼西亚	1.00	1.00	1.00	1.00	1.00	1.00	1.00
英国	0.00	0.00	0.00	0.00	0.00	0.00	0.00
约旦	0.50	0.50	0.50	0.50	0.50	0.50	0.50
越南	0.50	0.50	0.50	0.50	0.00	0.50	0.50
赞比亚	0.00	0.00	0.00	0.00	0.00	0.00	0.00
智利	0.00	0.00	0.00	0.00	0.00	0.00	0.00

资料来源：中华人民共和国商务部、中国领事服务网。

表41　　　　　　　　　　　投资受阻程度

年份 国家	2015	2016	2017	2018	2019	2020	2021
阿尔巴尼亚	0.80	0.80	0.80	0.80	0.80	0.8	0.80
阿尔及利亚	0.80	0.80	0.80	0.80	0.80	0.8	0.80
阿根廷	0.50	0.50	0.50	0.50	0.50	0.5	0.50
阿联酋	0.70	0.70	0.70	0.70	0.70	0.7	0.70
阿曼	0.80	0.80	0.80	0.80	0.80	0.8	0.80
阿塞拜疆	0.80	0.80	0.80	0.80	0.80	0.8	0.80
埃及	0.70	0.70	0.70	0.70	0.70	0.7	0.70
埃塞俄比亚	0.80	0.80	0.80	0.80	0.80	0.8	0.80
爱尔兰	0.80	0.80	0.80	0.80	0.80	0.8	0.80
爱沙尼亚	0.80	0.80	0.80	0.80	0.80	0.8	0.80
安哥拉	0.80	0.80	0.80	0.80	0.80	0.8	0.80
奥地利	0.80	0.80	0.80	0.80	0.80	0.8	0.80
澳大利亚	0.40	0.40	0.40	0.40	0.30	0.2	0.15
巴基斯坦	0.80	0.80	0.80	0.80	0.80	0.8	0.70
巴拉圭	0.80	0.80	0.80	0.80	0.80	0.8	0.80
巴林	0.80	0.80	0.80	0.80	0.80	0.8	0.80
巴拿马	0.80	0.80	0.80	0.80	0.80	0.8	0.80
巴西	0.70	0.70	0.70	0.70	0.70	0.7	0.70
白俄罗斯	0.70	0.70	0.70	0.70	0.70	0.7	0.70
保加利亚	0.70	0.70	0.70	0.70	0.70	0.7	0.70

续表

年份 国家	2015	2016	2017	2018	2019	2020	2021
冰岛	0.80	0.80	0.80	0.80	0.80	0.8	0.80
波兰	0.70	0.70	0.70	0.70	0.70	0.7	0.70
玻利维亚	0.80	0.80	0.80	0.80	0.80	0.8	0.80
博茨瓦纳	0.80	0.80	0.80	0.80	0.80	0.8	0.80
布基纳法索	0.70	0.70	0.70	0.70	0.70	0.7	0.70
丹麦	0.80	0.80	0.80	0.80	0.80	0.8	0.80
德国	0.70	0.70	0.70	0.70	0.60	0.6	0.50
多哥	0.70	0.70	0.70	0.70	0.70	0.7	0.70
俄罗斯	0.80	0.80	0.80	0.80	0.80	0.8	0.80
厄瓜多尔	0.80	0.80	0.80	0.80	0.80	0.8	0.80
法国	0.70	0.70	0.70	0.70	0.60	0.6	0.60
菲律宾	0.60	0.60	0.60	0.60	0.60	0.6	0.60
芬兰	0.80	0.80	0.80	0.80	0.80	0.8	0.80
哥伦比亚	0.80	0.80	0.80	0.80	0.80	0.8	0.80
哥斯达黎加	0.80	0.80	0.80	0.80	0.80	0.8	0.80
哈萨克斯坦	0.80	0.80	0.80	0.80	0.80	0.8	0.80
韩国	0.80	0.80	0.80	0.80	0.80	0.8	0.80
荷兰	0.80	0.80	0.80	0.80	0.80	0.8	0.80
洪都拉斯	0.80	0.80	0.80	0.80	0.80	0.8	0.80
吉尔吉斯斯坦	0.60	0.60	0.60	0.60	0.60	0.6	0.60
几内亚	0.70	0.70	0.70	0.70	0.70	0.7	0.70
加拿大	0.50	0.50	0.50	0.50	0.40	0.4	0.30
加纳	0.80	0.80	0.80	0.80	0.80	0.8	0.80
柬埔寨	0.60	0.60	0.60	0.60	0.60	0.6	0.60
捷克	0.80	0.80	0.80	0.80	0.80	0.8	0.80
喀麦隆	0.80	0.80	0.80	0.80	0.80	0.8	0.80
卡塔尔	0.80	0.80	0.80	0.80	0.80	0.8	0.80
科威特	0.80	0.80	0.80	0.80	0.80	0.8	0.80
克罗地亚	0.80	0.80	0.80	0.80	0.80	0.8	0.80
肯尼亚	0.80	0.80	0.80	0.80	0.80	0.8	0.80

续表

年份 国家	2015	2016	2017	2018	2019	2020	2021
拉脱维亚	0.80	0.80	0.80	0.80	0.80	0.8	0.80
老挝	0.70	0.70	0.70	0.70	0.70	0.7	0.70
黎巴嫩	0.80	0.80	0.80	0.80	0.80	0.8	0.80
立陶宛	0.80	0.80	0.80	0.80	0.80	0.8	0.80
卢森堡	0.80	0.80	0.80	0.80	0.80	0.8	0.80
罗马尼亚	0.70	0.70	0.70	0.70	0.70	0.7	0.70
马达加斯加	0.80	0.80	0.80	0.80	0.80	0.8	0.80
马耳他	0.80	0.80	0.80	0.80	0.80	0.8	0.80
马来西亚	0.70	0.70	0.70	0.70	0.70	0.7	0.70
马里	0.80	0.80	0.80	0.80	0.80	0.8	0.80
美国	0.50	0.50	0.50	0.50	0.20	0.2	0.20
蒙古国	0.40	0.40	0.40	0.40	0.40	0.4	0.40
孟加拉国	0.80	0.80	0.80	0.80	0.80	0.8	0.80
秘鲁	0.80	0.80	0.80	0.80	0.80	0.8	0.80
缅甸	0.60	0.60	0.60	0.60	0.60	0.6	0.60
摩尔多瓦	0.80	0.80	0.80	0.80	0.80	0.8	0.80
摩洛哥	0.80	0.80	0.80	0.80	0.80	0.8	0.80
莫桑比克	0.80	0.80	0.80	0.80	0.80	0.8	0.80
墨西哥	0.30	0.30	0.30	0.30	0.30	0.3	0.30
纳米比亚	0.80	0.80	0.80	0.80	0.80	0.8	0.70
南非	0.70	0.70	0.70	0.70	0.70	0.7	0.70
尼加拉瓜	0.80	0.80	0.80	0.80	0.80	0.8	0.80
尼日尔	0.80	0.80	0.80	0.80	0.80	0.8	0.80
尼日利亚	0.70	0.70	0.70	0.70	0.70	0.7	0.70
挪威	0.80	0.80	0.80	0.80	0.80	0.8	0.80
葡萄牙	0.80	0.80	0.80	0.80	0.80	0.7	0.80
日本	0.70	0.70	0.70	0.70	0.60	0.6	0.60
瑞典	0.80	0.80	0.80	0.80	0.80	0.8	0.80
瑞士	0.80	0.80	0.80	0.80	0.80	0.8	0.80
塞内加尔	0.70	0.70	0.70	0.70	0.70	0.7	0.70

年份 国家	2015	2016	2017	2018	2019	2020	2021
塞浦路斯	0.80	0.80	0.80	0.80	0.80	0.8	0.80
沙特阿拉伯	0.70	0.70	0.70	0.70	0.70	0.7	0.70
斯里兰卡	0.60	0.60	0.60	0.60	0.50	0.5	0.50
斯洛文尼亚	0.80	0.80	0.80	0.80	0.80	0.8	0.80
苏丹	0.70	0.70	0.70	0.70	0.70	0.7	0.70
塔吉克斯坦	0.60	0.60	0.60	0.60	0.60	0.6	0.60
泰国	0.70	0.70	0.70	0.70	0.70	0.7	0.70
坦桑尼亚	0.80	0.80	0.80	0.80	0.80	0.8	0.80
突尼斯	0.80	0.80	0.80	0.80	0.80	0.8	0.80
土耳其	0.80	0.80	0.80	0.80	0.80	0.8	0.80
土库曼斯坦	0.60	0.60	0.60	0.60	0.60	0.6	0.60
危地马拉	0.80	0.80	0.80	0.80	0.80	0.8	0.80
委内瑞拉	0.80	0.80	0.90	0.90	0.90	0.8	0.80
乌干达	0.80	0.80	0.80	0.80	0.80	0.8	0.80
乌克兰	0.60	0.60	0.60	0.60	0.60	0.6	0.60
乌拉圭	0.80	0.80	0.80	0.80	0.80	0.8	0.80
乌兹别克斯坦	0.60	0.60	0.60	0.60	0.60	0.6	0.60
西班牙	0.80	0.80	0.80	0.80	0.80	0.8	0.80
希腊	0.80	0.80	0.80	0.80	0.80	0.8	0.80
新加坡	0.80	0.80	0.80	0.80	0.80	0.8	0.70
新西兰	0.70	0.70	0.70	0.70	0.60	0.6	0.60
匈牙利	0.70	0.70	0.70	0.70	0.70	0.7	0.70
亚美尼亚	0.80	0.80	0.80	0.80	0.80	0.8	0.80
伊拉克	0.60	0.60	0.60	0.60	0.60	0.6	0.60
伊朗	0.80	0.80	0.80	0.80	0.80	0.8	0.80
以色列	0.80	0.80	0.80	0.80	0.80	0.8	0.80
意大利	0.80	0.80	0.80	0.80	0.70	0.7	0.70
印度	0.60	0.60	0.60	0.60	0.60	0.6	0.60
印度尼西亚	0.70	0.70	0.70	0.70	0.70	0.7	0.70
英国	0.60	0.60	0.60	0.60	0.60	0.6	0.60

续表

年份\国家	2015	2016	2017	2018	2019	2020	2021
约旦	0.80	0.80	0.80	0.80	0.80	0.8	0.80
越南	0.60	0.60	0.60	0.60	0.60	0.6	0.60
赞比亚	0.70	0.70	0.70	0.70	0.70	0.7	0.70
智利	0.80	0.80	0.80	0.80	0.80	0.8	0.80

资料来源：德尔菲法。

表42   双边政治关系

年份\国家	2015	2016	2017	2018	2019	2020	2021
阿尔巴尼亚	0.64	0.64	0.64	0.64	0.64	0.62	0.62
阿尔及利亚	0.79	0.79	0.79	0.79	0.79	0.78	0.79
阿根廷	0.71	0.71	0.63	0.70	0.71	0.73	0.77
阿联酋	0.66	0.66	0.63	0.69	0.74	0.75	0.78
阿曼	0.77	0.77	0.77	0.77	0.77	0.76	0.76
阿塞拜疆	0.77	0.77	0.77	0.77	0.77	0.75	0.73
埃及	0.68	0.68	0.70	0.75	0.78	0.78	0.77
埃塞俄比亚	0.74	0.74	0.70	0.78	0.80	0.81	0.82
爱尔兰	0.68	0.68	0.68	0.68	0.68	0.70	0.70
爱沙尼亚	0.64	0.64	0.64	0.64	0.64	0.66	0.61
安哥拉	0.75	0.75	0.75	0.75	0.75	0.74	0.74
奥地利	0.68	0.68	0.68	0.68	0.68	0.70	0.71
澳大利亚	0.68	0.68	0.57	0.67	0.58	0.48	0.49
巴基斯坦	0.91	0.91	0.90	0.89	0.91	0.90	0.90
巴拉圭	0.70	0.70	0.70	0.70	0.70	0.70	0.68
巴林	0.75	0.75	0.75	0.75	0.75	0.74	0.75
巴拿马	0.68	0.68	0.68	0.68	0.68	0.69	0.73
巴西	0.74	0.74	0.70	0.75	0.72	0.70	0.72
白俄罗斯	0.78	0.78	0.78	0.79	0.82	0.80	0.81
保加利亚	0.62	0.62	0.63	0.70	0.66	0.66	0.68
冰岛	0.67	0.67	0.67	0.67	0.67	0.67	0.69
波兰	0.73	0.73	0.70	0.72	0.68	0.68	0.67

续表

年份\国家	2015	2016	2017	2018	2019	2020	2021
玻利维亚	0.74	0.74	0.74	0.74	0.74	0.73	0.74
博茨瓦纳	0.72	0.72	0.72	0.72	0.72	0.72	0.73
布基纳法索	0.75	0.75	0.75	0.75	0.75	0.73	0.73
丹麦	0.69	0.69	0.69	0.69	0.69	0.66	0.67
德国	0.78	0.78	0.73	0.77	0.71	0.71	0.71
多哥	0.66	0.66	0.66	0.66	0.66	0.67	0.67
俄罗斯	0.90	0.90	0.93	0.84	0.87	0.86	0.87
厄瓜多尔	0.71	0.71	0.71	0.71	0.71	0.71	0.71
法国	0.78	0.78	0.70	0.73	0.70	0.71	0.72
菲律宾	0.38	0.38	0.37	0.69	0.80	0.76	0.76
芬兰	0.68	0.68	0.68	0.68	0.68	0.69	0.69
哥伦比亚	0.68	0.68	0.68	0.68	0.68	0.69	0.70
哥斯达黎加	0.70	0.70	0.70	0.70	0.70	0.70	0.70
哈萨克斯坦	0.89	0.89	0.78	0.81	0.84	0.82	0.81
韩国	0.86	0.86	0.62	0.63	0.76	0.75	0.76
荷兰	0.76	0.76	0.67	0.71	0.68	0.67	0.67
洪都拉斯	0.63	0.63	0.63	0.63	0.63	0.63	0.61
吉尔吉斯斯坦	0.74	0.74	0.67	0.73	0.78	0.75	0.72
几内亚	0.72	0.72	0.72	0.72	0.72	0.70	0.71
加拿大	0.70	0.70	0.63	0.71	0.56	0.52	0.54
加纳	0.70	0.70	0.70	0.70	0.70	0.70	0.71
柬埔寨	0.88	0.88	0.88	0.81	0.88	0.88	0.86
捷克	0.64	0.64	0.67	0.71	0.66	0.58	0.59
喀麦隆	0.68	0.68	0.68	0.68	0.68	0.68	0.67
卡塔尔	0.77	0.77	0.77	0.77	0.77	0.76	0.75
科威特	0.80	0.80	0.80	0.80	0.80	0.79	0.78
克罗地亚	0.66	0.66	0.66	0.66	0.66	0.68	0.68
肯尼亚	0.69	0.69	0.67	0.75	0.76	0.76	0.74
拉脱维亚	0.63	0.63	0.63	0.63	0.63	0.64	0.62
老挝	0.79	0.79	0.80	0.80	0.86	0.84	0.84

续表

年份 国家	2015	2016	2017	2018	2019	2020	2021
黎巴嫩	0.75	0.75	0.75	0.75	0.75	0.74	0.73
立陶宛	0.63	0.63	0.63	0.63	0.63	0.64	0.49
卢森堡	0.66	0.66	0.66	0.66	0.66	0.66	0.67
罗马尼亚	0.64	0.64	0.63	0.71	0.69	0.69	0.68
马达加斯加	0.73	0.73	0.73	0.73	0.73	0.72	0.72
马耳他	0.66	0.66	0.66	0.66	0.66	0.67	0.67
马来西亚	0.71	0.71	0.63	0.74	0.78	0.78	0.78
马里	0.76	0.76	0.76	0.76	0.76	0.74	0.74
美国	0.63	0.63	0.65	0.67	0.42	0.40	0.46
蒙古国	0.68	0.68	0.62	0.70	0.72	0.73	0.71
孟加拉国	0.73	0.73	0.73	0.74	0.78	0.78	0.78
秘鲁	0.73	0.73	0.73	0.73	0.73	0.74	0.75
缅甸	0.63	0.63	0.62	0.72	0.78	0.78	0.75
摩尔多瓦	0.64	0.64	0.64	0.64	0.64	0.65	0.66
摩洛哥	0.76	0.76	0.76	0.76	0.76	0.75	0.73
莫桑比克	0.73	0.73	0.73	0.73	0.73	0.72	0.74
墨西哥	0.68	0.68	0.53	0.68	0.66	0.67	0.67
纳米比亚	0.72	0.72	0.72	0.72	0.72	0.71	0.70
南非	0.76	0.76	0.63	0.72	0.76	0.76	0.77
尼加拉瓜	0.75	0.75	0.75	0.75	0.75	0.74	0.75
尼日尔	0.75	0.75	0.75	0.75	0.75	0.74	0.75
尼日利亚	0.73	0.73	0.65	0.72	0.73	0.74	0.74
挪威	0.64	0.64	0.64	0.64	0.64	0.64	0.65
葡萄牙	0.71	0.71	0.71	0.71	0.71	0.70	0.70
日本	0.39	0.39	0.33	0.47	0.70	0.69	0.67
瑞典	0.67	0.67	0.67	0.67	0.67	0.64	0.65
瑞士	0.70	0.70	0.70	0.70	0.70	0.70	0.71
塞内加尔	0.72	0.72	0.72	0.72	0.72	0.71	0.71
塞浦路斯	0.65	0.65	0.65	0.65	0.65	0.65	0.65
沙特阿拉伯	0.68	0.68	0.67	0.71	0.74	0.74	0.73

续表

国家＼年份	2015	2016	2017	2018	2019	2020	2021
斯里兰卡	0.68	0.68	0.63	0.74	0.77	0.77	0.74
斯洛文尼亚	0.65	0.65	0.65	0.65	0.65	0.66	0.66
苏丹	0.73	0.73	0.68	0.68	0.68	0.69	0.70
塔吉克斯坦	0.73	0.73	0.67	0.75	0.76	0.75	0.73
泰国	0.76	0.76	0.73	0.79	0.81	0.79	0.79
坦桑尼亚	0.80	0.80	0.80	0.80	0.80	0.80	0.81
突尼斯	0.75	0.75	0.75	0.75	0.75	0.74	0.75
土耳其	0.64	0.64	0.63	0.68	0.67	0.63	0.64
土库曼斯坦	0.74	0.74	0.72	0.72	0.77	0.75	0.72
危地马拉	0.62	0.62	0.62	0.62	0.62	0.63	0.63
委内瑞拉	0.81	0.81	0.95	0.95	0.95	0.89	0.87
乌干达	0.70	0.70	0.70	0.70	0.70	0.70	0.71
乌克兰	0.66	0.66	0.70	0.70	0.67	0.67	0.69
乌拉圭	0.70	0.70	0.70	0.70	0.70	0.70	0.70
乌兹别克斯坦	0.69	0.69	0.68	0.75	0.79	0.79	0.77
西班牙	0.70	0.70	0.70	0.70	0.70	0.69	0.69
希腊	0.73	0.73	0.70	0.72	0.76	0.75	0.74
新加坡	0.76	0.76	0.70	0.66	0.79	0.78	0.77
新西兰	0.73	0.73	0.70	0.72	0.72	0.71	0.72
匈牙利	0.66	0.66	0.65	0.72	0.71	0.70	0.72
亚美尼亚	0.68	0.68	0.68	0.68	0.68	0.67	0.65
伊拉克	0.63	0.63	0.62	0.70	0.70	0.70	0.69
伊朗	0.73	0.73	0.73	0.73	0.77	0.77	0.76
以色列	0.74	0.74	0.68	0.74	0.65	0.69	0.70
意大利	0.74	0.74	0.68	0.70	0.70	0.69	0.69
印度	0.73	0.73	0.67	0.58	0.75	0.47	0.50
印度尼西亚	0.73	0.73	0.68	0.73	0.78	0.76	0.75
英国	0.76	0.76	0.67	0.76	0.66	0.65	0.64
约旦	0.76	0.76	0.76	0.76	0.76	0.75	0.73
越南	0.52	0.52	0.63	0.68	0.76	0.72	0.69

年份 国家	2015	2016	2017	2018	2019	2020	2021
赞比亚	0.71	0.71	0.60	0.75	0.77	0.75	0.76
智利	0.75	0.75	0.75	0.75	0.75	0.74	0.76

资料来源：德尔菲法。

本报告依托中国社会科学院国家全球战略智库国家风险评级项目组和中国社会科学院世界经济与政治研究所国际投资研究室。中国社会科学院国家全球战略智库是2015年首批25家国家高端智库建设试点单位之一，实体依托单位为世界经济与政治研究所，现任理事长、首席专家为张宇燕学部委员；智库通过整合中国社会科学院国际问题领域研究力量，立足对中国特色全球治理观和国际政治经济理论的深度探索，聚焦全球治理、大国关系和"一带一路"建设等重大实践命题，开展前瞻性、针对性、储备性全球战略研究。中国社会科学院世界经济与政治研究所国际投资研究室的主要研究领域包括跨境直接投资、跨境间接投资、外汇储备投资、国家风险、国际收支平衡表与国际投资头寸表等。2022年度项目组成员包括高凌云、韩冰、李国学、潘圆圆、周学智、陈逸豪、李曦晨、孔大鹏和潘松李江等。